사람은 어떻게 생각하고 배우고 기억하는가

STOP TALKING, START INFLUENCING
: 12 Insights From Brain Science to Make Your Message Stick

by Jared Cooney Horvath
Copyright © 2019 by Jared Cooney Horvath
Korean translation copyright © 2020 by Tornado Media Group
All rights reserved.
This Korean edition is published by arrangement with Exisle Publishing Pty Ltd.
through Duran Kim Agency.

하버드 최고의 뇌과학 강의

사람은
어떻게 생각하고
배우고 기억하는가

제레드 쿠니 호바스 지음 | **김나연** 옮김

12 insights from brain science
to make your message stick

ᴢORNADO
토 네 이 도

▶ 간단해 보이는 말 두 마리

커뮤니케이션은 대화가 아니라 과학이다

어떻게 해야 사람들의 마음을 사로잡을 수 있을까? 어떻게 해야 사람들에게 선한 영향력을 발휘할 수 있을까? 어떻게 해야 치열한 경쟁을 뚫고 사람들의 눈에 띌 수 있을까? 내 생각과 의도를 매력적으로 전달할 수 있는 방법은? 어떻게 해야 임팩트 있고 설득력 뛰어난 사람이 될 수 있을까?

이들 질문에 대한 답은 간단하다.

교사가 되면 된다.

인생의 곳곳에서 우리는 늘 뭔가를 가르치는 교사의 역할을 한다. 갤러리들 앞에서 골프 스윙을 선보이기도 하고, 글러브로 야구공을 받는 법을 아들에게 가르치기도 하고, 아침 회의 시간에 어젯밤 떠오른 새로운 아이디어나 제품 콘셉트를 동료들에게 브리핑하면서 더 나은 교사가 되려고 노력한다. 그렇다. 더 나은 교사, 더 뛰어난 교사가 되는 것. 그것이 우리 삶의 중요한 목표들 중 하나임은 부인할 수 없다. 내가 가진 생각, 지식, 전략, 통찰, 철학, 진심 등등을 가장 효과적으로 전달하는 교사가 될 수 있을 때 우리는 비로소 사람의 마음을 얻고, 성공하는 삶의 첫걸음을 뗀다.

사람의 마음을 얻는 더 나은 교사가 되는 탁월한 방법은 뭘까? 이 책은 여기에서 출발한다. 답은 명확하다. 나를 뛰어난 교사로 만들어줄 '학생들'이 어떻게 생각하고 배우고 기억하는지를 정확하게 파악하는 것이다. 즉 학생들이 '가장 잘 배우는 방식으로 가르칠 때' 가장 뛰어난 교사가 될 수 있다. 이것이 곧 이 책의 핵심 요지다.

사람들의 생각하고 배우고 기억하는 방식을 활용하면, 그들의 눈에 띌 수 있다. 그들에게 내 존재와 내 뜻을 각인시킬 수 있다. 그들에게 탁월한 영향력과 설득력을 발휘하는 강력한 메시지를 만들어낼 수 있다. 사람들의 마음을 여는 방식을 알면, 그들의 마음을 얻어낼 수 있다. 이 모든 목표의 열쇠는 우리의 머릿속에 들어 있다. 뇌과학이 만들어내는 흥미진진한 사람과 사람 사이의 완벽한 커뮤니케이션의 메커니즘을 탐험하고 나면, 우리는 사람을 설득하고 사로잡고, 마침내 그들을 내 사람으로 만드는 데 필요한 것은 말솜씨나 언변이 아니라 '과학'임을 깨닫게 될 것이다.

두 마리의 말이 그려져 있는 이 책의 4페이지로 돌아가 들여다보라. 삽화의 상단에 위치한 말 그림은 스페인의 위대한 화가 파블로 피카소Pablo Picasso의 작품이다. 그 아래에 있는 그림은 내 여섯 살짜리 조카가 그린 것이다. 겉모습은 둘 다 놀라울 정도로 단순하지만, 이 둘을 구별하는 것은 그다지 어려워 보이지 않는다. 왜 그럴까?

작가의 역량 때문이다. 두 그림 모두 '단순하다'는 특징을 갖고 있지만, 피카소는 완벽한 예술 기법을 갖춘 작가로서 단순하게 그린 것이고, 내 어린 조카는 갖고 있는 역량 자체가 단순하게 그릴 수밖에 없었기 때문이다. 그래서 우리는 어떤 것이 위대한 화가의 작품이고, 어떤 것이 그저 흉내 내고 베끼는 데 급급했던 작품인지를 쉽게 알아차릴 수 있는 것이다.

이는 커뮤니케이션과 인간관계에서도 그대로 적용된다.

해마다 수많은 대화법 책이 쏟아져 나오지만 여전히 우리는 사람을 얻는 데 실패하고, 사람의 시선을 사로잡는 데 애를 먹는다. 타인이 성공한 특수한 경험을 그대로 답습하고 반복하고 암기하는 것으로 얻을 수 있는 것은 매우 작기 때문이다. 뛰어난 설득과 사람의 마음을 꿰뚫는 통찰을 얻으려면 먼저 사람들이 무엇에 반응하는지, 무엇을 가장 잘 배우고 기억하는지, 어떤 상황에서 극적으로 마음을 바꾸고 행동에 옮기는지 등등에 관한 해박한 지식을 쌓아야 한다. 피카소처럼 다양한 화풍을 완벽하게 구현해내는 실력을 갖췄을 때 비로소 아주 단순하지만 엄청난 가치를 가진 성과를 얻을 수 있는 법이다.

이 책은 사람과 사람 사이의 다양한 커뮤니케이션에 관한 내용을 다룬다. 하지만 기적의 화법이나 말투, 언변, 상대의 '예스!'를 끌어내는 한 문장 등은 이 책에 담겨 있지 않다. 이유는 간단하다. '커뮤니케이션은 말이 아니라, 과학이기 때문이다.'

나는 사람의 뇌를 연구하는 신경과학자다. 이 책을 집필한 나의 목표는 뇌과학과 이를 둘러싼 심리적 현상에 뛰어들어 다양한 즐거운 실험을 하면서, 사람들이 어떻게 생각하고 배우고 기억하는지에 대한 12가지 핵심 메시지를 제시하는 것이다. 이 12가지 메시지를 습득하면 이를 바탕으로 커뮤니케이션 현장에서 어떤 전략과 행동을 취해야 하는지 자연스럽게 알게 될 것이다. '나'를 사람들에게 가장 잘 알리고 가르칠 수 있는 뛰어난 교사가 될 수 있을 것이다.

이 책은 내가 하버드 대학교와 하버드대 의과대학에서 연구하고 강의를 하는 동안 얻은 커뮤니케이션에 관한 다양한 통찰이 망라되어 있다. 나아가 전 세계 100개 이상의 학교에서 강연하고 토론하고 협업해 얻은 흥미로운 이야기들이 담겨 있다. 마음껏 즐기고 탐독하면서 지혜로운 통찰을 얻게 되기를 진심으로 바라마지 않는다.

영향력을 가진 새로운 리더십이 필요한가?
매력적인 설득력을 갖고 싶은가?

부드러운 카리스마를 발휘하고 싶은가?

사람들의 시선을 사로잡고 싶은가?

상대를 변화시키고 싶은가?

나를 차별화하고 싶은가?

말을 멈추고, 이 책을 읽기 시작하라.

〜 차례 〜

1장

한 가지에 집중하라

: 듣기와 읽기 사이

"무엇인가를 읽고 있다는 것은,
침묵의 대화를 하고 있다는 뜻이다."

_찰스 램Charles Lamb, 영국 작가

금요일 밤이라고 상상해보자.

당신과 친구는 맥주잔을 부딪치며 붐비는 술집 한가운데에 앉아 있다. 술집을 가득 메운 사람들은 저마다 한 주의 고된 일들을 돌이키며 와자지껄하다. 고막을 뒤흔드는 혼란이 빈틈없이 들어차 있다. 하지만 이처럼 공간 전체에 울려 퍼지는 소음에도 불구하고, 당신은 친구와 대화를 이어나갈 수 있다는 사실을 알아차린다. 물론 수많은 목소리에 파묻히지 않기 위해 귀를 좀 더 기울이고 좀 더 큰 목소리로 외쳐야 할 때도 종종 있다. 하지만 당신은 안다. 당신 친구가 털어놓는 이야기에 고개를 끄덕이는 데 큰 어려움이 없다는 것을.

이제 수요일 오후를 상상해보자.

회의실에서 진행자가 파워포인트 자료를 띄워놓고 뭔가 설명을 하고 있다. 당신과 동료들은 커다란 회의 테이블 주변에 배치된 인체공학을 강조한 의자에 앉아 미묘하게 몸을 흔들면서 볼펜을 손가락으로 돌리고 있다. 발표자의 똑똑하고 매력적인 목소리가 또박또박 분명하게 들려오지만, 어쩐지 당신은 그의 발표나 아이디어에 좀처럼 집중하지 못한다.

다시 생각해보자.

번잡하고 시끄러운 술집 한복판이었음에도 어떻게 일관된 대화를 나눌 수 있을까? 오직 발표자의 목소리만 들리는 조용한 분위기 속에서 이루어진 시각적으로 세련된 프레젠테이션이었음에도 왜 좀처럼 그 내용이 떠오르지 않는 것일까?

이 두 상황이 어떻게 서로 연관되어 있는지를 이해하려면, 지금 이 순간 당신이 하고 있는 활동에 주의를 옮겨보자.

바로 '독서' 말이다.

독서의 비밀스러운 역사

그동안 우리는 독서를 '조용한 활동'으로 간주해온 경향이 있다. 이따금 터지는 가벼운 기침이나 당황스러운 웃음소리를 제외하면 도서관은 전통적으로 매우 고요한 활동의 중심지로 여겨졌다. 따라서 책 읽기가 항상 조용함을 유지해왔던 것이 아니라는 사실을 알게 되면 꽤나 놀랄 일일지도 모른다.

사실 7세기 후반까지만 해도 큰 소리로 책을 읽는 행위는 굉장히 흔한 일이었다. 도서관은 평화로운 안식처라기보다는 떠들썩한 잡담의 공간이었다. 혼잣말처럼 중얼거리는 소리로 가득했다. 소리 없는 독서란 너무나 드문 일이었다. 그래서 철학자 아우구스티누스Augustine는 《고백론》에서 다음과 같이 말했다. "암브로시우스Ambrose가 책을 읽을 때면, 그의 두 눈동자는 문단을 오르내렸고, 귀를 기울여 의미를 찾아냈다. 하지만 그의 목소리와 혀만큼은 차분했다. 종종 나는 그가 조용히 책을 읽는 모습을 지켜보았다. 그는 결코 소리 내어 읽지 않았다. 나는 그가 도대체 왜 이런 식으로 책을 읽을까, 자문하곤 했다."

고대의문헌을살펴보면소리내어읽는것이글을이해하기엔훨씬용이하다는사실을알게될것이다고대문헌에는띄어쓰기나마침표혹은대문자가없는까닭이다도서관이나박물관을찾아가서고대그리스어나라틴어로된문헌을찾아보면이런유형의예시를손쉽게발견할수있다

위와 같이 마침표도 띄어쓰기도 없는 방식의 글쓰기는 '스크립투라 콘티누아scriptura continua'라고 불린다. 이는 독서가 주로 소리 내어 읽는 '구술 활동'이었음을 입증한다. 텍스트를 소리 내어 읽을 때 필요한 것은 공간인가, 구두점인가, 아니면 대문자인가? 이 질문을 이해하기 위해 위의 예시문으로 돌아가 차근차근 소리 내어 읽어보자. 그러면 깨닫게 될 것이다. 언어의 중요한 측면, 즉 속도와 어조, 그리고 의도 같은 것들이 발성에서 자연스럽게 흘러나온다는 사실을.

이 같은 소리 내어 읽는 독서의 개념이 좀 이상하거나 오래되어 진부한 것처럼 느껴진다면 그저 주위를 둘러보라. 소리 내어 읽기는 인류사 대대로 이어지면서 오늘날 문명에서도 어디에나 존재한다. 예를 들어 대학 강의는 한 명의 개인이, 그룹을 이룬 청중 앞에서 중요한 정보를 소리 내어 읽는 행위를 전제로 한다(프랑스어에서 '강의'는 '읽기'로 번역되기도 한다). 교회의 예배는 어떤가? 예배란 보통 둘러 모인 신도들이 소리 내어 읽는 행위를 의미한다. 학회 포럼, 정치 연설, 심지어 직장에서 매일 진행되는 회의 역시 개인이 공공장소에서 소리 내어 읽는 고대 전통을 중심으로 구성되어 있다.

8세기 초 아일랜드 수도승들의 모임에서 마침내 단어와 단어 사이에 '공간'을 추가하기 시작했고, 이러한 경향이 유럽 전역으로 퍼지면서 비로소 '묵독默讀'의 관행이 생겨났다. 즉 고대 수도승들 덕분에 우리는 굳이 소리 내어 책을 읽을 필요가 없게 되었고, 독서를 누군가의 간섭이나 방해 없이 오롯이 혼자만의 즐거움으로 만들 수 있게 되었다.

흠… 그런데 정말 그럴까? 묵독이란 것이… 정녕 '소리 없는 읽기'일까?

잠시 생각해보자.

지금 어떤 문장이든 한 번 눈으로 읽어보라. 그와 동시에 문장을 읽을 때 머릿속에서 일어나는 일에 집중해보라. 그렇다. 아마도 당신은 뭔가를 '듣고 있다'는 사실을 가장 먼저 알아차릴 것이다. 더 정확히 말하자면, 당신은 문장을 읽을 때 누군가의 목소리를 듣고 있다.

당신의 머릿속 깊은 곳에서 눈동자가 텍스트 위를 지나갈 때 각각의 단어를 소리 내어 읽는 목소리가 들릴 것이다. 열 명 중 아홉 명은 그 음성이 자신의 목소리라는 것을 알아차릴 수 있지만, 항상 그렇지만은 않다.

'나는 그의 간을 훌륭한 키안티 와인에 곁들여 먹었지.'
'저는 그 여자와 성적인 관계를 맺지 않았습니다.'
'한 사람에게는 작은 발걸음이지만, 인류에게는 거대한 도약입니다.'

이 문장들이 익숙한가? 그렇다면 이 문장들을 읽으면서 〈양들의 침묵〉에서 한니발 렉터를 연기한 앤서니 홉킨스Anthony Hopkins의 오 싹한 목소리나 성추문을 일으켰던 미국 전직 대통령 빌 클린턴Bill Clinton의 자신감 있는 느릿한 말투, 또는 달나라에 착륙한 우주비행사 닐 암스트롱Neil Armstrong의 목소리가 지지직거리는 수신기를 통해 흘러나온다는 느낌을 받았을 것이다.

생각해보면 우리는 특정 인물과 연관된 단어를 읽을 때 그 사람의 목소리를 떠올린다는 것을 알 수 있다(물론 이는 읽고 있는 문장의 출처를 명확히 알고 있을 때만 일어나는 현상이다).

분명 조용한 독서는 침묵과는 거리가 멀다. 그렇다면 이 사실이 우리에게 왜 중요할까? 내가 왜 당신을 이 정신없이 돌아가는 독서의 역사 속으로 데려갔는지 이해하기 위해, 우리는 잠시 동안 기어를 바꾸고 관련이 없어 보이는 주제를 탐구할 필요가 있다.

두 개의 소리를 동시에 이해할 수 없다

실험 1

실제 음성이 담겨 있는 녹취 자료 두 개가 필요하다(텔레비전과 라디오 소리를 녹음해보는 것이 가장 쉬운 길이라 판단된다)

1. 텔레비전을 켜 '카메라를 똑바로 바라보며 말하고 있는 사람'이 나오는 프로그램을 찾아보자. 내용은 중요하지 않다. 뉴스 앵커도 괜찮고, 스포츠 프로그램 해설자도 괜찮고, 기상 캐스터도 상관없다. 단지 누군가가 말을 하는 채널을 찾아라.
2. 라디오를 켜고 '토크쇼' 방송국에 주파수를 맞춰보자. 다시 한 번 말하지만 내용은 걱정 말자. 그저 말하는 사람이 나오는 방송국을 찾아라.
3. 당신의 목표는 텔레비전과 라디오에서 나오는 말을 동시에 이해하려 노력하는 것이다. 한 번 도전해보자.

텔레비전과 라디오에서 흘러나오는 소리들을 동시에 청취해 정확히 이해하기란 꽤 짜증나는 일이며 나아가 불가능한 일임을 알게 될 것이다. 둘 중 하나의 소리만 이해하는 것은 노력에 따라 가능하다. 텔레비전의 음성을 이해하려면 라디오 소리를 무시해야만 한다. 그

렇지 않으면 당신의 관심과 집중은 두 목소리 사이에서 이리저리 돌아다니다가 제풀에 지쳐 나가 떨어지고 말 것이다. 머릿속 스위치가 켜졌다가 꺼지는 것을 무한 반복하는 어지러움증을 버티지 못할 것이다.

과학자들은 이를 '양분 청취dichotic listening'라고 부른다. 즉 우리는 동시에 여러 사람이 말하는 것을 들을 수는 있다. 하지만 우리는 오직 한 번에 한 사람씩의 말만을 온전하게 이해할 수 있다. 따라서 우리는 텔레비전과 라디오 소리를 동시에 들을 수 없다. 아니, 들을 수는 있지만 둘 다 이해하지 못한다.

그럼 다음의 경우는 어떤가? 넷플릭스에서 당신이 좋아하는 드라마의 3회와 4회를 같은 화면에 띄워놓고 동시에 시청하는 것은?

분명 두 드라마는 서로 밀접하게 관련되어 있다. 같은 등장인물, 같은 배경음악, 같은 분위기와 줄거리 등등. 하지만 동시에 시청하는 순간, 당신은 당신의 관심을 눈알이 핑핑 돌 정도로 엄청나게 빠르게 양쪽으로 옮겨야 한다. 이 과정을 반복하면서 당신은 각각의 주요 정보를 놓치기 시작한다. 시간이 점점 지나면 모든 것이 간단하게 단절되고 무의미해지고 불확실해지며 혼란에 빠지게 된다. 저 사람은 누구더라? 이 여자는 왜 갑자기 화를 내지? 잠깐, 에다드 스타크(미국 드라마 〈왕좌의 게임〉의 등장 인물)는 어디로 간 거야?

동시에 여러 목소리를 들을 수 있는 양분 청취가 어째서 통하지 않는가를 이해하려면 뇌 속으로 빠른 여행을 떠나야 한다.

우리 뇌의 3가지 주요 영역이 '구어口語'를 우리가 잘 이해할 수 있게 해준다. 첫 번째는 '청각 피질'이다. 청각 피질은 들어오는 소리의 순수한 특징, 음의 높이와 크기 등을 처리한다. 중요한 것은 좌뇌와 우뇌 모두가 이 영역을 포함하고 있다는 것이다. 이것이 우리가 실험하는 동안 텔레비전과 라디오 소리를 모두 들을 수 있었던 이유다. 뇌는 양쪽 귀로 들어오는 소리를 별다른 노력 없이 처리할 수 있는 신경 부분을 갖고 있다. 하지만 물론, 실험의 목표는 단순히 두 개의 청각적 흐름을 듣는 게 아니라 양쪽의 청각적 흐름을 온전하게 이해하는 것이었다.

구어를 이해할 수 있게 해주는 뇌의 다음 영역은 '브로카/베르니케 네트워크Broca/Wernicke network'다. 이 네트워크는 들어온 말을 처리하고 이치에 맞게 이해할 수 있게 해준다. 중요한 것은 이 네트워크가 뇌의 한쪽에만 존재한다는 사실이다(대부분 좌뇌에 위치한다). 이는 언어의 기본적인 소리들이 처음에는 좌뇌와 우뇌 양쪽에서 처리되지만, 결국 구어들은 '깔때기 입구처럼 좁은' 하나의 네트워크를 통과하게 된다는 것을 의미한다. 여기서 우리는 추측할 수 있다. 깔때기처럼 좁은 공간을 통과한다는 것은, 빠른 병목현상을 일으킨다는 뜻이라는 것을.

이 병목현상은 뇌의 제3영역인 '좌측 하전두회left inferior frontal gyrus'에서 통제된다. 하전두회는 두 사람이 동시에 말할 때 한 목소리를 효과적으로 차단함으로써 다른 목소리가 브로카/베르니케의 병목현상을 통과할 수 있게 한다. 이것이 바로 우리가 실험하는 동안 느꼈을 머릿속 '스위치'다. 다시 말해 우리가 텔레비전과 라디오에 동시

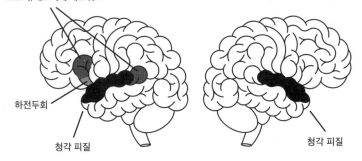

▶ **구어를 들을 때의 당신의 뇌 구조**

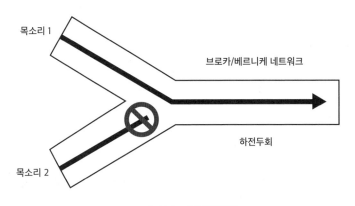

▶ **브로카/베르니케 병목현상**

에 주의를 기울이고자 노력하는 동안, 좌측 하전두회는 차단을 거듭하면서 정보의 흐름 사이를 오르내렸던 것이다.

나는 종종 이 병목현상이 벌어지는 풍경을 떠올리곤 한다.

수백 명의 바쁜 여행자들이 공항에서 한 줄로 된 보안검색대를 서로 먼저 통과하려고 애쓰는 모습을 상상한다. 이 모든 여행자가 만족스러운 결과를 얻으려면? 결국 충분한 시간이 주어지고 모든 여행자가 여유롭게 대기 중인 비행기에 탑승할 때만이 이 풍경을 깨뜨릴 수 있다. 하지만 브로카/베르니케 네트워크에서는 병목현상을 즉시 통과하지 못하는 정보는 '완전히 사라진다.' 브로카/베르니케에게는 밀린 일을 처리하기 위한 야근이 절대 없다. 대기 리스트 따위도 작성하지 않는다. 좌측 하전두회에 의해 차단된 모든 구어는 의미와 목적이 완전히 사라진다. 더 이상 그 정보에 접근하거나 처리할 수 없다.

자, 그렇다면 이제 모든 조각을 한데 모아보자.

양분 독서?

실험 2

이제 하나의 목소리만 흘러나오는 녹취 파일을 찾아보자(텔레비전이면 충분할 것이다). 그리고 눈으로 읽을 수 있는 책도 준비해보자(힌트: 이미 뭔가를 읽고 있지 않은가!)

1. 텔레비전을 켜 '카메라를 똑바로 바라보며 말하고 있는 사람'이 나오는 프로그램을 찾아보자. 실험 1에서도 그랬듯 내용은 중요하지 않다. 단지 누군가가 카메라 전면에 등장해 말을 하고 있는 채널을 찾아라.

2. 눈으로 읽을 수 있는 책에서 친숙하지 않은 구절이 나오는 부분을 찾아 펼쳐보자(아직 읽지 않은 책의 뒷부분을 펼치면 되겠다).

3. 당신의 목표는 이제 책을 조용히 읽으며 텔레비전을 시청하는 것이다. '동시에' 두 가지 정보의 흐름을 이해하는 것이다. 한 번 도전해보자.

언제나 바쁜 우리는 출근하는 지하철에서, 미팅 장소인 카페에 먼저 도착해서, 은행에서 번호표를 뽑고 기다리는 동안 독서의 짬을 낸다. 따라서 우리는 시끄러운 환경에서 뭔가를 읽는 것에 매우 익숙하고, 읽고 있는 것을 이해하는 데 어려움을 겪는 일이 거의 없다. 그래서 다른 누군가가 '말하고 있는 것'을 이해하면서, 그와 동시에 눈으로 읽고 있는 것을 이해하는 것이 불가능하다는 사실을 알면, 꽤나 충격적일 것이다.

다시 뇌로 돌아가보자.

무엇인가를 읽을 때는 '시각 피질'이라는 신경 부위가 가장 먼저 활성화된다. 시각 피질은 눈으로 들어오는 광경의 순수한 시각적 특징인 색깔, 테두리, 움직임 등과 같은 것들을 처리한다. 즉 읽는 과정 초기에 시각 피질이 활성화된다는 것은, 간단히 말해 우리가 단어를 읽기 전에 먼저 '본다'는 뜻이기도 하다.

여기서 흥미로운 사실이 있다.

시각 피질이 활성화됨과 거의 동시에 청각 피질과 브로카/베르니

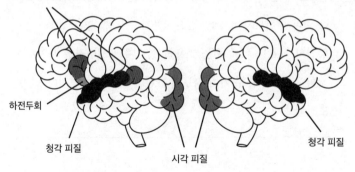

브로카/베르니케 네트워크

하전두회

청각 피질

시각 피질

청각 피질

▸ 당신의 뇌는 묵독 중이다 – 어딘가 익숙하지 않은가?

케 네트워크가 작동한다는 것이다. 즉 조용히 책을 읽을 때도 뇌의
구어를 처리하는 능력이 곧바로 활성화되는 것이다. 그 이유는 무엇
인가? 간단하다. 소리 내어 읽는 것에서 눈으로 읽는 조용한 독서로
의 전환은 진정한 전환이 아니기 때문이다. 그저 성대에서 뇌로 '말
로 나타내기(verbalization, 언어화)'가 옮겨간 것에 불과하다. 다시 말해
당신의 뇌는 실제로 큰 소리로 말하는 목소리를 처리하는 방식과 거
의 동일한 방식으로 당신의 머릿속 음성을 처리한다. 따라서 누군가
가 말하는 것을 들으면서 뭔가를 읽는 것은, 두 사람이 동시에 말하
는 것을 이해하려고 노력하는 것과 같다. 결국, 처리할 수 없다!

정리하면 다음과 같다.

듣고 있는 목소리를 이해하려고 노력하는 동시에 읽고 있는 것을
이해하기란 불가능하다. 이 장의 첫머리에서 살펴본 두 가지 상상의
시나리오를 상기해보자. 시끄러운 술집에서도 용케 대화를 유지할 수

있는 건 당신의 청각 피질이 사방에서 당신의 귀로 흘러들어 오는 무수한 목소리들을 미친 듯이 처리해주고 있기 때문이다. 좌측 하전두회가 브로카/베르니케 병목현상을 이용해 대화 상대의 독특한 목소리에만 집중할 수 있게 해주기 때문에, 당신은 대화가 가능한 것이다.

이처럼 수십, 수백 개의 충돌하는 목소리를 동시에 들을 수 있음에도 불구하고 그 목소리들의 볼륨은 오직 하나만 제외하고는 '제로zero'에 맞춰지기 때문에 결국 아무런 영향을 끼치지 않는 무의미한 소음이 되는 것이다.

회의실에서 프레젠테이션하는 동료의 발표를 들을 때도 마찬가지다. 발표자가 파워포인트 슬라이드 앞에서 열변을 토하고 있음을 귀로 들으면서 당신은 그가 나눠준 자료(또는 몰래 읽기 위해 슬쩍 갖고 들어온 만화책)를 눈으로 읽고 있을 때, 당신의 청각 피질은 발표자의 목소리와 당신의 묵독을 미친 듯이 처리하고 있다. 물론 이때도 어김없이 병목현상이 발생한다. 따라서 당신은 발표자의 열변을 따라갈 것인지, 아니면 당신이 읽고 있는 것을 따라갈 것인지를 결정해 브로카/베르니케 네트워크에게 알려주어야 한다. 그렇지 않으면 뭔가 변변히 건질 만한 소득 하나 없이 멍한 상태로 회의실을 빠져나와야 한다.

당신이 묵독을 선택하면 발표자나 연설자의 목소리는 즉각 차단되어 의미 없는 소음이 된다. 그리고 이 같은 처리 과정 동안 당신은 묵독의 목소리에만 집중할 수 있게 된다.

흠… 그렇다. 뇌과학은 당신이 듣기와 읽기 중 한 가지에만 집중할 때 가장 큰 효과를 얻을 수 있다는 사실을 일깨워준다. 그런데 현실은 어떤가? 우리는 무엇에 집중하는가? 집중하기는 하는가?

예를 들어 팀장인 당신이 팀원을 회의실로 불러 지시한 업무보고서를 검토한 결과를 얘기해주고 있다고 해보자. 회의실에는 아무도 없다. 팀원에게 일대일로 피드백feedback을 주고 있는 상황이다.

당신의 팀원은 상사에게 매우 열성적으로 헌신하는 태도를 보여주는 사람이다. 그는 당신의 피드백에 열심히 고개를 끄덕인다. 그와 동시에 업무수첩을 펼쳐 당신의 말 한 마디 한 마디를 토씨 하나 안 빠뜨리고 필기하겠다는 듯 너무나 열심히 볼펜을 쥔 손을 움직인다. 그런 그를 보면서 당신은 어쩐지 마음이 흐뭇하다. 그가 당신의 피드백을 스펀지로 물을 빨아들이듯 하고 있는 것 같아서다.

하지만 당신은 또한 기억할 것이다. 당신의 말에 그렇게 열심히 고개를 끄덕이고 열심히 받아적은 사람들이 다시 수정해 제출한 보고서가, 당신의 피드백을 그다지 반영하고 있지 않았다는 것을. 당장이라도 자리로 불러 호통을 치고 싶을 것이다. 이 친구, 대체 뭘 들은 거지! 뭘 그렇게 열심히 적은 거야!

하지만 이 책을 읽고 나면 당신은 호통을 치는 대신 이렇게 말하게 될 것이다.

"적지 말고, 그냥 내 말을 잘 들으세요!"

당신은 발표 자료를 읽으면서 발표자의 목소리도 동시에 이해하는 것은 불가능하다. 옆 테이블에 앉은 커플의 대화와 당신 앞에 앉아 있는 파트너의 말을 동시에 경청하는 것도 불가능하다. 야구 중계방송과 농구 중계방송을 한 화면에 띄워놓고 동시에 집중하는 건 어림도 없는 일이다.

우리는 대체로 가능한 한 많은 정보를 수집하려고 애쓴다. 그래서 주어진 시간 내에 더 많은 것을 받아들이기 위해 여러 가지 일을 동시에 수행하려고 한다. 멀티 플레이어가 능력 있는 사람으로 간주된다. 하지만 이는 착각이다. 우리의 뇌는 두 가지 이상의 정보 흐름을 동시에 받아들이는 데 엄청난 어려움을 겪는다.

뇌과학을 연구하고 강의하는 신경과학자로서 내가 줄 수 있는 조언은 대체로 다음과 같다.

"한 가지에 집중하라!"

사람들에게 내 뜻과 생각을 정확하고 완전하게 전달하고 싶다면, 그들을 한 가지에 집중시킬 줄 알아야 한다. 사람들에게 내가 가진 메시지를 각인시키고 싶다면, 그들을 한 가지에 집중시킬 줄 알아야 한다.

1. 모든 문자 텍스트를 경계하라

모바일 애플리케이션이든 전통적인 컴퓨터 프로그램이든 간에, 뭔가 시각적인 발표 자료를 만들어 회의를 진행하는 건 회사에서 일상적인 업무가 되었다. 화려하게 만들든 심플하게 만들든 간에, 배포하고자 하는 자료에는 문자 텍스트를 아주 최소한만 삽입하도록 하라. 직장 문화에 관한 최근의 연구와 통계를 살펴보면, 여전히 많은 직장인들이 자신의 발표 자료에 엄청난 양의 텍스트를 채워 넣는다.

불안 때문이다. 내 목소리만으로 누군가에게 강렬한 인상을 심어줄 수 있을까? 아무런 보충 자료나 설명 없이 누군가를 설득하는 게 가능한 일일까? 발표를 듣는 것보다 자료를 보면서 밑줄 긋는 걸 더 좋아하는 사람이 있지는 않을까? 목소리는 사라져도 자료는 남지 않는가!

당신의 뇌는 당신의 불안을 이해하지 못한다. 당신이 텔레비전을 시청하는 동안 책을 읽을 수 없었던 것처럼, 당신이 상대해야 하는 사람들도 당신이 말하는 것을 듣는 동안 당신의 슬라이드나 발표 자료를 읽을 수 없다. 브로카/베르니케 병목현상에 예외란 없다. 사람들은 당신의 자료와 목소리를 왔다갔다 하다가 중요한 정보들을 모두 잃고 만다.

구어이든 문어文語이든 간에, 한 가지 방식으로 정보를 받는 사람이 동일한 정보를 다양한 방식으로 한꺼번에 전달받는 사람보다 훨씬 더 그 정보를 지속적으로 이해하고 더 오랫동안 잘 기억한다. 슬라이드나 발표 자료에 텍스트를 포함시키면 상대의 학습과 집중력을 방해한다. 이는 무슨 뜻인가? 상대는 당신에게서 인상적인 느낌을 얻을 확률이 매우 떨어진다는 뜻이다. 상대는 당신을 기억조차 잘 못할 가능성이 매우 높아진다는 것이다.

따라서 앞으로 뭔가 발표를 할 일이 있으면, 작성 자료에 텍스트를 넣지 않을 수 있는 방법을 모색하라. 자료가 없으면 발표하는 데 곤란을 느끼는 사람은 자료 대신 큐카드 등을 준비하는 것이 훨씬 효과적이다.

하지만 생각해보자. 현실적으로 발표 자료나 슬라이드에 텍스트를 전혀 안 넣는다는 건… 여간 어려운 일이 아니다(당신의 상사는 일의 효율성과는 상관없이, 텍스트로 가득 찬 두툼한 자료를 좋아할 수도 있다).

어떻게 해야 할까?

다음의 질문들을 검토해보자.

• 핵심 질문 1: 키워드

"슬라이드나 발표 자료에 텍스트를 가장 효과적으로 삽입하는 방법은 무엇인가?"

이 질문의 답은 '키워드keyword'다.

여기 흥미로운 사실이 있다. 당신의 뇌가 시각적 텍스트를 청각적 언어로 번역해야 하는 필요성은 당신이 완성된 문장이나 문단, 또는 많은 단어를 연속적으로 읽을 때만 발생한다. 또한 당신에게 매우 친숙한 소량의 단어를 읽을 경우에는, 당신의 뇌는 청각적 언어로의 변환을 거치지 않고(우회해서) 직접적으로 그 의미를 파악한다.

따라서 나는 권해주고 싶다. 당신의 자료에 최대 7개를 넘지 않는 키워드만을 포함할 것을. 그러면 발표를 듣는 사람들에게 방해가 되지 않는다. 나아가 그 키워드들이 우리에게 매우 친숙한 단어일수록 효과는 커진다. 뭔가 새롭고 참신하고 차별화된 느낌을 주기 위해 신조어나 매우 낯선 단어들을 사용하는 건 역풍을 맞을 수도 있다는 사실을 경계하라.

우리에게 낯익은 7개의 키워드를 효과적으로 삽입할 방법을 찾는 것. 그것이 설득력을 강화시키고, 당신에게 사람들을 집중시킬 수 있는 최적의 전략이다.

• 핵심 질문 2: 동일한 단어들

"슬라이드에 삽입된 단어와 내가 말하는 단어가 똑같다면? 여전히 방해가 될까?"

답은 간단하다. 그렇다.

'속도'의 차이 때문이다. 보통 사람은 1분에 약 130개의 단어를 말할 수 있다. 그리고 1분에 약 220개의 단어를 읽을 수 있다. 고도의 속독 훈련을 받은 사람은 1분에 1,000개까지도 읽을 수 있다(즉 이 책의 독자들 중 누군가는 차를 끓이는 데 걸리는 시간보다 훨씬 빨리 이번 장을 읽었을 것이다).

따라서 슬라이드 속에 삽입된 단어(텍스트)와 발표자가 말하는 단어가 동시에 사람들에게 전해진다면, 그들은 눈으로 읽은 단어와 발표자의 음성으로 전해진 단어 사이에서 뒤죽박죽이 되는 경향을 보이게 된다. 이런 상황이 벌어지면 우리는 음성을 통해 생성된 단어와 읽기에서 비롯된 단어 사이의 모순으로 인해 또다시 병목현상을 경험하게 된다.

그저 방해만 하는 수준에서 그치지 않는다. 발표자가 파워포인트 슬라이드에 포함된 단어를 소리 내어 읽을 경우, 청중은 지루해지고 흥미를 잃고 만다. 불가피하게 많은 텍스트를 삽입한 경우라면, 그 텍스트들을 줄줄 반복하기보다는 텍스트들의 키워드만을 탁, 탁, 짚어내 발성하는 것이 한결 더 좋은 효과를 가져온다. 그도 저도 어려운 상황이면 차라리 이렇게 말하라.

"슬라이드 자료는 각자 자리로 돌아가시면 읽을 수 있도록 이메일로 보내드릴게요. 지금은 부디 제 브리핑에만 집중해주시기 바랍니다."

다시 한 번 강조하지만 슬라이드에 포함된 것과 동일한 발표를 듣게 하지 마라. 일대일 미팅에서도 마찬가지다. 상대에게 건넨 자료를 그대로 읽으며 설명하는 행위는 최악이다. 어떤 대가를 치르더라도 피해야 할 습관이다.

2. 참고자료는 끝난 후에 배포하라

종종 대담이나 강의, 미팅 중에 발표자들은 발표를 보충할 수 있는 유인물을 제공하기 마련이다. 이 유인물에 텍스트 지문이 포함되어 있을 경우, 우리는 이제 익숙해진 문제에 봉착한다. 발표 중 유인물을 읽으려면 사람들은 듣기를 포기해야 한다. 그러므로 발표가 '끝난 후에' 유인물을 배포하는 것이 더 효과적이다.

3. 발표자에게 집중하라

이제 우리는 발표를 할 때 문자 텍스트로 구성된 슬라이드나 유인물은 사용하지 않는 편이 효과적이라는 사실을 알게 되었다. 그런데 만일 이런 사실을 전혀 모르고 있는 발표자의 미팅이나 회의, 프레젠테이션에 참석했다면? 그렇다. 이 장에서 내내 살펴본 것처럼 어떤 사람의 발표를 최대한 내 것으로 만들려면, 발표와 발표 자료 사이에서 어디에 집중해야 할지를 선택해야 한다.

다양한 심리실험과 뇌과학 실험을 누적해온 신경과학자인 내 조언은 언제나 변함없다.

'발표자에게 집중하라.'

슬라이드는 본질적으로 1분 이상 정적이고 변화가 없는 존재다. 반면에 발표자는 청중의 분위기에 반응하며 즉흥적인 발언이나 슬라이드에 포함되지 않는 이야기를 얼마든지 펼칠 수 있는 가능성을 가진 존재다. 따라서 유인물보다는 발표자로부터 더 많은 정보를 얻을 수 있다. 또한 당신이 팀장이라면, 팀원이 발표할 때 그가 나눠준 유인물에 코를 박고 있는 모습을 보여서는 안 된다. 눈을 들어 발표하는 팀원의 목소리를 따라가라. 그러면 그는 당신이 자신의 말을 경청하고 있다는 느낌을 받는다. 그렇게 발표나 미팅이 끝난 직후 그에게 넌지시 이렇게 말하라.

"오늘 회의 석상에서 나온 의견들을 반영해 자료를 수정한 후 제게 이메일로 보내주세요. 그러면 제가 최종적으로 검토한 다음 다시 피드백을 드리겠습니다."

좋은 상사가 되고 싶은가? 자료를 가장 마지막에 받는 사람이 되어보라. 분명 효과가 있을 것이다.

"노트 필기는 어떨까? 발표를 들으며 필기를 하는 것은 브로카/베르니케 병목현상을 유발할까?"

앞에서 예로 든 바와 같이, 상대의 말을 토씨 하나 안 빠뜨리고 적겠다는 듯의 과잉된 태도는 상대의 말과 의도를 이해하는 데 아무런 도움을 주지 못한다. 하지만 발표 중 필기가 꼭 부정적인 것만은 아니다. 어떻게 필기를 하느냐에 따라 필기는 도움이 될 수도 있고 독이 될 수도 있다.

노트 필기는 크게 두 가지 범주로 나뉜다. '얕은 필기'와 '깊은 필기'다.

얕은 필기는 귓전에 울리는 모든 소리를 노트에 담는 방식이다. 당신의 팀원이 당신의 말을 토씨 하나 놓치지 않고 받아적는 것이 여기에 속한다. 발표장이나 회의장에서도 이런 얕은 필기를 하는 사람을 정말 많이 목격할 수 있다. 다행스럽게도, 얕은 필기는 병목현상을 유발하지 않는다. 오직 귀를 때리는 소리에만 집중하기 때문이다.

문제는 얕은 필기를 할 때마다 아무것도 머릿속에 남지 않는다는 데에 있다. 법원의 속기사를 떠올려보면 이해가 쉽다. 속기사들은 1분당 300단어 이상을 타이핑할 수 있다. 판결에 대한 항의가 빗발치는 혼란스럽고 시끄러운 재판에서도 거의 모든 단어를 복사해낸다. 하지만 특정한 법원 사건의 세부사

항에 대해 속기사들에게 문제를 낸다면, 그들은 단 한 문제도 맞히지 못할 것이다. 그 사건에 대해 그저 의미 없는 기억만 갖고 있을 것이다. 문제에 대한 궁극적인 의미를 파악하는 감각은 활성화되지 않는다. 우리가 손을 빠르게 놀려 메모를 작성할 때는 그 메모 속에 숨은 의미나 이야기가 아니라 오직 소리와 순서만을 중시하기 때문이다.

병목현상도 없지만 배운 것도 없는, 아무것도 남지 않는 필기가 바로 '얕은 필기(단순 메모)'다. 당신의 팀원을 인재로 키우려면, 당신의 뜻을 그에게 의미 있게 전달하려면 그를 속기사로 만들어서는 안 된다.

반면에 깊은 필기는 단어가 아니라 그 단어들을 이치에 맞게 만들고 정리하고 행간에 숨겨진 의미를 도출하는 데 신경을 쏟는다. 발표자의 음성을 들으며 퍼뜩 떠오른 것들을 발표 자료 여백에 휘갈겨쓴 메모, 낙서, 자료에 적힌 단어를 다른 단어로 대체해보거나 문장을 재해석해본 것 등등이 깊은 필기에 속한다. 따라서 깊은 필기는 병목현상을 피할 수 없다. 발표자의 목소리를 단어로 정리하는 것에 집중하는 사이에, 발표자의 목소리는 배경 소음으로 전락하고 만다.

거듭된 뇌과학 연구에 따르면, 깊은 필기는 병목현상을 유발한다. 나아가 프레젠테이션이 진행되는 동안 받아들일 수 있는 정보의 양을 감소시킨다. 하지만 '기록'을 통해 프레젠테이션에서 얻은 정보와 아이디어들을 더 잘 이해하게 만들고, 그 프레젠테이션에 대한 기억을 강화시킨다.

이는 무슨 뜻일까?

깊은 필기는 프레젠테이션에서 당신이 얻을 수 있는 배움의 총량은 감소시킨다. 하지만 그 프레젠테이션에서 당신이 얻은 정보나 아이디어들에 대해 당신이 더 잘 배울 수 있게 돕는다. 따라서 깊은 필기를 해야 할 경우에는, 기억에 꼭 남겨야만 하는 정보를 잘 추려내어 적어야 한다. 회의나 강연장, 프레젠테이션의 현장에서 대부분의 사람들이 원하는 것은 깊은 필기다. 하지만 많은 사람들이 깊은 필기에 실패한 채 속기사가 되고 마는 것도 현실이다. 또한 처음에는 깊은 필기를 하겠다는 의지에 충만하지만 발표가 진행되는 동안 점점 그 의욕이 떨어져 결국 발표를 들은 것도, 메모를 잘한 것도 아닌 상태로 추락하는 경우도 많다. 깊은 필기를 하고 싶다면 먼저 기록으로 남길 가치가 있는 정보를 엄선해야 한다. 그리고 일관된 필기 의지를 유지하는 것도 필수다. 의지 유지가 어려운 사람은 처음부터 발표자에게 집중하는 것이 효과적이다.

이제 오랫동안 논쟁이 되어온 이슈 하나를 살펴볼 차례가 왔다. 컴퓨터를 사용하여 메모나 필기를 하는 것이 펜과 종이를 사용하는 것보다 더 안 좋은 습관인가? 컴퓨터 메모와 직접 손으로 작성하는 수기 메모를 서로 비교하는 것은 별 의미가 없다. 중요한 것은 도구가 아니라 필기의 유형이다. 당연히 손으로 쓰는 것보다 키보드를 활용한 타이핑이 더 빠르다. 그래서 컴퓨터 메모는 '얕은 필기'에 더 적합하다. 반면에 수기는 깊은 필기에 더 적합하다. 모든 단어를 받아 적을 수 없다는 사실을 미리 알고 있기 때문에, 머릿속에서 정보를 한 차례 먼저 처리하고 정리할 수 있기 때문이다.

물론 컴퓨터로 깊은 필기를 하는 것도 불가능한 것은 아니다. 다만 필기의 유형에 따라 어느 도구가 더 적합한지를 선별할 줄 알면 정보의 학습과 정리, 처리에 더 나은 도움을 얻을 수 있다(유능한 팀장이 되고 싶다면, 당신의 팀원들이 회의 때 어떤 도구를 즐겨 활용하는지를 눈여겨볼 필요가 있다). 더 집중적인 학습을 원한다면 컴퓨터보다는 손으로 필기하는 것이 더 나은 선택임은 여러 뇌과학 연구들에 근거할 때, 분명하다.

4. 폭넓은 선택지를 제공하라

예를 들어 컴퓨터로 디지털 프로그램이나 사용지침서tutorial를 만들 때 텍스트와 음성 요소들을 모두 포함하는 것이 일반적이다. 수많은 웹사이트들이 문자 텍스트 기반의 지문과 함께 오디오, 비디오 자료를 적극 활용한다. 이는 컴퓨터 사용자가 이러한 기능들을 자유롭게 취사선택해 쓸 수 있는 경우에는 탁월한 효과를 거둘 수 있다. 하지만 이러한 기능들이 맹목적으로 결합되어 사용자가 선택할 수 없는, 일방적으로 주어지는 경우에는 문제가 심각해진다. 당신의 웹사이트가 이렇게 만들어졌다면, 아마도 당신은 원하는 만큼의 충성 사용자를 확보하는 데 엄청난 어려움을 겪을 것이다. 무차별적으로, 일방적으로 어떤 자료가 여러 방식으로 주어질 경우 사람들은 문자와 음성, 청각 사이에서 집중력을 잃고 만다.

당신의 웹사이트를 많은 사람들이 방문하게 만들고 싶다면, 그들에게 폭넓은 선택지를 주어라. 사람들이 당신의 웹사이트를 잘 이해하게 만들고 싶다면, 문자 자료와 음성 자료, 시각 자료와 청각 자료를 무분별하게 뒤섞어놓기보다는 각각 질서를 부여해 배치하는 게 더 효과적이다.

누군가 말하는 것을 들으면서 동시에 단어들을 읽는 것은 불가능하다.

- 묵독은 그다지 조용하지 않다.
- 브로카/베르니케 병목현상으로 인해 우리는 한 번에 하나의 언어 정보만 파악할 수 있다.
- 단어를 읽는 것과 강연을 듣는 것 사이를 제아무리 빠르게 왔다 갔다 할 수 있다 할지라도, 이 두 가지 정보의 흐름 사이에서 이를 모두 기억하는 건 불가능하다.

확장 팁

1. 시각적인 슬라이드 자료에는 최대한 문자 텍스트를 넣지 마라
- 키워드는 괜찮다. 단, 7개 단어 미만으로만.
- 읽기 자료와 발표를 한데 묶지 마라. 읽기와 듣기는 본질적으로 같은 과정이다.

2. 유인물에도 문자 텍스트는 최소화한다. 상대가 발표 자료를 숙지하는 것이 좋은 상황이라면 미리 이메일로 배포해서 읽게 하거나, 발

표가 끝난 후 이메일로 정리해서 보내는 편히 훨씬 효과적이다.

3. 화자話者를 따라가라

- 단순한(얕은) 노트 필기는 학습에 지장을 줄 수 있다.

- 깊은 필기는 학습을 향상시킬 수 있다.

- 컴퓨터를 활용한 필기는 얕은 필기에 적합하다.

- 깊은 필기에는 펜과 종이를 이용하는 것이 더 효과적이다.

4. 폭넓은 선택지를 제공하라.

2장

두 가지를 결합하라

: 시각과 청각 사이

"우리는 이미 절반쯤 알고 있을 때
비로소 들을 수 있고, 이해할 수 있다."

_헨리 데이비드 소로Hernry David Thoreau, 《월든》의 작가

아바ABBA.

〈댄싱 퀸Dancing Queen〉.

십대 시절, 나는 스웨덴 출신의 혼성 그룹 아바의 이 노래를 가장 좋아했다. 지금껏 300번 이상 들었을 것이다.

'유 캔 댄스, 유 캔 다이, 해빙 더 타임 오브 유어 라이프(춤을 출 수도 있고 죽을 수도 있어요. 인생의 시간을 마음껏 즐겨봐요)…'

이렇게 시작되는 〈댄싱 퀸〉의 첫 소절을 흥얼거리며 그 시절 내내 아바의 음악에 푹 빠져 지냈다. 춤을 출 수도 있고 죽을 수도 있지… 약간 섬뜩하긴 하지만 뭐, 그래도 천하의 아바이지 않은가! 그럴 수도 있지!

세월이 흘러 2019년 봄, 나는 유튜브YouTube 영상들을 서핑하다가 우연히 〈댄싱 퀸〉의 뮤직 비디오를 보게 되었다. 생각해보니 그토록 오랫동안 이 노래를 좋아했음에도 불구하고 언제나 나는 귀로만 들었지, 이 노래를 부르는 아바의 모습은 처음 보게 되는 순간이었다.

찬란했던 십대 시절로 추억여행을 떠나며 나는 영상의 재생 버튼을 눌렀다…. 아, 그리고 바로 그때 나는 보았다. 〈댄싱 퀸〉의 첫 소절을 부르는 보컬 두 명의 입술이 '제이J' 자 모양으로 동그랗게 말려 있는 것을. 비로소 나는 300번 이상 흥얼거렸던 노래의 정확한 가사를 들을 수 있었다.

'유 캔 댄스, 유 캔 자이브…(춤을 춰봐요, 자이브를 춰봐요…)'

죽을 수도 있다는 말은 없었다. 그저 좀 더 열심히 춤에 집중하자는 경쾌한 가사였다(맥락상으로도 훨씬 이게 맞는 가사이긴 하다).

이게 대체 어떻게 된 일일까? 노래를 부르는 것을 두 눈으로 보는 것이, 20년 동안 노래를 들으면서 위조되어온 기억을 어떻게 한순간에 덮어버릴 수 있었을까?

눈으로 듣고, 귀로 읽어라 : 맥거크 효과

내가 겪은 〈댄싱 퀸〉의 오류는 우리가 눈으로 보는 것이 귀로 듣는 것에 어떻게 영향을 끼치는지를 잘 보여주는 대표적인 심리 현상, '맥거크 효과(McGurk Effect, 동일한 발음이 말소리를 내는 사람의 입 모양에 따라 다르게 들리는 현상-옮긴이)'의 실제 사례다.

맥거크 효과를 측정하는 실험을 해보자.

당신이 컴퓨터 앞에 앉아, 한 남자가 '바바Baba'라는 단어를 과장되게 말하는 것을 두 눈으로 지켜보는 한편, 스피커로는 '바바'라는 단어를 약 1분간 계속해서 듣는다고 해보자. 스피커 너머의 목소리가 계속 같은 단어를 말하는 동안 화면 속 남자는 다른 단어를 내뱉기 시작한다. '바 [bá:]'라는 단어를 만들기 위해 양 입술을 다물었다가 날숨과 함께 터트리지 않고 갑자기 아랫입술을 치아의 안쪽으로 말아 올렸다가 숨을 뱉으며 '파[fá:]' 라고 발음한다.

이때 맥거크 현상이 발생한다.

컴퓨터 앞에 앉아 있는 당신의 귀에는 줄곧 듣고 있던 '바'가 아니라 훨씬 부드러운 '에프f' 음절이 들려오기 시작한다. 스피커에서는 계속 '바바'라는 단어가 흘러나오고 있는데도 말이다. '파[fá:]……, 파. 파.'

연구자들이 뭔가 속임수를 쓰고 있다는 생각이 든다면, 당신은 눈을 감는다. 얼굴이 사라진 상태에서는 지금껏 듣고 있던 '바, 바'가 다

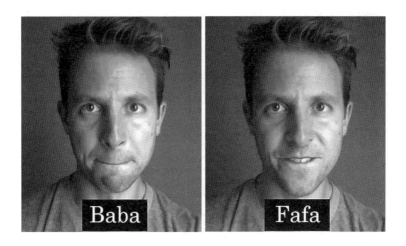

▶ 맥거크 효과

시 들려온다. 하지만 눈을 뜨고 다시 남자의 얼굴에 집중하는 순간, '파, 파'가 들려오기 시작할 것이다.

많은 사람들이 다음의 사실을 기꺼이 받아들이는 것 같다.

'시각은 청각을 유도할 수 있다.'

아마도 눈에 보이는 것(시각적 대상)이 눈에 보이지 않는 것(음파)보다 더 우위에 있다고 느끼는 게 자연스러워 보이기 때문일지도 모른다. 하지만 시각이 언제나 청각을 이끄는 것은 아니라는 사실을 알게 되면 다소 충격적일 것이다. 그렇다. 시각이 청각을 이끈다는 것을 보여주는 수많은 사례만큼이나 '청각 또한 시각을 이끈다.'

이를 보여주는 가장 유명한 사례가 있다. UCLA의 신경과학자 라단 샴스Ladan Shams 박사의 '환각 효과'다. 샴스 박사의 실험은 맥거크 효과 실험과 비슷하게 시작된다. 빈 컴퓨터 화면 앞에 앉아 있으면, 스피커 너머로 커다란 '삐-' 소리가 나기 시작하면서 동시에 화면 위로 작은 원이 빠르게 나타났다가 사라진다.

스피커에서 두 번의 큰 경고음이 빠르게 재생되는 동안 화면에서는 두 개의 원이 빠르게 나타났다가 사라진다. 경고음이 한 번 들리면 하나의 원이 나타난다. 경고음이 두 번 울리면 두 개의 원이 나타난다. 딱히 신기할 것도 없는 실험이다.

물론 이는 모두 착각이다. '삐-' 소리의 횟수에 상관없이 화면에는 오직 한 개의 원만 깜박인다. 두 개의 원이 나타나는 일은 없다. 하지만 피실험자들은 예외없이 두 번의 경고음이 들릴 때마다 두 개의 원을 봤다고 착각한다.

이는 본질적으로 맥거크 효과와 정반대의 의미를 갖는다. 우리가 본 것이 우리가 들은 것에 영향을 주었다면, 샴스 박사의 환각 실험은 그와 반대로 청각이 시각에 영향을 준다.

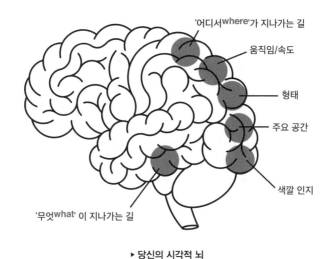

'어디서where'가 지나가는 길

움직임/속도

형태

주요 공간

색깔 인지

'무엇what' 이 지나가는 길

▸ **당신의 시각적 뇌**

청각

시각

▸ **시각과 청각은 자유롭게 뒤섞인다 – 병목현상 따위는 없다!**

병목현상 없는 청각과 시각

우리가 보는 것과 듣는 것 사이에는 분명 강력한 연결관계가 있다. 어떤 원리로 이런 작용이 벌어지는가?

우리는 뭔가를 들었을 때, 이 정보가 먼저 청각 피질 내에서 뇌의 측면을 따라 처리된다는 것을 배웠다. 반면에 우리가 어떤 것을 볼 때는, 이 정보는 먼저 시각 피질 내에서 뇌의 뒤쪽을 따라 처리된다. 이 매우 큰 신경 영역은 다시 몇 개의 뚜렷한 영역으로 나뉜다. 각각의 영역은 우리가 보고 있는 대상의 요소들을 처리하는 역할을 한다.

예를 들어 새가 날아가고 있는 것을 보고 있다고 해보자. 이때 우리의 시각 피질의 각각의 영역은 새의 윤곽, 새의 색깔, 새의 움직임과 속도 등등을 처리한다.

앞에서 우리는 정보의 처리 과정에서, 서로 다른 두 개의 정보 흐름을 깔아뭉개려 하면 병목현상이 발생해 결국 정보의 손실을 불러온다는 사실을 살펴보았다. 다행히 청각과 시각은 서로 다른 처리 경로를 이용한다. 이는 병목현상을 없앨 뿐 아니라 청각과 시각을 하나의 통합된 신호로 결합시킬 수 있게 해준다. 이 과정을 '감각 통합sensory integration'이라고 부른다.

우리가 주목해야 할 점은 감각 통합이 적층 프로세스(additive process, A+B=A와 B)가 아니라 생태학적 프로세스(ecological process, A+B=C)를 보여준다는 것이다.

예를 들어 꽃과 나무, 풀벌레와 곤충 등이 잘 조화를 이루고 있는 정원에 딱정벌레 열두 마리를 풀어놓는다고 해보자. 이는 그저 정원에 딱정벌레 개체 수가 더해진 상황에 그치지 않는다. 딱정벌레라는 한 가지의 추가가 정원의 모든 것을 변화시킬 것이다. 먹이사슬, 흙 속의 영양소, 생존의 조건들 등등.

청각과 시각도 마찬가지다. 우리가 듣는 것이 우리가 보는 것과 결합될 때, 완전히 새로운 전체가 나타난다. '전체가 부분의 합보다 크다'는 문장은 청각과 시각의 감각 통합에 너무나 딱 들어맞는다.

그렇다면 이 모든 것이 현실에서 무엇을 의미하는지 살펴보자.

해석

이제 어려운 문제에 대한 설명을 시작해야 할 시간이다. 청각과 시각은 어떻게 조화를 이루어 의미를 만들어내는가?

1장에서 살펴본 바와 같이 문자로 기록된 텍스트를 읽는 것은 강연을 듣는 것과 비슷하다는 사실을 염두에 두고 까다롭지만 흥미진진한 탐험을 출발해보자.

먼저 54페이지의 삽화 '해석interpretation-1'을 살펴본 다음 그 밑의 설명글을 읽어보자. 다시 한 번 강조하지만 읽기가 듣기를 대신할 수 있다는 사실을 잊지 마라. 삽화를 보면 당신은 설명글을 어렵잖게 이해할 수 있을 것이다. 주말 저녁, 카드 게임을 위해 모인 친구들을 묘사한 단순한 이야기이지 않은가. 누구나 충분히 그렇게 여길 만하다.

그렇다면 이제 56페이지에 실려 있는 삽화 '해석interpretation-2'를

매주 토요일 저녁, 세 명의 친구가 모인다. 제리와 케이시가 캐런의 집에 도착했을 무렵, 캐런은 자신의 방에서 뭔가 메모를 적고 있었다. 그녀는 카드 놀이 세트를 재빨리 챙겨 현관문에 있는 친구들을 맞이하기 위해 자리에서 일어선다. 친구들은 캐런을 따라 거실로 들어서지만, 늘 그랬듯, 정확히 어떤 카드 게임을 할지에 대해서는 좀처럼 합의를 보지 못한다. 결국 케이시가 나서서 뭔가를 제안했고, 친구들이 이를 따른다. 이른 저녁, 케이시는 캐런이 다이아몬드 카드를 손에 많이 갖고 있음을 알아차린다. 밤이 깊어질수록 놀이의 템포가 빨라진다. 마침내 캐런이 말한다. "자, 어디 점수들 좀 들어보자." 친구들은 고개를 끄덕이며 그날 거둔 자신들의 성과에 대해 알려준다. 자리가 마무리되고 친구들은 피곤하지만 즐거운 마음을 안고 집으로 돌아간다.

Every Saturday night, three good friends get together. When Jerry and Casey arrive at Karen's house, Karen is sitting in her room writing some notes. She quickly gathers the cards and stands up to greet her friends at the door. They follow her into the living room but, as usual, they can't agree on exactly what to play. Casey eventually takes a stand and they begin. Early in the evening, Casey notices Karen's hand and the many diamonds. As the night progresses, the tempo of play increases. Finally, Karen says 'Let's hear the score.' They listen carefully and comment on their performance. When all is done, Karen's friends go home, exhausted but happy.

▶ 해석interpretation—1

살펴본 후 그 밑으로 이어지는 설명글을 읽어보자.

어떤가? 분명 설명글을 눈으로 읽는 동안 삽화 '해석interpretation–1'의 설명글에서와 같은 단어, 같은 문장, 같은 이야기가 당신의 귀에 들어오고 있을 것이다. 그런데 '해석interpretation–1'과는 다른 삽화(시각적 이미지)가 당신의 청각 정보 해석 방법을 변화시킨다. 이미지가 바뀌면 'notes(메모→악보), score(점수→음악), performance(성과→공연)' 등의 단어들이 갑자기 전혀 다른 의미를 갖게 된다. 마찬가지로 '카드 놀이 세트를 챙겨 자리에서 일어선다(→악보들을 챙겨 자리에서 일어선다)'와 '놀이의 템포가 빨라진다(→연주의 속도가 빨라진다)' 등의 문장들 또한 완전히 새로운 울림을 가진다.

중요한 것은 시각이 청각을 해석하는 것과 마찬가지로, 당신이 듣고 있는(또는 읽고 있는) 소리 또한 시각적 이미지를 해석하는 방식에 영향을 미친다는 사실이다.

삽화 '해석interpretation–1'에서는, 당신은 캐런의 손에 든 다이아몬드 플러시 패에 주목하는 케이시라는 이름의 남성 캐릭터에 집중했을 것이다. 반면에 삽화 '해석interpretation–2'에서는, 당신은 바이올린 현 위에 놓인 캐런의 손가락들(다이아몬드 반지들이 끼워진)을 주목하는 케이시라는 이름의 여성 캐릭터에 집중했을 것이다. 이처럼 수반되는 각각의 시각적 이미지가 청각적 정보를 이해하는 데 매우 큰 위력을 발휘한다는 사실을 알고 나면, 당신은 '사람은 어떻게 생각하고 배우고 기억하는가?'라는 질문에 유용한 단서들을 확보할 수 있게 된다.

이 두 장의 삽화는 앞에서 내가 언급한 생태학적 프로세스를 잘 구

매주 토요일 저녁, 세 명의 친구가 모인다. 제리와 케이시가 캐런의 집에 도착했을 무렵, 캐런은 자신의 방에서 악보를 정리하고 있었다. 그녀는 악보들을 재빨리 챙겨 현관문에 있는 친구들을 맞이하기 위해 자리에서 일어선다. 친구들은 캐런을 따라 거실로 들어서지만, 늘 그랬듯, 정확히 어떤 음악을 연주할지에 대해서는 좀처럼 합의를 보지 못한다. 결국 케이시가 나서서 뭔가를 제안했고, 친구들이 이를 따른다. 이른 저녁, 케이시는 캐런의 손에 다이아몬드 반지들이 끼워져 있음을 알아차린다. 밤이 깊어질수록 연주의 속도가 빨라진다. 마침내 캐런이 말한다. "자, 이제 녹음한 음악을 좀 들어보자." 친구들은 주의 깊게 음악을 들으며 그날 있었던 자신들의 연주 공연에 대해 평가를 내린다. 자리가 마무리되고 친구들은 피곤하지만 즐거운 마음을 안고 집으로 돌아간다.

Every Saturday night, three good friends get together. When Jerry and Casey arrive at Karen's house, Karen is sitting in her room writing some notes. She quickly gathers the cards and stands up to greet her friends at the door. They follow her into the living room but, as usual, they can't agree on exactly what to play. Casey eventually takes a stand and they begin. Early in the evening, Casey notices Karen's hand and the many diamonds. As the night progresses, the tempo of play increases. Finally, Karen says 'Let's hear the score.' They listen carefully and comment on their performance. When all is done, Karen's friends go home, exhausted but happy.

▸ 해석interpretation—2

현한 사례다. 정보가 눈으로 들어오는 동안, 그것은 당신의 귀에 들어오는 정보를 처리하고 해석하는 방식을 변화시킨다. 마찬가지로 정보가 귀로 들어오는 동안, 그것은 당신의 눈으로 들어오는 정보를 처리하고 해석하는 방식을 변화시킨다. 청각과 시각이 통합되면서 '전체는 언제나 부분의 합보다 커진다.'

이해

자, 이번에도 다시 한 번 읽기와 듣기는 본질상 같다는 사실을 받아들이면서 다음의 글을 읽어보자.

풍선이 펑 터져도, 소리는 제대로 전달될 수 없다. 모든 것이 바닥에서 너무 멀리 떨어져 있는 까닭이다. 건물들은 대부분 방음 시스템이 잘 갖춰져 있기 때문에 닫힌 창문 또한 소리의 운동을 방해할 것이다. 전체적인 건물의 운영 체계는 전기의 안정적인 흐름에 좌우되기 때문에 와이어가 중간에 끊어지는 것도 문제를 일으킬 수 있다. 물론 남자는 큰 목소리로 외칠 수 있지만, 인간의 목소리는 그것을 멀리 보내는 데 한계가 있다. 고래고래 소리를 지르다가 악기의 줄을 끊어먹을 수도 있다. 그러면 메시지를 전달하는 데 도움을 줄 반주도 할 수 없게 된다. 가장 좋은 방책은 거리를 좁히는 것이다. 그러면 잠재적인 문제들이 획기적

으로 줄어든다. 나아가 직접 얼굴을 마주할 수 있다면 거의 모든 문제가 자연스럽게 해결된다.

이 글을 읽고 난 느낌이 어떤가? 당황스럽고 이상하다는 생각을 지울 수 없을 것이다. 물론 이 문단의 단어들은 간단하고 쉽게 읽힌다. 하지만 무슨 뜻일까? 단어는 모두 문법에 맞지만, 단어와 문장들을 모두 합쳐도 논리적인 추론을 얻어내기란 불가능하다. 지금 읽은 문단에 대해 쪽지 시험이라도 낸다면 당신은 아주 사소한 몇몇 세부 사항 정도는 떠올릴 수 있지만 전체적으로는 형편없는 기억력과 마주치게 될 뿐일 것이다.

자, 이제 60페이지를 펼쳐 거기에 실린 삽화를 본 다음 다시 이곳으로 돌아오도록 하자.

어떤가? 삽화를 보고 나자 갑자기 먼저 읽었던 문단이 명쾌하게 이해되지 않는가? 이렇게 시각 정보를 포함시키면 '당신이 들은 것들'이 생생한 활기를 얻는다. 구체적인 디테일들에 스포트라이트들이 비춰지고, 패턴들이 일정한 형태를 갖게 되고, 일관성이 부여된다. 시각적인 정보가 제공되면 당신은 어떤 단어들을 '읽기reading'도 전에, 그 단어들을 '이해comprehend'할 수 있게 된다.

설명글이 아니라 삽화를 먼저 보았을 때도 마찬가지다. 내가 당신에게 어떤 소리나 텍스트 없이 오직 삽화만 보여주었다면 당신은 삽화가 매우 감성적이긴 하지만, 그것만으로는 구체적으로 무엇을 이야기하고자 하는지 이해하는 데 좀 부족하다고 느꼈을 것이다. 그러다가 함께 제시되는 설명글을 접하는 동안 특정한 몇몇 디테일들이 이해와 논리의 완결을 위한 중요성을 획득한다(예를 들어 지상의 전기 콘솔에 연결된 스피커라든가 노래하는 남자와 여자 사이의 높이 차이 등등). 그밖의 다른 요소들(하늘의 달이나 도시의 건물 등)이 점차 희미해지면서 '의미 있는 이해'가 점점 선명하게 모습을 드러낸다.

이 모든 게 정말 필요한 과정인가?

당신은 이렇게 반론을 펼 수도 있다.

"뭐 이렇게 장황하게 늘어놓는 겁니까? 처음부터 설명글을 핵심만 잘 추려내고 쉬운 단어들을 몇 개 추가했으면 충분히 이해했을 텐데요!"

일리가 있다. 내가 "상상해보라, 한 남자가 기타를 연주하고 있다. 이 기타가 앰프에 꽂혀 있고, 앰프는 12개의 풍선에 의해 6층 정도 높이의 허공에 두둥실 떠 있다"라고 설명글을 썼어도 충분했다. 그랬으면 요점은 쉽게 파악되고 삽화는 애당초 필요치 않았을 것이다.

그렇다면 문장과 함께 이미지를 포함시키는 것이 대체 어떤 의미를 가질까?

답은 결국 편의성expedience과 구체성specificity으로 귀결된다. 다음은 유명한 문학작품에 등장하는 인물에 대한 묘사다. 묘사된 캐릭터가 누구인지 맞히는 데 시간을 재어보자.

그의 팔다리는 균형이 잘 잡혀 있었다. 나는 그의 몸을 아름답게 만들고자 노력했다. 그의 노란색 피부는 잘 잡힌 근육과 핏줄을 감추지 못했고, 머리카락은 윤기가 흐르는 검은색이었다. 치아는 진주처럼 하얗게 빛났다. 눈부신 모습이었지만 그의 희멀건한 눈동자와 대비되면서 어쩐지 볼수록 소름이 끼치는 느낌을 주었다. 거기에 주름이 자글자글한 안면과 거무죽죽한 입술이 합쳐지자 마치 어두침침한 백열등과 같은 분위기가 풍겨나왔다.

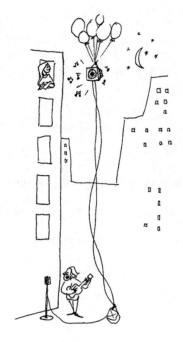

▶ 감각의 통합은 이해를 촉진한다
(1972년 브래드먼&존슨의 연구Bradman&Johnson) 참조

답을 알겠는가? 자, 이제 62페이지를 펼쳐 이 글의 주인공이 누구인지 알아보라. 그리고 다시 이 자리로 돌아오라.

편의성

시각적인 이미지는 놀랍도록 짧은 시간 내에 엄청난 양의 정보를 처리할 수 있게 해준다. 앞에서 예로든 문학작품 속 캐릭터에 관한 묘사글을 읽는 데 30초 정도 걸렸다면, 캐릭터에 관한 이미지를 인식하는 데는 0.2초 정도 걸렸을 수도 있다.

"잠깐만," 하면서 당신은 불평할 수 있다. "처음부터 《프랑켄슈타인 Frankenstein》에 등장하는 괴물이라고 간단히 묘사할 수도 있었잖아. 그럼 나도 즉시 이해했을 텐데!"

분명 맞는 말이다. 그리고 당신의 불평은 우리의 두 번째 주제, 즉 '구체성'에 관한 것이기도 하다.

구체성

20세기 동안 '프랑켄슈타인의 괴물'은 수십 가지로 변형되어왔다. 작가 메리 셸리Mary Shelly의 첫 장편소설에 등장한 이래 1931년 영국의 제임스 웨일James Whale 감독이 만든 영화 〈프랑켄슈타인〉에서 괴물로 열연한 보리스 칼로프Boris Karloff, 멜 브룩스Mel Brooks 감독의 1974년 작 〈영 프랑켄슈타인〉에서 코믹한 괴물로 연기한 피터 보일 Peter Boyle, 1994년 영화에서 로버트 드 니로Robert De Niro가 보여준 해체적인 괴물 캐릭터, 로리 키니어Rory Kinnear가 드라마 〈페니 드레드

▶ 이 편이 훨씬 쉽다

풀Penny Dreadful〉에 심어놓은 창백한 괴물에 이르기까지, 내가 프랑켄
슈타인 괴물의 변천사에 관한 길고 긴 설명을 시각적인 이미지 없이
이어나갔다면, 이를 읽는 모든 사람이 머릿속으로 서로 동일한 이미
지를 떠올렸다고 어떻게 장담할 수 있겠는가?

　우리가 머릿속으로 떠올리는 이미지들이 우리가 듣는 단어를 해석
하고 이해하는 방법에 강력한 영향을 끼친다는 사실을 명심하라. 사
진이나 시각적 이미지를 사용하면 모든 이가 같은 생각을 하고 같은
이해를 하도록 도와준다.

요약하자면 이렇다.

청각은 혼자서도 제 역할을 다한다. 시각 또한 혼자서 제 역할을 다한다. 하지만 청각과 시각이 함께하면 그 역할은 각각의 한계를 뛰어넘는다. 각각의 역할을 통해 얻어진 가치보다 훨씬 큰 가치를 얻을 수 있다.

1. 해석하고 이해하고 배우는 방식을 개선시켜라

1장에서 우리는 슬라이드를 텍스트로 채울 경우, 우리의 뇌가 글로 읽은 것과 말로 들은 것을 동시에 처리할 수 없음을 배웠다. 그렇다면 슬라이드에 무엇을 넣어야 할까? 자명하게도 '시각적 이미지'다. 이번 장에서 계속 살펴보았듯이, 우리의 뇌는 시각적 이미지를 살린 슬라이드와 청각으로 입력되는 발표 내용을 동시에 처리할 수 있다. 그뿐 아니다. 시각과 청각이 적절하게 조화된 발표는, 청중들이 발표 내용을 해석하고 이해하고 배우는 방식을 효과적으로 개선시킨다.

뇌과학 연구들에 따르면 '기억력'은 시각적 이미지와 음성이 결합되면 최대 20퍼센트까지 향상될 수 있다. 나아가 이미지에 음성 언어를 포함시킨 프레젠테이션은 청중의 참여도, 수용성, 호감도를 상승시키는 것으로 나타났다.

그뿐 아니다. 당신의 슬라이드를 텍스트에서 이미지로 대체하면 상대는 당신을 준비가 완벽한, 전문성을 갖춘 능력 있는 프로페셔널로 인식할 가능성이 크다. 당신에 대한 호감 또한 높아진다. 농담이 아니다! 속속들이 발표되는 과학적 연구들에 따르면 정말 그렇다.

"한 슬라이드 안에 이미지는 몇 개가 최선일까?"

이미지의 힘을 깨닫고 나면 사람들은 때로 지나치게 이를 사용하는 경향을 나타낸다. 한 장의 사진을 추가하면 사람들이 더 잘 기억하게 만들 수 있다. 그렇다고 열 장의 사진을 추가하면 '기억력의 놀라운 기적' 같은 게 발생할까? 불행하게도 그렇지 않다. 많은 이미지는 절대 미덕이 되지 못한다.

앞에서 우리는 사람들이 믿을 수 없을 정도로 빠르게 이미지를 분석하고 인식할 수 있다는 사실을 배웠다(무려 약 0.2초). 하지만 무척이나 아쉽게도 이 속도는 한 번에 하나의 이미지로 제한된다. 동시에 나타나는 여러 개의 이미지를 이해하려면 차례대로 각각의 이미지를 처리해야 한다. 즉 여러 개의 이미지를 해석하는 데는 그만큼 시간이 늘어난다. 아울러 주의력도 고갈되고 기억력도 손상된다. 연구에 따르면, 여러 개의 시각적 장면을 동시에 보여주면, 같은 장면을 한 번에 하나씩 제시할 때보다 기억력이 최대 50퍼센트나 더 나빠진다.

따라서 시각적 이미지를 디자인할 때는 친구와 함께 여행 가서 찍어놓은 사진을 보고 있다고 상상해보라. 수십 장의 사진을 아무렇게나 탁자 위에 던져놓고 동시에 그것들을 바라보면 별로 얻을 게 없음을 순식간에 깨닫게 될 것이다. 언제 찍었는지, 왜 찍었는지, 어디서 찍었는지 분간하기가 만만치 않아 그냥 한 구석으로 밀쳐놓게 될 것이다. 한 장 한 장씩 차례대로 살펴보는 게 여행에서의 멋진 경험을 되살리는 데 더 효과적일 것이다.

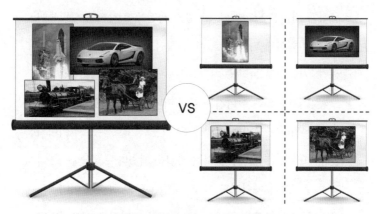

▸ 한 슬라이드당 하나의 이미지면 충분하다

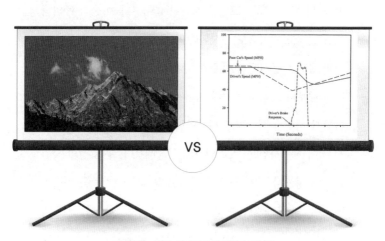

▸ 그래프는 절대 시각적인 이미지가 아니다

• 핵심 질문2: 그래프와 표

"그렇다면 그래프는 어떨까? 그래프를 해석하는 데에도 0.2초가 걸릴까?"

이것 하나만은 반드시 기억하자. 그래프와 표table는 절대 시각적인 이미지와 같지 않다는 것을. 우리가 눈 깜짝할 사이에 어떤 장면을 분석할 수 있는 이유는 대부분의 이미지가 기본적인 패턴이나 '요지(gist, 주요 골자)'를 갖고 있기 때문이다. 예를 들어 소나무가 천 그루쯤 들어찬 이미지를 보았을 경우, 우리는 '소나무로 이루어진 숲'이라는 요지와 인식을 얻기 위해 나무 한 그루 한 그루를 일일이 분석할 필요가 없다.

하지만 그래프나 표는 다르다. 그래프와 표는 숲이 아니라 나무라는 특정한 디테일에 더 의미가 담겨 있다. 그래프와 표를 이해하려면 거기에 적힌 모든 숫자와 글자, 전체적인 모양 등등을 일일이 검토해야 한다. 그래야만 원하는 정보들을 얻어낼 수 있다. 따라서 그래프와 표를 해석하는 것은 결코 빠르지도, 쉽지도 않다.

사실 슬라이드에 그래프나 표를 집어넣는 것은 마치 '월리를 찾아라' 게임과 비슷하다. 발표자는 자신의 발표와 관련된 정보가 슬라이드 어디에 위치하는지를 정확하게 알고 있지만 청중은 그렇지 않다. 그들은 그들이 본 것에 대한 의미를 판독하기 위해 복잡한 미로를 돌아다니며 무성한 잡초들을 뽑아야 한다.

따라서 이미 눈치를 챘겠지만, 그래프와 표를 해석하느라 에너지를 쓰는 사이에 당신의 발표는 청중들에게서 희미해지고 만다.

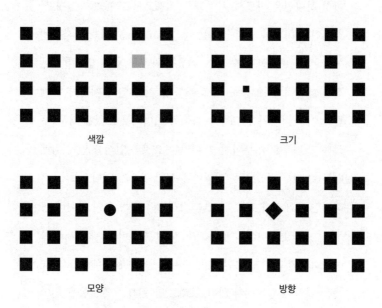

색깔   크기

모양   방향

▶ 팝아웃 효과

프레젠테이션을 하는 동안 그래프나 표를 소개해야 한다면, 단편적으로 조금씩 제시하는 게 효과적이다. 예를 들어 슬라이드에 그래프 전체를 보여주지 않는다. 그 대신 전체 그래프가 열 개의 막대기로 되어 있다면, 막대기 하나씩을 차례로 보여주면서 설명을 해보라. 한 번에 한 줄씩 데이터를 켜켜이 쌓아 올리는 설명 방식을 취하면 청중은 자신이 초점을 맞춰야 할 정보를 올바르게 인식할 수 있다. 즉 복잡한 암호를 해독하는 데 힘을 쓰지 않아도 된다.

그다음으로는 분석할 가치가 있는 부분으로 사람들의 주의를 유도한다. 전체 이미지 중 중요한 측면만 시각적으로 강조하면 탁월한 효과를 얻을 수 있다. 운이 좋게도, 인간이라는 존재는 약간이라도 색다른 방법으로 고정된 패턴을 깨는 이미지를 제시할 경우, 자동적으로 거기에 집중하는 특징을 갖고 있다. 심리학자들은 이를 '팝아웃 효과pop-out effect'라고 부른다. 검은 글씨들 속에서 홀로 눈에 띄는 회색, 평범한 활자 속 **굵은 글씨체**, 죽 배열된 알파벳 소문자들 속 하나의 **대문자**.

팝아웃 효과는 사람들이 시선과 집중력을 안내하는 길잡이 역할을 한다. 사람들이 어디를 봐야 할지를 가리키는 이정표 역할을 훌륭하게 해낸다. 팝아웃 효과를 통해 당신은 당신이 전달하고자 하는 요점을 훨씬 더 잘 전달할 수 있고, 사람들은 전달받은 당신의 요점을 훨씬 더 쉽게 이해할 수 있다.

• **핵심 질문 3: 연관성**relevance

"내가 다루고자 하는 주제와 꼭 밀접한 관련이 있는 이미지만 사용해야 할까?"

안타깝지만 '참여engagement'는 '학습learning'이라는 단어와 동의어가 아니다. 발표에 참여한다는 것은 배울 준비가 되어 있음을 뜻한다. 하지만 그렇다고 참여한 모든 사람이 실제로 뭔가를 배웠는지는 확신할 수 없다.

생각도 못한 깜찍한 캐릭터, 웃음을 유발하는 코믹한 물건, 주제와는 무관한 재밌는 이야기를 프레젠테이션에 포함시키는 것은 청중의 집중을 촉진시킨다. 하지만 그들의 학습에는 분명 지장을 준다는 사실을 나는 강조하고 싶다. 그리고 반대로 당신의 발표를 멋지게 뒷받침하는 관련 이미지는 청중으로 하여금 더 깊이 집중할 수 있는 연결고리를 만들어낸다. 이는 궁극적으로 청중의 학습을 돕는다. 하지만 청중의 참여도는 감소시킬 수 있다(당신의 발표나 설명을 끝까지 긴장감을 잃지 않고 경청하는 사람이 많은가? 정말?)

프레젠테이션 초반에 당신에 대한 상대의 관심과 흥미를 유도하는 것이 목표라면 주제와 무관한 이미지의 사용은 도움이 될 수 있다. 하지만 점점 프레젠테이션이 진행되는 동안에는 논의 주제에 대한 이해와 학습을 청중에게 제공해야 하므로 관련성이 적은 이미지는 독이 될 수 있다. 발표든 거래처와의 미팅이든 맞선 자리이든 간에, 결국 그 자리에서 논의하는 주제에 걸맞은 이미지를 준비하는 것이 성공으로 가는 길이다. 재미는 짧은 웃음을 남기지만 배움은 긴 감동을 남긴다.

2. 유인물에도 (주로) 이미지만 사용하자

청중에게 배포하는 모든 유인물도 슬라이드와 동일한 규칙을 따라야 한다. 1장에서 우리는 문자 텍스트로 이루어진 유인물은 '읽기'와 '듣기' 사이에서 선택을 해야만 하는 상황을 불러온다는 것을 배웠다. 다행히 시각적 이미지로 구성된 유인물은 이런 선택을 하지 않아도 된다. 사람들은 화자의 발표를 귀로 듣고 이해하는 동시에 눈으로는 유인물에 담긴 이미지를 분석할 수 있다. 따라서 발표 도중 제공하는 유인물에는 문자보다는 이미지를 담도록 하자. 다만 지금껏 설명한 대로 그래프나 표, 그리고 이미지의 개수는 당신이 성취하고자 하는 목적과 특성에 맞춰야 한다는 사실을 잊지 마라.

3. 의미 있는 방문객 수를 만들어라

어쩌면 뒷북을 치는 것일 수도 있지만, 인터넷 공간에서도 언어나 문자, 시각적 이미지와 관련된 주요 사항들은 변하지 않는다. 새로운 애플리케이션이나 웹사이트를 개발할 때도 문자보다는 이미지로 정보를 뒷받침할 수 있도록 설계하라. 웹사이트 단순 방문객 수를 늘리기 위한 일회성 이벤트를 기획하고 있다면, 얼마든지 관련 없는 이미지를 사용해도 좋다. 하지만 의미 있는 방문객 수를 확보하려면 당신의 정보를 전략적으로 전달해야 한다. 당신의 정보와 관련 있는 이미지가 문자 텍스트와 조화를 잘 이루고 있는지 점검하고, 지속적으로 이를 업데이트해 나가야 한다. 웹사이트 방문객 수가 기복을 나타내고 있다는 건, 그 웹사이트가 사람들에게 큰 의미를 주고 있지 못하다는 뜻이다. 대체로 일회성 이벤트와 지속적 프로젝트가 명확하게 구별되지 않은 채 무작위적으로 뒤죽박죽 섞여 있는 듯한 느낌을 주는 웹사이트가 그러하다.

의미 있는 방문객 수를 얻고 싶은가?

시각적 이미지를 잘 살려, 당신만의 정체성을 확보하라.

4. 애튼버러 효과를 명심하라

사람들은 날렵하고 섹시하고 화려한 제품을 좋아한다. 지난 세기 동안 영화의 여러 분야 중 가장 빠른 발전 속도를 보인 분야가 있다면 '시각효과와 특수효과'다. 그렇다. 사람들은 '감탄 요소'가 많을수록 환호와 갈채를 보낸다.

학습의 세계에서도 마찬가지다.

사람들은 밋밋하고 무미건조한 자료보다는 잘 만들어진 영상이나 화려한 발표를 볼 때 훨씬 더 자신이 잘 이해하고 많이 배운다고 느낀다.

여기에는 문제점이 하나 있다. 이런 효과가 사실은 모두 환상이라는 것이다. 영상과 발표가 얼마나 멋들어지게 조합되었는지는 학습의 효과에 영향을 끼치지 않는다. 신경과학자들은 이를 두고 '애튼버러 효과attenborough effect'라고 부른다.

만일 데이비드 애튼버러(David Attenborough, 영국의 동물학자이자 방송인. 해설을 맡은 대표적 작품으로《지구의 삶》등이 있다-옮긴이)의 다큐멘터리를 본 적 있다면 아마도 매 순간 탄성을 질렀던 기억이 선명할 것이다. 하지만 이 다큐멘터리를 감상한 다음 딱 일주일 후에 기억을 더듬어 쪽지 시험을 본다면, 그저 해설과 정적인 이미지로만 같은 영상을 본 사람들의 기억력과 별반 차이가 없다는 것이 애튼버러 효과의 요지다.

다시 말해 특정 자료를 준비하면서 너무 사소한 것에 열중하느라 힘을 쏟지 말라는 뜻이다. 발표나 미팅 준비 시간이 두 시간 정도 있다면, 그 시간 동안 신박하고 자극적인 이미지를 찾기 위해 노력하기보다는 나의 콘텐츠와 아이디어, 스토리를 다듬는 데 더 많은 시간을 투자하는 것이 좋다.

이미지를 보면서 발표를 듣는 것은 학습 효과와 기억력을 향상시킨다.

- 청각과 시각은 각각의 과정을 거쳐 생태학적인 조합을 이룬다. 청각과 시각이 잘 결합되면, 각각의 합보다 더 큰 가치를 얻게 될 것이다.
- 결합된 시각과 청각은 나에 대한 상대의 해석과 이해를 돕는다.
- 시각적 이미지는 발표의 내용에 따라 편의성과 구체성을 가진다.

확장 팁

1. 시각적 이미지를 늘 중시하라.

- 이미지를 한꺼번에 제시하지 마라. 한 번에 하나씩 보여주면 충분하다. 넓은 여백에 문자를 넣고 싶다는 충동을 견뎌라.
- 사람을 많이 모으려면 관련 없는 이미지를 활용하라. 주제와 관련 없는 이미지는 참여도를 촉진한다. 의미 있는 사람들을 모으려면 관련성이 높은 의미지를 감동적으로 제시할 수 있는 방안을 강구하라.
- 그래프와 표는 시각적 이미지의 효과를 충분히 누리지 못한다.

2. 유인물에도 시각적 이미지를 최대한 사용하라.

3. 디지털과 아날로그 모두에서 청각과 시각은 결합되면 뛰어난 효과를 얻는다

4. 애튼버러 효과를 늘 염두에 두어라. 참여와 학습은 동의어가 아니다.

당신의 머리를
바꿔드립니다!

1952

성인을 위한
무료 교육

성인교육원 강의
다양한 수업, 넉넉한 강의실

중간휴식 1

Intermission 1

왼쪽 포스터를 15초 동안 들여다보라.

3장

일관성을 유지하면서
예측을 깨라

: 공간과 기억 사이

"모든 것은 제 자리를 갖고 있다."

_찰스 A. 굿리치Charles A. Goodrich, 미국의 작가이자 종교가

경고: 이번 장은 약간 혼란스러울지도 모른다. 그러나 안심할 것. 혼란 속에서도 늘 방법이 존재하는 법이다. 나는 모든 것이 끝까지 이치에 맞으리라 확신한다.

자, 이제 본격적으로 들어가보자!

> 2016년 미국의 의과대학생 알렉스 멀렌Alex Mullen은 19.41초 만에 뒤섞여 있는 트럼프 카드 52장의 순서를 정확히 암기해냈다.
> 2013년 스웨덴의 작가 요하네스 말로Johannes Mallow는 1,080자리의 이진수 문자열을 5분 만에 정확히 암기해냈다.
> 2015년 인도의 채소 판매업자 슈레시 쿠마르 샤르나Suresh Kumar Sharna는 파이π의 70,030자리를 정확하게 암기해냈다.

의심할 여지 없이 엄청나게 놀라운 기억력이다. 하지만 이보다 더 놀라운 것은, 이런 암기력을 성취한 인물들이 모든 면에서 너무나 평범하고 정상적인 사람들이었다는 사실이다. 그들은 결코 특정 분야에서 비범한 능력을 보여주는 서번트savant도 아니었고 사진으로 찍은 것 같은 초정밀한 기억력의 소유자도 아니었으며 초인적인 뇌를 유전적으로 물려받은 것도 아니었다.

그들은 우리와 같은 신경체계를 갖고 있었다. 그렇다면 어떻게 그런 미친 암기력이 가능했을까?

답은 그들의 암기법에 있었다. 그들은 모두 2,000년이나 된 암기법인 '장소법method of loci'을 활용했다. 장소법은 비교적 간단한 2단계 과정을 사용한다.

첫 번째 단계는 '정교함elaboration'이다.

보통 인간은 재미가 없거나 따분한 소재(끝나지 않을 것 같은 회의 등)를 암기하는 데는 전혀 소질이 없다. 반면에 놀랍거나 충격적인 자료(자동차 사고를 목격하거나 겪는 것 등)에 대해서는 믿을 수 없이 정확한 기억력을 나타낸다. 정교함은 바로 이 사실을 활용한다. 다시 말해 정교함이란 평범한 것들을 정신적으로 깊이 각인된 특별한 이미지로 치환하는 과정이라고 할 수 있다.

예를 들어 카드 한 세트를 전부 외우려고 한다고 해보자. 가장 효과적인 방법은 '클로버 3'의 평범한 그림 대신 엘비스 프레슬리가 비키니를 입고 푸딩으로 찰랑거리는 어린이용 수영 보트에서 엉덩이를 흔드는 이미지로 이 카드의 그림을 대체할 수 있다는 뜻이다. 정교함은 기이할수록 효과가 높다.

두 번째 단계는 '배치placement'다.

각 카드를 특별하고 정교한 이미지로 변환한 후, 친숙한 장소들(어린 시절 살던 집 등)을 선택해 각각의 공간에 각각의 이미지를 배치한다. 아울러 자신에게 익숙한 일상의 동선을 중심으로 장소를 지정하면(예를 들어 대문, 그다음은 현관문, 그다음은 거실, 그다음은 주방 등과 같은 식으로), 정교한 이미지를 특정한 순서로 쉽게 외울 수 있다. 이렇게 특정한 이미지를 특정한 장소에 배치해놓으면, 카드를 암기해야 하는 순간 이미 설계해놓은 동선을 따라 머릿속 공간을 거닐며 각 장소가 갖고 있는 이미지를 불러내기만 하면 되는 것이다. 현관문 앞으로 엘비스 프레슬리가 있는 수영장이 보이면 클로버 3, 마돈나가 호랑이를 타고 집 안으로 들어서는 것이 보이면 다이아몬드 6… 이와 같은 방법으로 말이다.

거의 모든 멘탈mental 스포츠 선수들이 이 같은 기억법을 훈련에 활용한다는 사실은 공간적 위치와 기억력 사이에는 매우 강력한 관계가 있음을 시사한다. 그렇다면 정확히 어떤 방식으로 작동하는 것일까?

작동 기억 vs 절차 기억 vs 서술 기억

전통적인 뇌과학 연구에 따르면 기억은 크게 3가지 형태로 나타난다.

첫째, '작동 기억working memory'이다.

작동 기억은 최근에 경험한 정보를 단순히 짧은 시간 동안 맡아두는 임시 저장고라고 할 수 있다. 성인의 경우 10~20초 정도 저장하고 있다가 새로운 기억이 들어오면 저장고에서 밀려난다. 독서를 하는 동안 책의 한 문장 한 문장이 잠시 머릿속에 머물렀다가 계속 자리를 내주며 사라지는 상황을 생각하면 이해가 쉬울 것이다. 짧은 시간 동안 저장되지만, 작동 기억 때문에 우리는 '일관성' 있는 의미를 머릿속에 형성할 수 있다.

둘째, '절차 기억procedural memory'이다.

절차 기억은 신체적인 움직임과 기술 습득에 관련된 무의식적인 능력이다. 절차 기억 덕분에 우리는 아무 생각 없이 양치질도 하고 공도 던지고 달걀을 삶을 수도 있다.

셋째, '서술 기억declarative memory'이다.

일반적으로 우리가 '기억력'에 대해 말할 때, 우리는 서술 기억을 언급한다. 이는 구체적인 사실이나 사건들을 기억하는 능력이다. 예를 들어, 오늘 아침 무엇을 먹었는지, 프랑스의 수도가 어디인지, 좋아했던 어린 시절 선생님은 누구였는지를 회상해낼 수 있는 능력이다.

뇌과학자들은 몇백 년에 걸쳐 기억의 형태에 대해 연구해왔지만 여전히 풀리지 않는 미스터리들이 많다. 우리는 기억이라 불리는 것들이 뇌의 어느 곳에 저장되어 있는지 정확히 알지 못한다. 왜 냄새를 맡으면 기억이 되살아나는지 명확하게 알지 못한다. 실제로 기억에 남는 것들이 전자적 형태인지, 결합된 분자의 형태인지도 확신하기 어렵다.

신경과학계에서 '기억의 형태'에 관한 진전 있는 논의는 아마도 '헨리 구스타프 몰래슨Henry Gustav Molaison'이라는 환자에 대한 연구에서 출발했다는 것이 정설이다.

기억의 관문, 해마

헨리 구스타프 몰래슨은 일곱 살 때 재발성 발작을 앓기 시작했다. 처음에는 가벼운 발작이었지만 성장해가면서 발작은 점점 더 심각해졌다. 스물일곱 살이 되었을 때 발작은 일주일에 열두 번 이상 일어나며 극심한 고통을 헨리에게 안겨주기에 이르렀다. 직장을 다니거나 정상적인 삶을 사는 건 불가능했다. 발작을 치료하는 데 약물 또한 효과가 없었다.

마침내 헨리는 급진적이고 실험적인 수술을 받기로 결단을 내린다. 헨리의 발작은 '해마hippocampus'라고 불리는 뇌의 특정 부위 안에서 시작된 것으로 판단되었다. 의사들은 그의 두개골을 열어 뇌의 해마를 제거하기로 결정했다.

믿기 어려울 정도로 수술은 성공적이었다! 헨리는 해마를 제거한 후로 1년에 한두 번의 발작만을 겪으며 55년을 더 살았다. 헨리는 해마를 제거한 후로 새로운 '서술 기억'을 형성하지 못한 채 55년을 더 살아야 했다.

간단히 말해 해마는 '기억의 관문gateway'이다.

헨리는 수술 후에도 수술 전의 인생 중 많은 부분을 기억해낼 수 있었다. 하지만 새로운 정보는 몇 분 이상 기억되지 않았다. 그는 같은 잡지를 몇 번이고 계속해서 다시 읽었고, 아버지가 돌아가셨다는 사실을 기억하지 못했다. 언제나 같은 의사들에게 수백 번씩 자기 소개를 하곤 했다. 실제로 2008년 사망하는 날에도 헨리는 그의 현재가

1953년이고, 자신이 스물일곱 살이라고 생각했을 가능성이 매우 높다.

홍미로운 사실은 헨리가 수술 전에 일어났던 인생의 사건들은 기억할 수 있었다는 것이다. 이는 인간의 기억이 '해마'에 저장되지 않는다는 사실을 암시한다. 아울러 헨리가 더 이상 어떤 새로운 기억도 형성할 수 없었다는 사실은 새로운 정보나 경험이 기억에 남기 위해서는 '해마'를 통과해야 한다는 것을 암시한다.

그렇다. 다시 말하지만 해마는 기억의 관문이다.

이 중요하고 설득력 있는 뇌의 구조를 좀 더 자세하게 살펴보자(이책의 88~89페이지를 먼저 읽은 다음 이곳으로 다시 돌아와 독서를 이어나가라).

강력한 안내자, 머릿속 지도

기억의 관문인 해마가 장소 세포로 가득 차 있다는 사실은 공간이 기억의 필수 요소임을 암시한다.

뇌과학에서는 다음과 같은 실험 연구들이 진행된 바 있다. 피실험자에게 여러 개의 이미지가 사방에 흩어져 있는 화면(왼쪽 상단에는 자전거, 중간에는 금관악기, 오른쪽 아래에는 뱀 등)을 제시한 다음 이미지를 모두 없앤 텅 빈 화면을 보여주며 다음의 질문을 던진다.

"뱀은 어떤 색이었나요?"

그러면 모든 피실험자는 텅 빈 화면의 오른쪽 아랫부분으로 시선을 이동시킨다. 더 이상 이미지가 없는데도 말이다.

연구자들은 이런 현상을 두고 '공허 응시looking at nothing'라고 부른다. 중요한 것은 우리가 딱히 어떤 이미지에 의식적으로 초점을 맞추지 않았을 때도 공허 응시 현상이 발생한다는 것이다. 좋아하든 싫어하든 간에 우리의 장소 세포는 무의식적으로 각각의 새롭게 형성된 기억 속에 자동적으로 암호화되는 정신 지도를 만든다.

누군가가 마지막으로 내 책상 위를 치웠다고 생각해보자.

스테이플러, 머그컵, 노트 등이 놓여 있던 곳을 당신은 의도적으로 명확하게 외웠을 리 없다. 그럼에도 내 책상 위 물건을 누군가 옮겼다면 분명히 티가 난다.

이는 우리의 장소 세포가 자동적으로 사물의 정보를 암호화하고 있었기 때문이다. 다시 강조하지만, 공간은 서술 기억의 필수적인 측면을 차지한다.

공간의 배치가 기억 속에 단단히 박혀 있는 첫 번째 이유는 '회상recall'을 돕기 위해서다. 기억은 뇌에 '통째로' 저장되지 않는다. 기억은 작은 조각들로 쪼개져서 단편적으로 저장된다. 이는 우리가 과거의 사건 전체를 단번에 떠올리지 않는다는 것을 의미한다. 오히려 우리는 작은 디테일들을 기억해내는 것에서 출발하는데, 이를 전체 기억을 재구성하기 위한 안내 단서로 사용한다. 작은 단서에서 시작해 전체 그림을 완성하는 과정을 가리켜 뇌과학 연구원들은 '패턴 완성pattern completion'이라고 부른다.

나는 종종 이 과정을 고생물학에 비유하곤 한다.

화석 전문가들은 대부분의 탐사에서 아주 적은 수의 뼛조각을 발견할 뿐이다. 하지만 그들은 한 생명체의 완전한 골격구조를 만드는

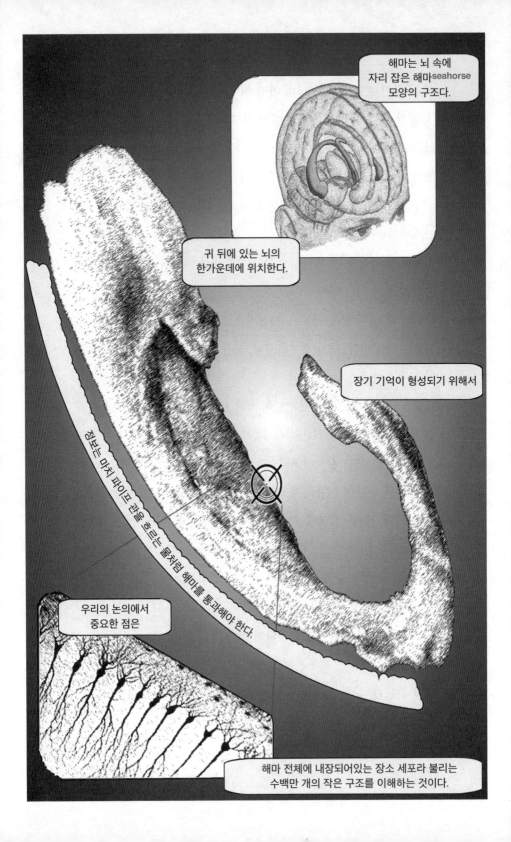

데 이렇게 발견된 몇몇 뼛조각을 훌륭한 안내 단서로 사용한다. 이를 바탕으로 그동안 수집한 지식과 경험을 덧붙여가며 늘 직전의 연구보다 조금이나마 더 큰 화석의 패턴을 완성해나간다. 이것이 고생물학자의 평생 작업이다. 기억을 완성해나가는 작업 또한 정확히 이 작업과 일치한다.

머릿속의 지도는 엄청나게 강력한 안내 단서다.

언젠가 나는 내 형에게 이렇게 물었다.

"어렸을 때 앨버커키로 여행 갔던 거 기억나?"

형은 고개를 흔들며 나를 멍하니 바라만 보았다. 하지만 내가 2층짜리 모텔에 머물렀던 일이며 숙소 건너편 오래된 아이스크림 가게며 그 옆으로 폐허가 된 쇼핑몰이 있었다는 사실을 알려주자, 형은 점점 세부적인 공간 기억을 떠올리며 그때 우리가 벌였던 말썽과 장난에 대한 완전한 기억을 복원해냈다(스케이트보드와 쓰레기통, 그리고 엄청나게 화를 냈던 엄마까지).

탁월한 기억술인 '장소법'이 제대로 작동하는 것도 바로 머릿속 지도 때문이다. 물론 수백 개의 이미지를 머릿속에서 정확한 순서로 기억하기는 매우 어렵지만, 우리가 자란 집의 공간적 배치나 다녔던 고등학교, 아르바이트를 위해 통과해야 했던 경로들을 기억하는 것은 믿을 수 없을 정도로 쉽다.

타고난 암기꾼들은 머릿속 지도 안에서 정교한 이미지를 정리하고 각각의 이미지를 지도의 신호로 삼아 패턴을 완성하고 적절한 영상 순서를 불러온다.

뇌는 한 발 앞서기 위해 싸운다

공간의 배치가 기억 속에 단단히 박혀 있는 두 번째 이유는 '예측prediction' 을 돕기 위해서다. 오랫동안 연구자들은 뇌가 '수동적인 수신자'라고 생각해왔다. 즉 정보는 감각을 통해 몸속으로 들어가고, 속도를 따라 뇌로 들어가고, 요청이 있을 때만 방아쇠를 당긴다고 여겨져왔다. 하지만 이제 연구자들은 안다. 뇌가 더 이상 소극적인 수신자가 아니라는 것을. 우리의 뇌가 앞으로 일어날 일을 예측하기 위해 끊임없이, 그리고 적극적으로 노력한다는 것을.

'잔디는 언제나 ○○다'라는 문장을 마주치면, 뇌는 눈이 빈 칸에 도달하기 훨씬 전부터 문장을 예측하고 완성할 수 있다. 바로 이것이 과학자들이 뇌를 '고급한 예측기계'라고 부르는 근거다. 우리의 뇌가 현실보다 한 발 앞서기 위해 싸운다는 사실은, 우리가 마주치는 각각의 상황에 가장 적절한(가장 밀접한 관련이 있는) 생각과 행동을 신속하게 선택할 수 있게 해준다. 중요한 것은 뇌가 만들어낸 예측은 거의 전적으로 우리의 예전 경험, 다시 말해 우리의 기억들을 전제로 하고 있다는 사실이다. 공간적 구성이 기억의 필수적 특징이라고 보는 것은, 머릿속 정신 지도가 과거의 사건들을 회상하는 안내 단서일 뿐 아니라 미래의 사건들을 예측하는 안내 단서로도 작용한다는 것을 의미한다.

연구자들은 이를 '맥락적 단서contextual cuing'라고 부른다. 간단히 말해 맥락적 단서의 존재는, 인간이 무의식적으로 수많은 양의 물리적 배치를 암기해 저장하고, 끊임없이 정신적 지도를 만들어 이것들을 미래의 행동을 위한 예측에 사용할 것임을 입증한다. 이러한 예측들이 잘 들어맞는 세상에서는, 각 개인들이 관련상황에 더 빠르고 효율적으로 반응할 것이다.

익숙한 곳으로 데려오라

이 책의 첫 두 장을 어떻게 읽었는지 잠시 생각해보라.

각 페이지를 넘기면 페이지 번호가 맨 아래에 있고, 단어는 왼쪽에서 오른쪽으로, 단락은 위에서 아래로 흐르고 있다는 것을 어렵지 않게 알 수 있을 것이다. 나는 당신이 이런 배열을 외우는 데 시간을 들이지 않았다고 꽤 확신한다. 아마도 당신은 이 책의 첫 몇 페이지를 읽는 동안 무의식적으로 이후 페이지가 어떤 방식으로 배열될지에 대한 예측을 형성했을 것이다. 만일 처음 몇 페이지를 읽는 동안 당신 뇌의 활동을 측정했다면, 해마 내의 활동량이 상당히 감소했다는 사실을 발견할 수 있었을 것이다. 즉 당신의 장소 세포가 이미 효과적인 지도를 만들어냈기 때문에 활동량이 줄어들었다는 뜻이다. 각각의 페이지가 이 예측과 일치하는 한, 책을 읽는 당신은 비교적 빠르고 쉽게 진도를 나갈 수 있다.

만일 당신이 읽고 있는 책이 이 같은 예측이 어려운 구성과 디자인을 갖고 있다면? 이 책의 88~89페이지처럼, 페이지를 넘길 때마다 미처 예측하지 못한 디자인과 새로운 형식의 문단 구조를 만났다면?

그랬다면 당신의 머릿속 장소 세포는 각각의 다음 페이지를 예측하기 위한 새로운 지도를 구성하느라 활발히 노력하고, 그 표시로 해마 내의 활동이 상당히 증가했음을 발견할 수 있었을 것이다.

각 페이지의 레이아웃을 예측할 수 없다면, 독서를 하는 동안 얻을 수 있는 '흐름'과 '몰입'은 사라지게 될 것이다. 이는 결국 당신에게 불협화음의 불편함을 느끼게 한다. 나아가 궁극적으로 이 책과 연결되는 당신의 능력들을 손상시킬 수도 있다.

이제 결론을 내려보자.

공간의 배치는 예측 가능성과 의미 있는 결합을 이루어야 한다는 사실을 알게 되었으니, 아마도 당신은 어디에서나 이 결합의 예들을 목격하게 될 것이다.

길거리의 신호등은 대부분 같은 높이에 설치되어 있다는 사실을 알아챈 적 있는가? 뉴스 진행자들은 매 방송마다 항상 작은 화면을 같은 어깨 위로 송출한다는 점은 어떤가? 스포츠 방송은 경기 내내 항상 익숙한 위치에 스코어보드와 타이머를 세팅하지 않던가?

이것들이 곧 행동에서 나타나는 '맥락적 단서'다. 정보가 발생할 가능성이 높은 공간을 정확히 예측할 수 있을 때 당신은 그 정보를 해석하는 데 시간과 에너지를 덜 소비한다.

도로의 모든 표지판이 같은 높이의 기둥에 붙어 있지 않다고 가정해보라. 각각의 도로 표지판의 높낮이에 신경 쓰는 동안 운전은 얼마나 어려워지겠는가!

1. 일관성을 가져야 할 때 vs 일관성을 깨야 할 때

지금껏 우리는 문자 텍스트를 과감하게 지우고 관련 이미지를 추가하는 것이 상대의 학습력을 향상시킬 수 있음을 배웠다. 하지만 무작위로 이미지를 삽입하면 상대는 각각의 이미지에 대한 지도를 해독하고 새롭게 만드는 데에 정신적 에너지를 소비하게 된다는 사실을 분명히 알아두어야 한다.

일관성은 상대에게 편안함과 여유로움을 제공한다. 당신의 자료나 설명, 행동과 태도가 일관성을 유지하면 상대에게 당신의 성실함과 신뢰성, 침착성을 전달할 수 있다. 프레젠테이션에서도 마찬가지다. 일관성을 갖고 싶다면, 한 슬라이드에서 다음 슬라이드에 이르기까지 이미지와 키워드가 동일한 위치에 나타나게 하라. 나아가 슬라이드 전체에서 거의 동일한 크기로 통일하라. 그러면 사람들은 이 배열을 신속하게 무의식적으로 습득하고, 예측을 형성하고, 정신적 에너지를 자유롭게 쓰면서 당신이 전달하고자 하는 내용에 좀 더 깊이 집중할 수 있게 된다. 연구에 따르면, 일관된 공간 구성을 가진 자료를 제시했을 때, 일관성 없는 형식의 동일한 자료를 제시한 경우보다 사람들의 기억력을 최대 35퍼센트까지 더 상승시켰다.

물론 일관성을 깨야 할 때도 있다. 상대의 주의를 환기시키거나 상대에게 신선한 충격을 주고 싶을 때는 '파격적'이어야 한다. 하지만 파격이 주가 되면 안 된다. 깊고 단단한 일관성 속에 파격이 반짝 빛나는 별처럼 박혀 있다면, 당신은 매력적인 사람으로 비칠 것이다. 원칙을 존중하면서도 창의적인 면모를 가진 인물로 돋보일 것이다.

• 핵심 질문 1: 불일치 부정성
"일관된 형식에 변형을 주고 싶다면 어떻게 해야 할까?"

공간적 배치가 예측과 일치하지 않을 때마다 '불일치 부정성 mismatch negativity'이라고 불리는 작은 신호가 뇌 안에서 발생한다. 이 신호는 예측이 부정확한 영역에 자동적으로 주의를 집중하도록 한다.

예를 들어 당신은 당신의 침실이 어떻게 구성되어 있는지 아마도 꽤 잘 알고 있을 것이다. 그런데 당신이 없는 동안 누군가 들어와 침대를 90도 정도 돌려놓았다고 해보자. 그러면 당신은 침실에 들어서자마자 반사적으로 이 변형에 온통 관심을 쏟게 된다.

중요한 것은, 학습에 이러한 무의식적 반사작용을 활용할 수 있다는 것이다. 만일 발표나 브리핑 중에 강조하고 싶은 핵심 아이디어나 개념이 있다면, 청중의 공간 예측을 의도적으로

▸ 일관성은 정신적 자원들을 자유롭게 한다

▸ 일관성을 깨뜨리면 집중력을 끌어낼 수 있다

96

깨뜨림으로써 그들의 집중력을 상승시킬 수 있다.

방법은 간단하다. 동일한 레이아웃을 사용한 슬라이드들을 일정 시간 계속 보여주면 청중은 이 형식을 무의식적으로 학습하고 슬라이드 진행 방법에 대한 예측을 형성한다. 그러므로 일관성 있는 슬라이드 체계의 특정한 곳에 의도적으로 예측을 깨는 형식을 넣으면 불일치 부정성이 발생한다. 청중은 반사적으로 그곳에 집중하지 않을 재간이 없다.

주의할 점이 있다. 이 같은 예측 파괴 전략은 레이아웃을 학습하고 예측을 형성한 후에만 작동한다는 사실이다. 충분한 예측을 학습할 시간을 주지 않은 자료는, 청중의 머릿속에 어떤 지도도 만들어내지 못한다. 파격은 언제나 일관성을 뒤따라야 한다. 파격을 앞세우면 파격의 효과를 절대 얻을 수 없다. 파격의 미덕은 절제에 있다는 사실을 기억하라. 파격은 언제나 최소한으로 이루어져야 한다.

• 핵심 질문 2: 신호 전달

"관련 정보를 이용해 사람들의 집중력을 끌어낼 만한 다른 방법은 없을까?"

'신호signalling'는 사람들의 주의를 끌어내기 위해 특정 공간 영역이 강조되는 믿을 수 없을 정도로 단순한 기법이다.

예를 들어 당신이 창공에 러브레터를 쓰기 위해 구름 같은 연기를 폴폴 뿜는 비행기 한 대를 빌렸다고 해보자. 당신의 애인이 당신의 메시지를 확실하게 볼 수 있는 가장 쉬운 방법은 무엇일까?

손가락으로 하늘을 가리키는 것이다.

"저기 좀 봐봐!"

얼마나 쉬운가! 암시적이고 몇 번의 반복을 거쳐야 하는 맥락적 단서와는 달리 신호 전달은 명백하고 중요한 영역으로 곧장 사람들의 관심을 이동시킨다. 회의나 프레젠테이션, 브리핑, 미팅 등에서도 신호 전달은 매우 간단하면서도 요긴하다. 관련 자료를 직접 손으로 가리키는 등의 신호를 통해 내가 가진 의도와 뜻을 명확하게 전달할 수 있다. 그런데 연구 결과에 따르면, 이처럼 간단함에도 이 신호 전달 전략을 커뮤니케이션에 활용하는 사람은 정말 드물었다. 생각해보라. 당신이 청중으로 참석한 강연에서 이 신호 전달을 활용하는 발표자를 본 적 있는가? 아마도 거의 기억나지 않을 것이다. 하지만 당신은 분명 기억해낼 것이다. 학창 시절, 칠판을 손으로 톡톡 두드려서 학생들의 이목을 집중시키던 교사를. 분필로 중요한 수식에 동그라미 원을 그려 넣던 수학 선생님을. 이런 기억이 당신에게 남아 있다면, 당신의 교사들은 훌륭한 전략을 사용한 것이다.

복잡한 차트를 해독하거나 두터운 보충자료의 어디를 볼지 몰라 정신 에너지를 낭비하고 있는 사람들 앞에 섰을 때, 바로 이 순간을 돌이켜보자.

2. 맥락 단서를 적극 활용하라

맥락 단서를 적극 활용하면 상대의 학습력과 기억력을 향상시킬 수 있다. 당신을 표현하는 데 도움을 주는 모든 자료나 수단, 도구를 '예측 가능한 형식'으로 개발하라는 것이다.

이메일로 자료 파일을 보낼 때도 항상 수신자가 그 파일을 열 때 커서의 위치가 문서의 맨 처음에서 깜박일 수 있도록 해보라. 몇십 페이지짜리 파일을 열었는데 커서가 문서의 중간에 위치해 있다거나 마지막에 가 있다거나 하면, 수신자는 커서의 위치를 바꾸느라 정신적 에너지를 소비해야 한다. 그런 작은 수고를 덜어주는 것만으로도 상대는 배려를 느낀다. 당신은 작은 디테일도 잘 챙기는 사람으로 인식되고 신뢰와 호감을 얻을 수 있다. 물론 다음 번에 파일을 보낼 때도 커서가 파일의 첫 페이지 시작 줄에서 깜박일 수 있도록 하라. 그 다음 번에도, 그다음 번에도… 그러면 당신이 커서 위치를 학습한 수신자는 당신이 아닌 다른 사람이 보내온 자료 파일을 열었을 때 커서가 맨 첫 줄에서 깜박이지 않는다는(아무렇게나 커서를 방치했다는) 사실을 곧장 알게 되고, 당신이 챙기는 디테일이 얼마나 큰 배려인지 다시 한 번 뭉클하게 느끼게 된다.

명심하라.

맥락 단서를 적절하게 활용하면 상대가 불필요한 에너지 낭비 없이 학습과 기억력을 위한 인지 자원을 확보하는 데 도움을 줄 수 있다. 맥락 단서를 적절하게 활용하면, 사람을 감동시킬 수 있다.

• 핵심 질문 3: 인쇄물 vs 디지털

"사람은 종이책과 디지털 전자책 중 어느 것에서 더 많이 배울까?"

이 질문은 매우 논쟁적이다. 하지만 뇌과학자라면 한 번쯤은 꼭 다뤄야 할 필요가 있다고 여긴다.

자료가 짧고 단순할 때(그러니까 분량이 약 두 페이지 미만인 경우) 인쇄물과 디지털 파일 사이에는 큰 차이가 없는 것으로 보인다. 하지만 자료 분량이 두 페이지 이상이면 출력물이 거의 항상 디지털 파일을 학습력 면에서 능가한다.

종이 출력물이 훨씬 선명하고 정적인 공간 배치를 갖고 있기 때문이다. 즉 표시된 정보가 모호하지 않고 변하지 않는 3차원 공간 영역에 존재한다는 뜻이다. 만일 당신이 지금 이 책의 인쇄본을 읽고 있다면, 지금 읽고 있는 이 문장은 언제나 바로 이 자리에 위치해 있을 것이다. 이 페이지들이 먼지가 될 때까지 당신은 늘 이 문장을 항상된 위치에서 찾아낼 수 있을 것이다. 위치는 당신이 지금 형성하고 있는 기억의 일부분이고, 이 정보를 회상하기 위한 '안내 단서'로 미래에 사용될 수 있다.

반면에 디지털 자료는 늘 가변적이다. 정적인 공간의 레이아웃도 갖고 있지 않다. 예를 들어 당신이 이 책의 PDF 버전을 스크롤하고 있다면, 지금 읽고 있는 문장들은 점점 위로 올라가다가 곧 사라질 것이다. 당신이 읽고 있는 문장들에 관한 정보는 항상된 물리적 위치가 없으면 추후 회상을 위한 안내 단서로 사용할 수 없게 된다.

이를 해결하기 위해 많은 전자책들이 스크롤 바를 삭제하는 대신, 사용자가 디지털 페이지를 종이책처럼 손가락으로 넘길 수 있게 구현한다. 그래서 약간 나아지긴 했지만(이 같은 형식의 정보는 2차원의 위치를 갖고 있기에), 여전히 종이 출력물에서만 존재하는 중요한 3차원의 깊이는 확보하고 있지 못하다.

물론 PDF 파일이나 전자책은 인쇄물에는 없는 여러 장점들(글꼴 변경, 키워드 검색, 야간 조명 등)을 갖고 있다. 따라서 디지털 자료는 이런 장점을 극대화할 수 있는, 인쇄물과는 다른 목적에 더 적합하다. 하지만 학습과 기억력에 관한 한, 인쇄물이 당신이 우선적으로 선택할 수 있는 매개체가 되어야 한다.

3. 스크롤 바를 사랑하지 마라

최근 들어 콘텐츠가 무한하게 늘어지는 '원 페이지one page 스타일'의 웹 디자인이 유행이다(이 경우 스크롤바는 정말 하염없이 길어진다). 하지만 방금 배운 것처럼 정보가 명확하지 않고, 위치가 가변적이면 이해력과 기억력은 큰 고통을 받는다. 웹사이트의 목적이 방문자로 하여금 쉽게 자료에 접근하고, 이를 배우고 기억하게 만들기 위한 것이라면 스크롤 바를 사용하지 마라. 그보다는 여러 페이지에 걸쳐 정적이고 일관된 디자인을 채택하는 것이 훨씬 효과적이다. 이는 방문자가 정보의 공간적 배치를 학습하게 만들고, 이를 통해 필요한 정보를 어디서 찾아야 하는지를 일깨워주는 데 도움을 제공한다. 화려하고 충격적인 웹사이트는 눈에는 잘 띄지만 마음을 사로잡지는 못한다.

학습을 위해 스크롤 바를 사용해야만 하는 경우에는 다음 두 가지 전략을 염두에 두기 바란다.

첫째, '고정된 이미지'를 포함하는 것이다. 스크롤 되는 이미지들 중에 위치가 변하지 않는 이미지를 고정된 표지판처럼 방문객들이 사용하게 만들면, 그들은 좀 더 쉽게 위치를 파악하고, 나중에 관련 정보를 찾거나 상기하는 데 기준점으로 삼을 수 있다.

둘째, '고정된 버튼'을 포함하는 것이다. 많은 웹사이트들이 방문객이 위아래로 스크롤할 때 메뉴 모음이나 광고 링크들이 계속해서 따라붙게 만드는 전략을 쓴다. 불행하게도 당신도 짐작했겠지만, 스크린과 함께 움직이는 요소들이 많으면 어떤 아이디어나 정보도 방문객들에게 집중시키는 것이 불가능하다. 계속 따라붙게 하지 말고 이것들을 제자리에 고정시켜라. 그러면 방문객들이 고정된 요소들의 버튼을 활용해 자신이 원하는 정보들을 묶고, 나중에 관련 정보를 찾아 호출할 수 있는 기회를 갖게 될 것이다.

웹사이트에서와 같은 문제들이 컴퓨터 프로그램이나 애플리케이션의 인터페이스에도 적용된다. 이는 또한 대부분의 스마트폰들이 서로 같은 크기의 버튼과 비슷한 가로세로 길이의 화면을 갖는 이유이기도 하다(이는 앞으로 계속 새로운 스마트폰이 개발되어도 변함없을 것이다).

이러한 '일관성'이 있어야 사용자들이 자신이 원하는 것을 스마트폰에서 정확히 어디로 가야 찾을 수 있는지를 쉽게 파악할 수 있기 때문이다. 나아가 일관성은 사용자와 프로그램(프로그램 개발자) 사이의 탁월한 커뮤니케이션과 상호작용을 이끌어낸다.

4. 가로선을 넘지 마라

영화나 텔레비전 프로그램을 제작할 때 해서는 안 될 실수가 있다. 이른바 '횡선을 넘는다는' 의미의 '크로싱 더 라인crossing the line'이다. 무슨 말이냐 하면, 한 화면에 두 명 이상의 사람이 포함될 때면, 둘 사이에 흐름을 방해하지 않는 투명한 180도 선이 형성된다는 것이다. 그런데 카메라가 이 선을 넘어 촬영 각도를 180도 이상 바꾸면 관객이 매우 혼란스럽게 느낀다는 것이다. 따라서 관객들이 갑자기 혼돈에 빠지거나 줄거리를 놓치길 바라는 감독이 아닌 이상, 카메라는 절대 이 선을 넘지 않는다.

크로싱 더 라인의 가장 좋은 예는 스포츠 중계방송이다. 경기가 진행되는 동안 모든 카메라는 일반적으로 경기장의 한 방향에 설치된다. 그래야만 경기하는 선수들의 움직임을 일관된 방향에서 보여줄 수 있다(예를 들어 빨간색 팀은 항상 오른쪽에서 왼쪽으로 움직인다). 그런데 경기가 한창일 때 갑자기 중계 카메라가 암묵적으로 그려진 횡선을 넘었다고 상상해보라. 줄곧 오른쪽에서 왼쪽으로 뛰던 빨간 팀이 갑자기 왼쪽에서 오른쪽으로 뛴다면? 시청자인 당신은 혼란을 느끼며 방금 무슨 일이 일어났는지 알아내는 데 모든 관심과 에너지를 쏟는다. 경기 자체는 새까맣게 까먹고 무의식적으로 중얼거린다. 뭐야, 내가 뭘 놓친 거야? 전반전이 끝난 건가? 리플레이 화면인가? 아니면 방송 사고?

만일 당신이 동영상을 제작해 유튜브 플랫폼에 올리는 유튜버^{Youtuber}라면 반드시 횡선을 넘지 않아야 한다. 동영상 자료를 통해 누군가를 학습시키고 싶다면 가로선을 지켜야 한다. 동영상 자료를 통해 당신의 지식과 매력과 재능을 널리 알리고 싶다면 '크로싱 더 라인'을 한시도 잊어서는 안 된다.

선을 넘으면 당신의 구독자들은 당황스러워 한다. 그들의 예측 가능성을 방해한다. 그들은 머릿속 지도를 업데이트하는 데 에너지를 소비하기보다는 다른 채널로 곧장 이동할 것이다.

5. 지루함을 반드시 깨야 할 때가 있다

예측 가능성은 학습력과 기억력을 향상시키는 확실한 기술이다. 하지만 학습력과 기억력 개선이 주된 목표가 아닐 때도 있다.

건설 현장에서 노동자들을 위한 안전점검표를 작성하는 일을 당신이 맡고 있다고 해보자.

당신은 매일 꾸준히 같은 형식의 점검 리스트를 교대 시간에 제공한다. 그런 작업이 한 달, 두 달, 6개월, 1년 동안 반복되면서 당신의 관심과 집중력은 자연스럽게 떨어진다. 언젠가부터 습관적으로 각 칸을 체크하고 있다. 그러다가 뻥, 사고가 나고 돌이킬 수 없는 실수를 범하고 만다. 예측 가능성을 종종 깨는 전략을 활용했다면 예방할 수도 있었던 잘못이었다.

공간 배치의 예측 가능성을 사용할 때는 원하는 결과가 매우 명확해야 한다. 안일함과 나태함, 방심이 걱정이라면 형식을 자주 조정하는 방법을 고려해야 한다. 사람들은 변경된 레이아웃을 파악하느라 학습력과 기억력에서 손상을 입을 수 있지만, '교육이 아닌 다른' 목적에는 도움이 될 수 있다.

예측 가능한 공간 배치는 정신적 자원을 학습력과 기억력 증진에 힘을 쏟게 이끈다.

- 기억의 관문인 해마에는 장소 세포가 줄을 지어 있다.
- 해마를 통과해 새롭게 형성된 각각의 기억에는 장소 세포가 공간적 형태로 배치된다.
- 공간의 배치는 예측성을 형성하는 데에도 활용된다(예측 가능성은 불필요한 에너지 소모를 줄인다)

확장 팁

1. 자료의 형식이 일정한지 확인하자.

- 일관성을 깨서 주의를 집중시킬 수 있다.
- 사람들의 집중력을 끌어내리려면 관련 있는 정보나 형식에 신호를 전달하라.
- 그래프와 표, 차트에선 특히 '신호 전달'이 중요하다.

2. 인쇄물과 디지털 자료의 장단점을 파악하자.

- 텍스트의 분량이 많으면 종이 출력물이 디지털 파일보다 낫다.

3. 웹페이지 및 컴퓨터 프로그램에서도 일관성은 중요하다.
   - 화려함은 시선을 사로잡고, 일관성은 발길을 사로잡는다.

4. 동영상 자료를 활용할 때는 선을 지켜라.

5. 지루함을 깨고 싶다면 공간적 예측 가능성은 피하라.

당신의 머리를
바꿔드립니다!

1952

성인을 위한
무료 교육

성인교육원 강의
다양한 수업, 넉넉한 강의실

중간휴식 2

Intermission 2

왼쪽 포스터를 15초 동안 들여다보라.

4장

우리는 어떻게 배우는가
: 맥락과 상태 사이

"그것들은 당신이 어딘가에서 가져온 것들이 아니다.
당신이 어딘가에서 받아들인 것들이다. "

_장 뤽 고다르Jean-Luc Godard, 프랑스 영화감독

내가 열 살이었던 무렵, 무니 할아버지가 계셨다. 그는 내 증조부였다. 할아버지는 그때까지 내가 본 가장 놀라운 골프 스윙을 종종 선보이곤 했다.

할아버지는 미국 동부 해안에서 흔히 볼 수 있는 넓은 뒷마당을 가진 집에서 평생을 보냈다. 잔디가 깔린 넓은 뒷마당의 저 멀리 떨어진 구석에는 드럼통과 비슷한 크기와 모양의 콘크리트로 된 원형 소각로가 있었다.

어느 날 나는 현관에 앉아 할아버지가 낡은 삽을 이용해 집 옆에서 죽은 나무 그루터기를 파내는 것을 지켜보고 있었다. 그루터기를 다 뽑고 난 할아버지는 소각로로 가서 손을 뻗어 골프공 6개를 꺼내 아무렇게나 잔디밭으로 던졌다. 나는 소각로에 그루터기를 넣기 위해 공을 치우는 것이라 생각했지만, 틀렸다.

무니 할아버지는 골프공들이 던져진 쪽으로 발걸음을 옮겼다. 그러더니 갑자기 조준을 하고는 삽을 골프채처럼 휘둘러 하늘 높이 골프공 하나를 띄워 올리고는 소각로에 완벽하게 떨어뜨렸다. 나머지 공들도 마찬가지였다. 얼마나 멀리 떨어져 있든, 어느 곳에 공이 위치해 있든 상관없었다. 매끄러운 스윙 한 번으로 공을 쳐올려 열려 있는 콘크리트 통 안에 정확히 떨어뜨릴 뿐이었다. 삽으로 만들어낸, 스윙 여섯 번으로 만들어낸 완벽한 여섯 번의 홀인원이었다.

나는 소스라치게 놀랐다.

"할아버지, 정말 굉장하네요! 대체 어떻게 이런 기술을 배우셨어요?"

"대공황 시절에 연습했단다. 경기가 어려울 때는 돈을 벌 수 있는 뭔가 충격적이고 창의적인 방법이 필요하거든."

불경기 때문에 모두가 어렵던 시절, 할아버지는 작업용 삽으로 골프공을 소각로에 집어넣는 연습에 몰두했다. 할아버지가 살던 지역에는 유명한 골프장이 있었고, 불경기와는 상관없는 부자들이 그곳을 수시로 드나든다는 사실에 그는 주목했다.

"부자들과 내기를 하면 돈을 벌 수 있겠다, 싶었단다."

할아버지는 부자 골퍼들이 지나갈 때마다 삽을 휘둘러 골프공을 소각로에 떨어뜨렸다. 이에 흥미를 가진 부자들이 점점 모여들었고, 마침내 소각로에 공을 떨어뜨릴 때마다 5센트씩 가져가는 내기가 시작되었다. 이 작은 내기는 삽시간에 그 소문이 퍼져나갔다. 부자 골퍼들은 골프장 코스를 우회해 할아버지 집으로 곧장 가서는 오후 내내 돈을 걸고 뒷마당을 라운딩했다.

그러던 어느 날, 한 무리의 골퍼들이 할아버지를 실제 골프장으로 초대했다.

"무니 씨, 정말 놀라운 스윙을 가졌군요. 자, 여기서 저기 보이는 깃발이 꽂힌 그린 위까지가 아마도 당신 뒷마당에서 소각로까지 되는 것 같은데, 어떻습니까? 저 그린 위에 누가 더 많이 공을 올릴 수 있는지 내기를 해보는 건?"

잠시 생각에 잠겼던 할아버지가 말했다.

"삽을 가져와도 되겠소?"

그들은 흔쾌히 고개를 끄덕였다. 모두가 무니 할아버지의 승리를 확신했다. 소각로에 공을 귀신같이 떨어뜨리는 실력이 어디 가겠는가!

할아버지는 첫 스윙에서부터 실패했다. 모두의 얼굴에 경악이 가득했다. 할아버지는 공을 그린 너머로 훌쩍 날려 보냈다. 긴장한 탓이라 생각하며 두 번째 샷을 그린을 향해 올렸고, 공은 또다시 빗나갔다. 총 열 번의 시도 가운데 할아버지는 두 번밖에 '온 그린on-green'에 성공하지 못했다.

이게 대체 어떻게 된 일일까?

뒷마당과 골프장은 똑같이 잔디밭으로 이루어져 있었다. 그런데 왜 뒷마당에서는 맨홀 뚜껑 만한 목표 지점을 잘도 타격해내던 할아버지가 실제 골프장에서는 수영장 만한 타깃 근처에조차 공을 보내지 못했을까?

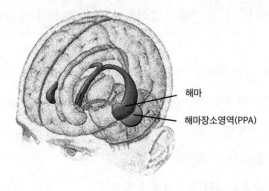

▸ 해마장소영역

VS

▸ 해마장소영역은 주변 환경을 처리한다

맥락 의존적 학습

3장에서 우리는 기억의 관문인 해마를 탐험했다. 이제 나는 '해마장소영역parahippocampal place area, PPA'이라고 불리는, 해마의 하부에 있는 뇌의 작은 부분에 초점을 맞추고자 한다.

PPA는 지속적으로 해마를 통해 정보를 공급한다. 그리고 PPA에서 처리된 정보들이 우리가 만들어내는 거의 모든 기억에 필수불가결하다는 사실을 끊임없이 암시한다. 그렇다면 PPA는 어떻게 정보를 처리할까?

이 사실을 알아내기 위해 연구자들은 피실험자들을 뇌 스캐너에 집어넣고는, 그들에게 수십 개의 일상적인 사물들의 이미지를 보여주었다. 그런 다음 가능한 한 많이 기억해낼 것을 요청했다.

이 간단해 보이는 실험에서 반전이 일어났다.

아무런 배경이 없는 흰색 바탕 위에 배치된 의자나 스탠드 등의 사물에는 피실험자들의 PPA가 반응하지 않았다. 하지만 배경이 실제 사무실이나 방 안과 같은 '공간'에 배치된 의자나 책상을 볼 때는 피실험자들의 PPA가 강력하게 활성화되었다. 피실험자들이 특정한 환경 내에 배치된 사물들의 설정을 일부러 외우려고 하거나 주의를 기울이지 않았음에도 PPA의 강력한 활성화가 나타난 것이다.

장소 세포가 새로운 기억 안에 공간의 레이아웃을 자동으로 암호화하고 내장하는 것처럼, PPA 또한 '주변 환경의 물리적 특성들physical characteristics'을 새로운 기억에 자동으로 암호화하고 내장하는 것으로 보인다. 나아가 공간의 레이아웃과 마찬가지로 이 물리적 특성들을 기억을 재구성하는 데, 미래를 예측하는 데 유용한 안내 단서로 사용할 수 있는 것으로 보인다.

아마도 1970년대에 행해진 다음의 실험 결과가 PPA 활성화를 가장 잘 보여주는 사례일 것이다.

연구자들은 한 팀으로 이루어진 심해잠수부들에게 바닷속 6미터 깊이에서 자신들이 제시한 단어의 목록을 외울 것을 요청했다. 그리고 그 이튿날 연구자들은 심해잠수부 팀을 두 그룹으로 나눴다. 한 그룹은 어제 입수했던 바닷속 6미터 깊이의 공간으로 다시 돌아갔고, 남은 한 그룹은 육지에 남았다. 연구자들은 각각의 그룹에게 어제 외웠던 목록 중에서 몇 개의 단어를 외우고 있는지를 물었다.

과연 결과는 어땠을까?

이튿날 바닷속 6미터 깊이의 공간으로 다시 돌아간 잠수부들이 육지에 남은 잠수부들보다 35퍼센트 이상 더 많은 단어를 기억해냈다. 심해잠수부들 모두가 바닷속 6미터 깊이의 공간에 들어갔던 날, 그들 중 누구도 단어를 외울 때 푸른 바닷물, 화려한 색깔의 산호초, 열대어들에 의식적으로 집중할 것을 요청받지 않았다. 하지만 푸른 바닷물과 산호초와 열대어들에 관한 정보들이 모든 잠수부의 기억 속에 암호화되어 포함되었던 것이다. 그래서 다시 바닷속으로 돌아간 잠수부들이 단어들을 불러내는 데 육지에 남은 잠수부들보다 훨씬 환경적으로 유리했던 것이다.

환경에는 단순한 물리적 기능만이 포함되는 게 아니다. 냄새, 소리, 질감 등도 환경의 '감각적 측면'을 형성해 우리가 만들어내는 각각의 기억들 내에 암호화된다. 코로 들어가는 지금의 냄새, 귀로 들어가는 소음 및 피부에 닿는 촉감이 우리가 만들어내는 기억의 일부가 된다. 당신이 이 감각들에 얼마나 집중했는지의 여부와는 상관없이 말이다.

학습(learning)

회상(recall)

▸ 맥락에 의존하는 기억

중요한 것은 우리가 '어디에서' 배우는지가 우리가 배우는 것의 필수적인 측면을 형성한다는 것이다. 연구자들은 이를 '맥락 의존적 학습context-dependent learning'이라고 부른다. 어디에서 배우는지가 중요하기 때문에, 우리는 회사 밖에서 직장 동료들과 마주쳤을 때 그들을 잘 알아보지 못한다(늘 사무실에서만 봐왔기 때문에). 특정한 냄새가 어떻게 생생한 기억을 불러일으키는지 또한 맥락 의존적 학습 경향으로 설명될 수 있다. 아울러 왜 어린 시절의 장소로 되돌아가면 까마득하게 잊고 지냈던 일화들이 되살아나는지에 대해서도 우리는 고개를 끄덕이며 충분히 이해할 수 있다.

상태 의존적 학습

외부 환경과 함께 우리가 형성하는 새로운 기억들 속에 내재되어 있는 것으로 여겨지는 또 다른 차원이 있다. 바로 우리의 '내부 환경'이다.

이해를 돕기 위해 다음의 상황을 상상해보자.

금요일 저녁, 사교 모임에 참석하기 위해 당신은 한 바bar에 막 도착했다. 다른 사람들처럼 당신도 낯선 이들과 스스럼없이 잡담을 나누는 것을 그다지 좋아하는 편이 아니다. 당신은 칵테일을 몇 잔 연거푸 들이마시기로 결심한다. 그러면 긴장이 풀리고 낯선 사람과 악수하는 일이 한결 쉬워질 것이라고 기대하면서…

대체로 그날 저녁 모임은 순조롭게 잘 마무리된다. 늦은 밤, 침대 속으로 들어가면서 당신은 모임에서 얻은 수십 장의 명함을 바지 주머니에서 꺼내 잠깐 훑어보다가 보조 탁자 위에 올려놓은 후 옷도 벗지 못한 채 눈을 감는다. 새로운 취업의 기회를 줄 것 같은 CEO도 있었고, 구체적인 프로젝트 협업을 제안한 투자가도 있었다. 마음에 드는 여성에게서 받은 명함도 있었다. 당신은 미소를 지으며 빠르게 곯아떨어진다. 곧 장밋빛 미래가 찾아올 터였다.

그런데 이튿날 아침에 눈을 뜬 당신은 화들짝 놀라 이불을 박차고 벌떡 일어나 침대맡에 앉는다. 그러고는 테이블 위에 놓인 명함들을 허겁지겁 집어든다.

몇몇 이름은 기억이 날 듯도 했지만 어떻게 그 명함들을 손에 넣게 되었는지 통 알 수가 없다. 그날 저녁 모임의 기억이 알코올로 인해 휘발된 까닭이다. 알렉스가 미래의 내 보스였던가? 제롬이 투자자였나? 앨리스라… 붉은 정장을 입었던 여자? 아니, 하얀 구두를 신었던 금발의 여자?

재앙이 아닐 수 없다.

여기서 당신이 생각해보았으면 하는 질문이 있다.

기억 속을 샅샅이 뒤져 어떤 명함을 어떤 목적 때문에 받았는지를 떠올리기 위해, 이 상황에서 당신이 할 수 있는 가장 효과적인 행동은 무엇일까?

정답은, 다시 술을 마시는 것이다! 농담이 아니다. 취기를 안내 단서로 사용해 관련 기억을 재구성할 수 있다.

1980년대 생리학 교과서에는 이런 이야기가 등장한다.

학습(learning)

회상(recall)

▶ 상태에 의존하는 기억

점심시간에 낮술을 한 잔, 두 잔 마시다가 급기야 대취한 아일랜드 우편배달부가 있었다. 이튿날 아침 눈을 뜬 그는 자신이 배달해야 할 값비싼 소포를 잃어버렸음을 깨달았다. 그는 소포를 어디에 두었는지 기억해내지 못했다. 너무나 속이 상했던 그는 맨정신으로 버티기 어려워 그날 오후 다시 술을 마셨다. 아, 그런데 이게 웬일인가! 다시 술에 취한 그는 자신이 소포를 두고 온 장소로 곧장 걸음을 옮길 수 있었다.

비단 술뿐이 아니다. 카페인, 니코틴, 마리화나, 환각제 등등을 경험한 사람들에게서도 이와 비슷한 효과가 발견되었다.

약물을 넘어, 이 같은 개념은 '감정'에도 적용된다.

행복하고, 슬프고, 화나고, 두렵고, 역겨워하는 동안 형성된 새로운 기억이 해당 감정에 스며든다. 그리고 훗날 동일한 감정 상태에 있을 때 과거에 스며든 기억들에 접근하기가 더욱 쉬워진다.

극도의 압박을 받으며 군인들이 훈련을 하는 이유도 여기에 있다. 훈련을 전투처럼 하면, 실제 전투에서 패닉에 빠지지 않는다. 느긋하게 마가리타 한 잔을 손에 들고 수영장에서 훌쩍거리는 군인은 어쩐지 너무나 낯설다. 모름지기 군인이라면 높은 스트레스와 무수히 많은 변동성의 상황에서 생존 및 승리 기술을 터득해야 할 것이다. 승리는 훈련과 실제 상황 사이의 거리를 얼마나 좁힐 수 있느냐로 판가름날 것이다.

우리가 배우는 동안 느끼는 감정 또한 우리가 궁극적으로 배우는 것의 필수적인 측면을 형성한다. 연구자들은 이를 두고 '상태 의존적 학습state-dependent learning'이라고 부른다.

상태 의존적 학습은 우리가 때로는 커피를 세 잔 이상 마시지 않으면 업무에 몰입할 수 없는 이유를 설명한다. 우리가 종종 특정한 날에는 장기 프로젝트에 참여하지 못하는 이유를 설명한다. 우리가 종종 왜 너무나 간단한 일도 허망하게 망쳐버리고 마는지에 대한 이유를 설명한다.

독립성 찾기

여기까지 온 당신은 어쩌면 다소나마 회의적인 반응을 보일지도 모르겠다.

당신 말이 맞다. 대형 마트 냉동식품 코너에서 마주친 회계팀 마이클을 못 알아봤다고 해서, 영화관에 들렀다가 우연히 만난 영업팀 데니스를 알아차리는 데에는 아무런 문제가 없을지도 모른다. 스트레스로 가득한 임원 회의에서는 느긋했던 휴가의 추억을 떠올리지 못하는 게 당연하지만, 평화로운 저녁식사 자리에서 무시무시한 난기류에 휩싸여 심하게 흔들거렸던 비행기 탑승 경험을 꺼내놓는 것에는 아무런 문제가 없다.

분명히 우리가 배운 모든 것이 영원히 어떤 특정한 것에 묶여 있다면, 우리는 집을 나설 때마다 동일한 개념을 끊임없이 다시 배워야 할 것이다. 이렇게 되지 않으려면, 우리의 기억에 암호화된 정보가 특정 맥락에서 분리되어 언제 어디서든 접근할 수 있는 프로세스를 갖고 있어야 한다.

결국 비밀의 열쇠는 '다양성variety'이 갖고 있다.

이를 이해하려면 '기억'을 좀 더 깊이 파고들 필요가 있다.

우리는 서술 기억이 특정 사실이나 사건을 기억하는 우리의 능력임을 배웠다. 서술 기억은 두 가지의 완전히 서로 다른 특징을 나타낸다. 바로 '일화적episodic' 기억과 '의미적semantic' 기억이다.

일화적 기억은 특정한 시간과 장소에 묶여 있는 사실이나 사건을 의미한다. 예를 들어 나는 조카의 다섯 번째 생일날 오후, 아이스크림 케이크를 부엌 바닥에 떨어뜨렸던 것을 기억할 수 있다. 반면에 의미적 기억은 어떤 특정한 시간과 장소와 무관한 사실이나 사건이다. 예를 들어 나는 '생일'이라는 용어가 한 개인이 태어난 날을 의미한다는 것을 안다.

다음의 예문이 일화적 기억인지 아니면 의미적 기억인지 맞혀보라.

1. 작년 어느 날, 마당을 걷다가 그 집 개가 내 발목을 물었다.
2. 개는 보통 네 개의 다리를 갖고 있다.
3. 2000년, 캔버라Canberra의 어떤 포도주 저장고에서 넘어진 나는 와인 한 병을 산산조각 내고 말았다.
4. 캔버라는 오스트레일리아의 수도다.
5. 내 친구 제인과 존이 지난주 회사에서 일하고 있던 나를 찾아왔다.
6. 제인Jane과 존John은 사람들이 종종 자신의 신분을 위장하기 위해 사용하는 '포괄적인' 이름이다.

정답: (차례대로) 일화적, 의미, 일화적, 의미, 일화적, 의미

우리가 새로운 정보를 배울 때마다, 그것은 학습이 일어난 특정한 맥락과 강력하게 연관되어 있다. 다시 말해 새로운 기억들은 모두 일화적 기억으로부터 출발한다. 하지만 우리가 다양한 맥락에 걸쳐 같은 정보를 접하게 되면, 그 정보는 어떤 특정한 맥락에서 떨어져나와 '독립된' 사실fact이 될 수 있다. 즉 다양한 시나리오에 반복적으로 노출되면서 의미적 기억들이 나타날 것이다.

예를 들어 수학의 연습문제를 푸는 아이가 있다고 해보자. 아이는 교실, 도서관, 집, 체육시간 등 전혀 다른 4가지 환경에서 각각 수학 문제를 풀고 있다. 그렇다면 아이는 각각의 환경에 관련된 맥락과 상황의 세부 정보를 포함하는 4개의 고유한 일화적 기억을 생성하게 된다. 결국 아이는 이들 기억을 서로 비교하면서 4개의 기억에 공통된 사항을 새로운 독립적 형태의 의미적 기억을 만드는 데 사용할 것이다.

이 경우 모두가 갖고 있는 유일한 공통점은 수학이다. 따라서 아이가 갖는 의미적 기억은 '수학은 어떤 환경에서도 자유롭게 접근할 수 있는 분리된 기술이다'라고 판독될 것이다.

유감스럽게도 이 과정은 역효과를 가져올 수 있다. 아이가 수학 문제 풀이 연습을 네 차례 하고 있다고 생각해보자. 단, 이번에는 각각의 연습이 교실에서만 일어난다고 가정한다. 즉 매번 같은 환경에서 연습하는 것이다.

당연히 각각의 연습은 고유한 기억을 형성할 것이고 결국 모든 기억에 공통된 사항을 의미적 기억을 만들어내는 데 사용할 것이다. 하

▸ 의미적 기억은 관련된 일화적 기억들에 공통되는 모든 정보를 포함하고 있다

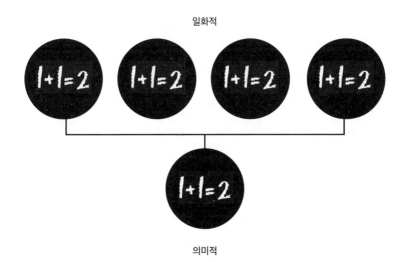

▸ 의미적 기억은 가장 중요한 요점으로 구성된다

지만 이번에는 예전과 달리 각각이 가진 기억의 거의 모든 측면이 서로 비슷하다(오직 하나의 공간에서만 이루어지기 때문에). 따라서 아이가 생성한 의미적 기억은 '수학은 특정한 화이트보드를 사용해 특정한 교실 내에서만 익힐 수 있는 기술이다'라고 판독될 것이다.

이렇게 되면 아이에게 수학은 훗날 오직 교실이라는 특정한 공간에서만 적용할 수 있는, 다른 맥락들과 시나리오들 속에서는 적용하기가 매우 어려운 기술이 되고 말 것이다.

자, 이제 처음으로 돌아가보자.

설마 나의 증조부 무니 할아버지를 당신이 잊지 않았을 것이라고 믿는다. 무니 할아버지가 진짜 골프장에 발을 내딛었을 때 좋은 성적을 내지 못한 이유는 뭘까?

그렇다.

단 한 곳에서만 연습을 했기 때문이다.

무니 할아버지가 생성한 의미적 기억은 '골프란 콘크리트로 된 소각로와 오래된 삽을 이용해 뒷마당에서 하는 기술이다'라는 것으로 구성되어 있었을 것이다.

만일 할아버지가 옆집이나 앞집, 학교 운동장에서 연습을 좀 했더라면 결과는 매우 달라졌을 것이다. 삽을 대신해 갈퀴나 곡괭이 자루 등을 사용한 경험이 있었더라면 특정한 맥락에서만 위력을 발휘하는 기술에 독립성과 보편성이라는 날개를 붙여, 실제 골프장에서도 아주 좋은 성과를 낼 수 있었을지 모른다.

굿바이, 홈구장!

자, 정리해보자.

> 》한 장소 또는 특정한 환경에서만 공부와 훈련과 연습을 한다면, 우리의 학습은 그 특정한 위치나 상황에 밀접하게 연관된다. 따라서 같은 맥락 속에서는 좋은 성과를 기대할 수 있지만, 그 밖의 다른 공간에서는 미흡한 성과를 기록할 수도 있다.
> 》다양한 장소나 환경에서 공부와 훈련과 연습을 한다면, 학습은 특정한 장소와 상황에서 분리된다. 그러면 우리는 다양한 상황과 조건, 새로운 맥락 속에서도 좋은 성과를 낼 것으로 기대할 수 있다.

이에 대한 가장 적절한 예로 '스포츠'를 들 수 있다. 많은 사람들이 '홈구장 어드밴티지'가 실제 존재한다고 믿는다. 맞는 말이다. 흥미롭게도 홈구장의 이점은 거의 모든 스포츠에서 분명히 존재한다. 하지만 그 효과는 미미하다! 새로운 리그가 만들어질 때를 제외하고는 말이다.

예를 들어 메이저리그가 완전히 사라진 자리에 완전히 새롭게 구성된 팀들로 이루어진 새로운 프로 야구 리그가 출범했다고 가정해보자. 그러면 처음 2~3년 동안은 홈구장 어드밴티지가 강력하게 작용한다.

선수들은 전에 만난 적이 없는 새로운 팀 동료들과 어떻게 연결될 것인지를 고민해야 하고, 전에는 해보지 않았던 새로운 훈련 방법을 어떻게 받아들여야 할지 걱정이다. 게다가 낯선 코치진을 어떻게 신뢰해야 할지도 깊은 고민거리들 중 하나다. 많은 승리를 위해서는 다른 팀과는 차별화된 우리 팀만의 특유한 기술들도 만들어내야 한다. 이를 위해선 연습이 필요하다. 선수 개인의 연습은 물론 하나의 강력한 팀을 위한 팀 전술 연습도 필요하다. 그리고 이들 연습 모두 팀의 '홈구장'에서 이루어진다.

매일, 매주, 매달 팀들은 동일한 환경 하에서 다양한 기술을 연습한다. 따라서 매우 강력한 특정한 맥락과 상태 의존적 연결이 형성되기 시작한다. 경기장의 관중석 배치, 홈런 펜스까지의 거리, 피치를 둘러싼 광고, 공기의 질, 경기장 주변의 음식 등등이 모두 팀 고유의 기술들과 연결되면서 홈구장에서의 강한 이점을 얻을 수 있게 된다.

하지만 '원정 경기'를 몇 년간 펼치고 나면 이러한 기술들은 특정한 근거로부터 분리되기 시작한다. 결국 홈구장의 이점은 희미하게 남게 되고, 팀들은 리그가 가진 대부분의 환경과 경기장에서 '일관성' 있게 게임을 펼쳐나가기 시작한다.

1. 훈련과 실전의 맥락을 정교하게 연결하라

고교 체육관에서의 농구 실기 시험

주주총회장에서의 연말 실적 발표

지역 극장에서의 큰 오디션

당신은 어디에서 연습할 생각인가?

실전을 대비한 연습을 할 때마다 실전에서 있을 만한 상황과 순간을 정교하게 구성하고, 실전 장소와 최대한 비슷한 환경을 가진 연습장을 찾아라. 정교하게 꾸미면 꾸밀수록 훈련의 성과도 좋아진다. 이는 다양한 과학적 연구를 통해 지금도 계속 입증되고 있는 사실이다.

예를 들어 당신의 발표가 이루어지는 곳이 빨간색 벽으로 둘러싸인 공간이라고 해보자. 그렇다면 당신의 연습 또한 빨간 벽이 있는 공간에서 하는 것이 효과적이다. '빨간 공간'이 맥락 관련 정보를 생성해 새로운 기억과의 연관성을 높인다. 즉 시간이 흘러 실제로 발표를 하는 순간이 와도, 빨간 벽으로 특징되는 환경이 당신에게 연관 기억을 불러일으켜 손쉽게 상황에 적응하는 안내 단서를 불러올 것이다.

이는 또한 어떤 중요한 시험이나 발표, 미팅을 앞두고 있다면, 그것이 실제 이루어지는 장소를 사전에 답사하면 더 좋은 결과를 얻을 수 있다는 뜻이다. 실전 장소를 미리 찾아가 눈에 띄는 특징들을 잘 메모한 다음 이를 연습 공간을 꾸미는 데 활용하면 뛰어난 효과를 얻을 것이다.

실전 시뮬레이션을 통해 훈련을 받은 노동자, 실제 시험이 치러지는 장소에서 공부하는 학생, 실전 장소와 비슷한 환경을 가진 연습장에서 훈련한 선수들이 그렇지 않았던 경쟁자들보다 더 나은 성과를 보인 것으로 나타났다.

무니 할아버지의 교훈을 기억하는가?

실제로 경기가 이루어지는 곳에서 기술을 연습할 때 우리는 가장 탁월한 결과를 얻는다.

2. 변화무쌍한 곳에서 연습하라

어떤 주제든, 설득력 있는 기사를 쓸 수 있는 능력

수십 명의 클라이언트를 상대로 한 세일즈 피치

월드 투어에서 보여주어야 할 무대

실전 장소에 대한 정보를 거의 얻을 수 없을 때는 어떻게 해야 할까? 최대한 다양한 장소와 다양한 맥락 하에서 연습할 가치가 있다. 사람들로 북적이는 공간, 텅 빈 공간, 개인적 공간, 공공의 공간, 반지하 공간에서부터 드넓은 스카이라운지에 이르기까지, 다양한 공간에서 다양한 경험을 쌓도록 하라.

가장 좋은 훈련이 무엇인지 아는가? 훈련 중에 예상치 못한 돌발 상황들이 많이 일어나는 것이다. 변화가 많으면 많을수록 당신의 아이디어와 기술은 특정한 맥락에서 더 분리될 수 있다. 그렇다, 우리의 목표는 특정한 맥락에서 독립하는 것에 있음을 잊지 마라. 훈련에서 돌발상황을 많이 겪을수록 실전에서 벌어지는 돌발상황에 더욱 침착하고 익숙하게 대응할 수 있다.

수많은 연구 결과에 따르면, 변화무쌍하고 다양한 환경에서 훈련하는 직원, 다양한 장소에서 공부하는 학생, 다양한 장소에서 연습하는 운동선수들이 낯설고 새로운 환경에서 훨씬 뛰어난 성과를 보여주었다.

다시 한 번 무니 할아버지를 기억해보라. 뛰어난 기술을 갖고 있는가? 그렇다면 이제 당신이 할 일은 그 기술을 다양한 장소에서 테스트해보는 것이다.

• 핵심 질문 1: 연습의 양
"뭔가 새로운 것을 배울 때는 얼마나 연습해야 하는가?"

아쉽게도 이 질문에 대한 정확한 답은 아직 없다. 어떤 사람들은 단 한 번의 시도에도 새로운 개념을 배우는 반면, 어떤 사람들은 같은 개념을 수십 번의 시도에도 배우지 못한다. 하지만 새로운 것을 배우는 속도에 관한 유용한 연구 결과들이 있다. 즉 사람들이 새로운 것을 배우는 속도는 그들이 '이미 알고 있는 것들'에 크게 영향을 받는다는 것이다.

예를 들어 새로운 언어를 배운다고 해보자. 당신은 기초적인 문법과 단어들을 습득하는 데 꽤 많은 연습 시간을 할애해야 할 것이다. 하지만 일단 기본적인 어휘를 축적하게 되면, 그다음부터는 빨라진다. 내가 아는 학습전문가들은 이렇게 말한다. "속도는 제로zero에서부터 측정되는 것이 아니다. 속도는 탄탄한 기본기를 가진 사람들이 출발선에 섰을 때 비로소 타이머가 눌러진다. 탄탄한 기본기까지 가는 데는, 속도는 아무런 의미도 갖지 않는다."

뭔가를 새롭게 배우고 싶은가? 이 질문은 기본기를 갖추고 난 후에 비로소 의미를 갖는다. 다시 뇌과학으로 돌아가보자.

뇌과학자들은 사람들이 어떤 특정한 개념을 얼마나 많이 접해야 의미 있는 기억으로 형성하는지에 대해 다음의 연구 결과를 내놓았다. 사람이 어떤 개념을 한 번이나 두 번 정도 접했을 때는 잘 기억하지 못한다. 적어도 '세 번 이상' 접해야 그것을 뚜렷하게 기억할 수 있다.

세 번이라고? 그렇다면 지금 스마트폰을 꺼내 저장되어 있는 전화번호들 중 하나를 열어보자. 이걸 세 번 보면 외워지는가? 천만에! 어젯밤 TV에서 본 광고들 중 몇 개가 기억나는가?

뭔가 의미 있는 기억과 학습으로 남기려면, '순수한 반복'만으로는 결코 충분하지 않다. 영어단어들을 노트에 옮겨놓고 암기해 보라. 세 번은커녕 백 번을 쳐다봐도 당신이 원하는 만큼의 어휘력을 얻기 어려울 것이다. 세 번 이상 접해서 의미 있는 기억과 학습으로 남기려면, 그 개념에 반드시 의도적이고 분명하게 노출되어야 한다. 즉 기억하고자 하는 정보와 적극적으로 '상호작용'을 해야 한다. 이 상호작용을 잘하기 위해 당신은 지금 이 책을 읽고 있는 것이다. 영어단어를 당신 것으로 만들려면 단어의 스펠링이 아니라 그 단어가 갖고 있는 '다양한 맥락들'을 당신 것으로 만들어야 한다. 노트에 옮겨 무조건 외울 게 아니라, 다양한 공간과 상황 속에서 그 단어들에 노출되어야 한다.

• 핵심 질문 2: 기억의 저장 공간

"일단 의미적 기억이 형성되면 그전의 일화적 기억은 어떻게 되는가?"

좋은 소식이 있다. 아무 변화도 일어나지 않는다! 일화적 기억들이 의미적 기억의 기초를 형성한다고 해서, 이후 일화적 기억들에 접근할 수 없게 된다는 것을 의미하지는 않는다.
실제로 서로 다른 두 종류의 기억은 상호작용하고, 각각 다른 기억의 안내 단서 역할을 한다.
영국의 왕세자비였던 다이애나 스펜서를 예로 들어보자.
1997년 그녀는 프랑스 파리의 한 터널 안에서 교통사고로 세상을 떠났다. 이 독립적인 정보는 별도의 맥락 없이 당신의 의미적 기억 속에 저장되어 있을 것이다. 하지만 이 소식을 처음 들었을 때 당신이 어디에 있었는지, 어떤 감정을 느꼈는지 다시 한번 떠올리게 되지 않았는가? 2001년 9월 11일 미국 뉴욕에서 끔찍한 테러 사건이 일어났을 때 당신은 어디에서 이 소식을 들었는가? 의미적 기억은 일화적 기억을 불러올 수 있다. 자, 그렇다면 이제 당신이 치렀던 대학입학 시험을 떠올려보라. 그때 기분이 어땠는지를 생각해보라. 당신의 최종 점수, 최종 합격한 대학, 그리고 그 전후로 치렀던 수많은 시험에 대한 간단한 상념들이 떠올랐을 것이다. 이는 바로, 일화적 기억이 의미적 기억을 불러오는 순간이다.

3. 감각을 적극 활용하라

뭔가를 학습하는 동안 우리가 보고, 듣고, 맛보고, 냄새 맡고, 느끼는 모든 것이 새로운 기억의 일부가 된다면, 우리는 감각을 활용해 성과를 올릴 수 있다.

가능성은 무궁무진하다. 연습 도중에 특정한 맛의 껌을 씹는다면, 나중에 그 껌을 활용해 공연이나 발표 도중에 관련 기억에 좀 더 쉽게 접근할 수 있다. 훈련 중에 특정한 펜을 사용하거나 특정한 공기청정기의 냄새를 맡고, 특정한 멜로디를 흥얼거리면… 훗날 간단한 방식으로 잠재의식 속 감각 단서들이 기억을 불러올 수 있다. 훈련이나 연습에 감각을 활용해야 할 가장 중요한 이유는, 무엇보다 실전에서의 긴장과 압박을 획기적으로 줄여줄 수 있기 때문이다.

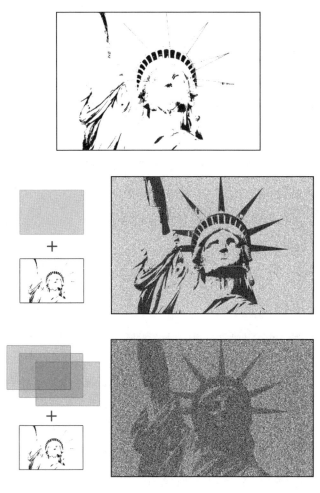

▶ 노이즈는 확실한 자극제가 되기도 한다… 하지만 너무 큰 노이즈는 피하자!

• **핵심 질문 3: 음악**

"공부하면서 음악을 듣는 것이 학습에 도움이 되는가?"

답은 그 음악이 어떻게 사용되느냐에 전적으로 달려 있다. 이를 이해하려면 '확률공명stochastic resonance'의 개념을 탐구해야 한다. 이 위협적(?)으로 들리는 용어는 사실 이해하기 쉽다. 본질적으로 확률공명은 노이즈(noise, 잡음)가 자극에 추가될 때, 그 자극을 더 쉽게 지각할 수 있게 할 수 있다는 뜻이다.

간단한 예로 137페이지의 상단 이미지를 살펴보자. 아마도 한눈에 파악하기가 쉽지 않을 것이다. 모든 것이 희미하고 이해하기 어렵다.

이제 두 번째 이미지를 보자. 한 겹의 노이즈를 추가했을 때 어떤 일이 발생하는지 살펴보자(이 경우 노이즈는 과거 텔레비전 방송에서 나타나곤 했던 지직거리는 정전기라고 해보자). 믿기 어렵겠지만 이 정도의 노이즈를 추가하자 실제로 그림을 더 쉽게 해석할 수 있게 되었다.

확실히 한 겹의 노이즈를 더하는 것이 '명확성'을 증가시킬 수 있다. 그렇다면 여러 겹의 노이즈를 추가할 경우 그림은 더욱 명확해져야 한다. 그렇지 않은가? 하지만 보고 있다시피 너무 많은 노이즈는 오히려 이미지를 퇴화시키고 해독 또한 어려워진다.

이는 학습 중에 음악을 듣는 것과도 관련이 깊다.

음악은 뇌 안에서 확률공명의 원천이 될 수 있다. 본질적으로 음악이 당신의 귀로 들어가 뇌의 특정 영역 안에서 어떤 패턴을 촉발할 때, 이 패턴들은 당신의 '집중력 네트워크'를 통해 공명할 수 있다. 따라서 관련 정보에 초점을 맞추고 해석하는 일을 더 쉽게 할 수 있다.

하지만 기억해야 할 중요한 두 가지 유의사항이 있다.

첫째, 사람마다 '문턱'이 다르다는 것이다. 즉 모든 사람에게 효과가 있는 '올바른' 음악적 수준은 없다는 뜻이다. 어떤 사람에게는 완벽한 노이즈의 양이, 어떤 사람에게는 너무 적거나 너무 많을 수 있다. 붐비는 카페에서 공부하는 데 문제가 없는 사람도 있고, 조용한 도서관을 필요로 하는 사람도 있다. 그러니 커다란 헤드폰을 쓰고 공부하는 자녀를 그렇게 걱정스럽게 쳐다볼 일이 아니다. 사람마다 다 다르다!

둘째, 학습할 때 듣는 음악은 확률공명을 일으키는 '백색소음'일 뿐이어야 한다. 학습에 도움을 주는 음악이란, 그것에 집중하지 않을 만큼 예측 가능한 것이어야 한다. 음악이 놀라워지는 순간, 소음은 멈추고 주의를 끌며 학습에서 멀어지게 하는 신호가 되어버린다. 커다란 헤드폰을 쓰고 공부하는 자녀를 걱정스럽게 쳐다보지 말고, 그가 무엇을 듣는지를 주의 깊게 살펴볼 일이다. 그가 전에부터 수백 번씩 들었던 음악을 듣고 있다면, 그건 학습에 도움을 주는 확실한 소음이다. 하지만 재생 플레이어를 셔플로 돌려놓고 3~4분에 한 번씩 예상치 못

한 노래가 그의 귓속으로 흘러들어오고 있다면, 이는 그가 내
일 시험에서 좋은 점수를 얻기가 매우 어려워졌다는 신호를
보내고 있는 것이다.

• 핵심 질문 4: 클래식 음악

"모차르트의 음악을 들으면 더 똑똑해질까?"

답은 '천만에!'다.

4. 전등 스위치를 심어놓아라

당신이 갖고 있는 정보들(회사 이름, 제품 이름, 핵심 콘셉트 등)을 빠르고
쉽게 사람들에게 각인시키는 방법은, 정보들을 중심으로 명확하고
일관된 다양한 상황 요소를 구축하는 것이다. 이는 무슨 뜻인가?

사람들이 당신의 회사 이름에 의식적으로 주의를 기울이지 않아도
자연스럽게 그것을 잘 기억할 수 있게 만들라는 것이다. 당신의 회사
이름을 들으면 거기에 포함된 의미 있는 관련 정보들이 회상될 수 있
도록 만들라는 것이다. 이를 위해 당신은 일관된 로고, 색상, 레이아
웃, 배경음악, 홍보 아나운서의 진행, 각종 팝업 화면 등등을 서로 유
기적인 관계가 있도록 만들어야 한다. 하나를 보면 다른 하나가 자연
스럽게 떠오를 수 있게 만들어야 한다.

그리고 당신이 해야 할 중요한 일은, 당신 회사의 사업 아이디어에
사람들을 참여시키는 것이다. 이는 사람들의 학습과 기억, 회상을 위

한 강력한 단서 역할을 할 것이다.

당신이 알리고 싶은 정보가 10가지라면, 사람들에게 그 10가지를 모두 외울 것을 강요해서는 모든 시도가 실패로 돌아갈 것이다. 하나를 통해 둘을 알게 하고, 둘을 통해 셋을 알게 하라.

당신의 방 안에 보여주고 싶은 것들이 많은가? 가장 좋은 방법은 일일이 설명하는 것이 아니라, 당신의 방을 환하게 비출 수 있는 전등을 탁, 켜주는 것이다. 그 전등 스위치를 사람들의 머릿속에 심어 놓을 줄 아는 사람이 성공한다.

5. 공부할 때는 상태 의존성을 경계하라

사람의 본성은, 언제나 꾸물거리고 미루고 또 미룬다. 시험 전날이 되어서야 더 미룰 수 없다는 사실을 깨닫게 되고, 짧은 시간 내에 극적인 효과를 거둘 수 있는 방법을 무의식적으로 찾게 된다. 카페인, 니코틴, 알코올, 정크 푸드 등등으로 연습 부족을 보완하려고 기를 쓴다.

이 방법으로 효과를 본 사람들도 적잖다. 하지만 그 부작용에 시달리는 사람들도 만만찮다. 이 화학물질들 또한 기억의 일부가 된다는 점을 명심하라. 학습 도중에 섭취한 다양한 화학물질이 빠져나간 후 청결하고 냉정한 상태로 돌아가면 기억력과 학습력이 현저하게 떨어질 수 있다.

물론 나는 당신의 엄마가 아니다. 그러므로 화학물질을 가까이할지의 여부는 당신이 결정할 몫이다. 다만 신경과학자인 나는 이렇게 조언하고 싶다.

공부할 때는 '상태 의존성'을 경계하라.

커피가 없다는 것이 시험 준비를 못하게 되는 이유로 작용하면, 나중에 더 많은 일을 커피가 없으면 못하게 될 확률이 크다. 상태 의존 효과를 보려면 언제나 실제 상황에서 따라할 만한 가치가 있는 것들로 한정해야 한다. 하지만 실전에서 맞닥뜨릴 상황을 미리 알고 있을 경우, 예를 들어 칵테일이 곁들어진 저녁식사 후에 브리핑을 하게 되는 상황이라면, 연습 과정에서 칵테일 한 잔을 실제 마셔보는 것은 유용한 전략이다.

연습하는 장소와 연습하는 동안 느끼는 감정은 뭔가를 배우는 데 필수적인 측면을 형성한다.

- 외부의 환경(물리적·감각적)은 모든 새로운 기억(맥락 의존적 기억)으로 들어간다.
- 내부의 환경(화학적·감정적)은 모든 새로운 기억(상태 의존적 기억)으로 들어간다.
- 일화적 기억은 특정 시간과 장소와 관련이 있다.
- 의미적 기억은 관련 기억들에서 얻은 공통점을 통해 형성된다.

확장 팁

1. 딱 한 번의 연습 기회가 있을 때는 연습과 실제 상황의 맥락을 일치시켜라.

2. 연습 기회가 많을 경우에는 다양한 환경에서 연습하라.

- 대체로 새로운 개념을 '배우는' 데에는 세 번 이상의 노출이나 연습이 필요하다(그래야 의미적 기억을 형성할 수 있다)

- 의미적 기억은 기존의 일화적 기억을 대체하지 않는다.

3. 감각을 활용해 기억력을 강화시켜라

- 음악을 백색소음으로 사용할 경우 주의를 집중시키고 학습을 촉진할 수 있다.
- 하지만 새로운 음악은 신호가 되어 학습에 방해가 될 수 있다.
- 미안하지만 클래식 음악은 기억력이나 지능을 높여주지 않는다.

4. 사람들의 뇌리에 남고 싶다면, 전등 스위치를 심어라.

5. 연습할 때는 상태 의존적 효과의 부작용을 경계하라.

5장

일 잘하는 뇌를 찾아라

: 슈퍼 태스커의 비밀

"키스를 하면서 안전운전을 한다는 것은,
키스를 할 때 기울여야 할 마땅한 주의를
기울이지 않는다는 뜻이다."

_익명의 누군가

간단한 게임으로 이 장을 시작해보자.

필기도구와 타이머가 필요하다.

1라운드

이번 라운드에서 당신의 목표는 10초 안에 두 개의 서로 다른 작업을 완수하는 것이다.

1. 종이 한 장의 중간에 세로로 줄을 그어 두 페이지로 나눈다.
2. 타이머를 10초에 세팅하라.
3. 타이머가 초를 세기 시작하면, 왼쪽 열에는 알파벳을 A부터 L까지 차례대로 써 내려간다. 가능한 한 빨리 쓰는 것이 중요하다.
4. 알파벳을 모두 쓰고 난 후에는 오른쪽 페이지에 1부터 12까지의 숫자를 차례대로 써 내려간다. 다시 말하지만 최대한 빨리 쓰자.

10초 안에 12개의 알파벳과 12개의 숫자를 모두 쓸 수 있는지를
알아보는 게임이다.

그럼, 준비하시고. 시작!

분명 당신은 10초가 다 흐르기 전에 이 두 가지 작업을 성공리에
끝마쳤을 것이다. 만일 실패했다 하더라도 아슬아슬한 한두 개 정도
못 썼을 뿐일 것이다.

자, 그렇다면 이제 다음 게임을 해보자.

이번엔 아주 사소한 것 하나를 바꿔보자.

2라운드

당신의 목표는 1라운드에서와 같이 두 가지 서로 다른 작업을 완
수하는 것이다. 단, 이번엔 각 작업을 번갈아 해볼 것이다.

1. 종이 한 장의 중간에 세로로 줄을 그어 두 페이지로 나눈다.
2. 타이머를 10초로 세팅하라.
3. 타이머가 시작되자마자 왼쪽 페이지에는 A를 쓰고 오른쪽에는
   숫자 1을 쓴다. 다시 왼쪽 페이지에는 B를, 오른쪽에는 숫자 2를
   번갈아가면서 쓴다.

다시 한 번, 10초 안에 12개의 알파벳과 12개의 숫자를 모두 쓸 수

있는지를 알아보자.

그럼, 준비하시고. 시작!

당신이 이 테스트에 참여한 많은 사람들과 비슷하다면, 아마도 10초 동안 1라운드의 3분의 2가량을 완수하는 데 그쳤을 것이다. 더 중요한 것은, 이 작업이 딱히 어려운 것도 아닌데 뭔가 당황스러운 몇 가지 실수를 하는 자신을 발견했을지도 모른다는 것이다. 같은 숫자를 반복해서 썼거나 다음 알파벳을 기억하기 위해 머릿속으로 빠르게 알파벳 송을 불렀을지도 모른다.

왜 그랬을까? 왜 2라운드가 1라운드보다 어려웠을까?

집중력의 필터들

세상은 혼란스러운 곳이다.

'세상은 혼란스러운 곳이다'라는 문장을 쓰는 동안, 나는 카페에 앉아 있다. 주변 테이블에는 수십 명가량의 손님과 쉭쉭거리는 에스프레소 머신 소리, 그리고 채드Chad라고 불리는 남자가 이끄는 방과 후 활동에 대해 떠들썩하게 수다를 떠는 두 명의 여학생이 있다. 이 모든 자극에도 불구하고 많은 사람들이 자신의 일을 무사히 해내고 있다는 게 너무 놀라울 지경이다. 그렇다, 격렬한 혼란으로 둘러싸여 있는 바로 그 순간에도, 우리는 흔들림 없이 우리에게 의미 있는 광경, 소리, 맛, 냄새, 그리고 감정들로 곧장 나아갈 수 있다.

이것이 바로 '집중력'의 힘이다.

집중력이 어떻게 작용하는지를 가장 쉽게 이해할 수 있는 방법은 '필터filter'를 떠올리는 것이다.

3D 안경을 쓰면 특정한 파장의 빛만이 우리의 눈을 자극할 수 있는 것과 마찬가지로, 집중력은 관련 정보만을 의식적으로 전달하고 관련 없는 정보는 차단할 수 있게 한다. 4장에서 배운 바와 같이, 관련 없는 정보들도 분명 우리의 기억(맥락과 상태 의존적 기억)으로 들어가긴 한다. 하지만 그것은 우리가 의도적으로 입력한 것들이 아니다.

이는 다음의 중요한 질문으로 이어진다. '그렇다면 관련성이 있는지, 없는지의 여부는 어떻게 결정되는가?'

이 질문의 답은 우리가 하고 있는 일이 무엇인지에 따라 달라진다. 보드 게임과 마찬가지로, 우리가 하는 모든 일, 가령 이메일을 쓰거나 청구서를 집계하거나 반려견을 산책시키는 일을 '성공적으로' 수행하기 위해서는 어떤 행동이 필요한지를 지시하는 고유한 '규칙'이 있어야 한다. 예를 들어 당신이 지금 눈으로 보고 있는 이 단어들을 성공적으로 읽기 위해서는 독서에 따른 규칙이 적용되어야 한다. 각 행을 왼쪽에서 오른쪽으로 읽고, 문장이 끝날 때까지 각 단어들을 기억 속에 간직하고, 손가락을 사용해 페이지를 넘겨야 한다는 규칙 말이다.

어떤 일을 할 때마다 그에 관련된 규칙들은 '측면 전전두엽 피질lateral prefrontal cortex'이라고 불리는 뇌의 작은 부분에 반드시 탑재되어야 한다. 바로 이 측면 전전두엽 피질에 탑재된 규칙의 집합이 '정보의 관련성 여부'를 결정한다.

예를 들어 당신을 지금 이 문장을 읽는 데 성공시키기 위해, 당신의 측면 전전두엽 피질에 탑재된 독서 규칙 집합은 집중력 필터를 수정한다. 이를 통해 당신이 이 문장을 읽는 데 불필요한 모든 노이즈를 차단한다. 손가락으로 느껴지는 페이지의 질감이나 페이지 번호, 페이지 상하단에 위치한 각종 디자인 요소들, 그리고 이 문장을 읽고 있는 당신을 둘러싼 음악이나 소음들을 모두 차단하고, 지금 읽고 있는 문장의 까만 글씨에만 집중하게 만드는 것이다.

나는 종종 이 모든 과정을 1980년대의 오래된 비디오 게임 시스템에 비유하곤 한다. 비디오 게임(작업)은 고유한 문자열, 제어 및 목표(규칙 집합)를 갖고 있다. 특정 게임을 하고 싶을 때는 언제든 관련 카트리지를 게임 시스템(측면 전전두엽 피질)에 넣어야 한다. 일단 게임이 로딩되면 모니터 화면의 픽셀에는 그 게임의 영웅, 악당, 무기 등이 표시된다(집중력 필터).

후면 주의 네트워크 VS 앞면 주의 네트워크

비디오 게임에 계속 비유해보자.

누가 어떤 순간에 어떤 게임을 할 것인지를 고를 것인가? 1차 선택권은 당신에게 있다. 당신의 뇌에는 '후면 주의(집중력) 네트워크dorsal attention network'라는 시스템이 있다. 이는 뭔가 중요하고 특별하게 여

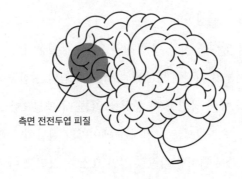

▶ 측면 전전두엽 피질

규칙 집합

측면 전전두엽 피질

집중력 필터

▶ 한 번에 한 가지의 규칙 집합만 사용할 수 있다

152

겨지는 것을 이끄는 네트워크로, 우리가 집중력을 유지해 산만해지지 않도록 한다. 이 시스템을 통해 당신의 개인적 목표, 욕망과 의도가 관련 규칙들을 선택하는 데 사용된다. 지금 당신이 이 단어들을 읽기로 선택한 것을 위해 당신의 후면 주의 네트워크는 당신의 독서 규칙에 접근해 당신의 선택을 측면 전전두엽 피질에 입력하고, 당신의 집중력 필터를 그에 적합하게 설정한 것이다.

하지만 만약 화가 난 곰이 으르렁거리며 갑자기 책을 읽고 있는 당신을 향해 달려오고 있다고 상상해보라. 당신의 집중력 필터는 책을 읽겠다는 당신의 목표와 무관한 그 곰을 당연히 차단해야 하고, 당신 또한 곰을 의식할 수 없어야 한다. 하지만 이런 일은 절대 일어날 수 없다. 곰이 갑자기 나타나면 이 책이 바닥에 떨어지기도 전에 문 밖으로 줄행랑을 놓아야 한다. 이는 다시 말해, 뇌 어딘가에 '2차 선택' 지점이 존재한다는 것을 의미한다.

그리고 당연히 그러하다.

어떤 상황의 배경으로 흙탕물 소용돌이 같은 혼란들이 사라지는 것은 '앞면 주의(집중력) 네트워크ventral attention network'라고 불리는 시스템 때문이다. 앞면 주의 네트워크는 당신의 집중력 필터가 무관하다고 간주하는 모든 정보를 지속적으로, 그리고 무의적으로 감시한다. 아울러 이 네트워크는 무엇인가 새롭고 독창적인 행동과 관련이 있을 때 작동한다. 맹렬하게 달려드는 곰처럼 충격적이거나 예상하지 못한 일이 발생하면, 이 2차 시스템이 자동으로 시작된다. 새로운 규칙 집합('곰으로부터 탈출' 규칙 집합)이 장전되고 그에 따라 집중력 필터가 적절하게 변경된다.

이 서로 다른 '후면 주의'와 '앞면 주의' 네트워크가 작동하는 방식을 이해하는 쉬운 예가 있다. 두 개의 핸들을 가진 자동차 면허 연습 차량을 떠올려보라. 그 차는 대부분의 시간 동안 특정한 규칙들을 통해 차를 움직이고 회전시키는 작업에 온통 집중하고 있는 교습생(후면 주의 네트워크)에 의해 제어되고 있다. 그리고 그 옆에 조용히 앉아 있는 조금도 방심하지 않는 운전 강사(앞면 주의 네트워크)가 끊임없이 주변을 의식하고 위험한 일이 생기면 즉각 통제할 수 있다.

이것이 곧 집중력을 유지하면서 위험을 통제하는 우리 뇌의 작동 방식이다.

멀티태스킹은 환상이다, 작업 전환이다

말하는 것을 들으면서 이와 동시에 읽기를 시도하면 병목현상을 불러온다는 것을 배운 1장을 다시 기억해보자. 측면 전전두엽 피질도 동일한 문제를 안고 있다. 한 번에 하나의 규칙 집합만 유지할 수 있다.

다시 말해, 우리는 '멀티태스킹multitasking'을 할 수 없다.

잠깐만. 이메일을 쓰는 동안 인터넷 검색을 하는 것, 회의 중간에 몰래 문자 메시지를 보내거나 읽는 것, 페이스북 상태를 업데이트하는 것… 이건 멀티태스킹이 아니란 말인가?

놀랍게도, 멀티태스킹이 아니다.

우리는 종종 우리가 멀티태스킹을 한다고 생각하지만, 결코 동시

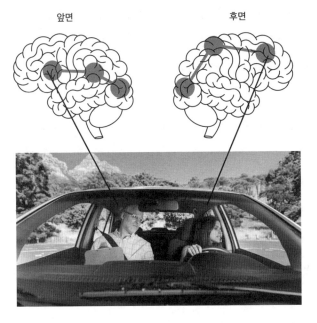

앞면　　　　　　　　후면

▸ 앞면, 그리고 후면 주의 네트워크

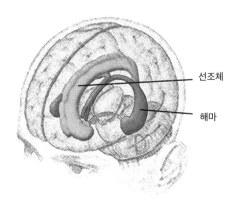

선조체

해마

▸ **선조체**

에 여러 가지 일을 수행하는 게 아니다. 오히려 우리는 우리가 뭔가를 할 때마다 측면 전두엽 피질 내에서 규칙 집합을 교환하면서, 작업들 사이를 빠르게 왔다 갔다 할 뿐이다.

뇌과학 연구자들은 이를 '작업 전환task-switching'이라고 부른다. 마치 한 텔레비전 내에서 채널을 이리저리 돌리며 몇 개의 프로그램을 보는 것이라고 생각하면 이해가 쉽다. 당신은 채널 사이를 전 세계에서 가장 빨리 왔다 갔다 할 수 있을지도 모르지만, 한 번에 한 개의 프로그램만 볼 수 있을 뿐이다.

그렇다면 이것이 왜 중요한 것일까? 작업과 작업 사이를 뛰어다니는 것은 다음 3가지의 중요한 결과를 가져오기 때문이다.

치러야 할 대가 1: 시간

작업 전환은 즉시 일어나는(동시에 일어나는) 과정이 아니다. 우리가 한 작업에서 다른 작업으로 이동할 때는 필터가 업데이트를 위해 우리의 '집중'을 잠시 꺼두는 짧은 틈이 있다. 연구자들은 이 틈을 '주의 과실attentional blink'이라고 부른다. 감각의 '사망 구간'으로 여겨지는 이 주의 과실이란 외부 정보의 처리과정이 잠깐 의식적으로 멈춰버리는 것을 뜻한다.

주의 과실에 걸리는 시간은 비교적 짧다(0.1~0.2초). 하지만 작업을 전환할 때마다 이런 현상이 명백하게 발생한다. 따라서 작업 전환의 수가 증가하면 그만큼 우리가 감각의 사망 구간에서 보내는 시간도 증가한다. 앞에서 해봤던 알파벳과 숫자를 10초 동안 쓰는 게임으로 돌아가보자. 2라운드(다중작업) 때보다 1라운드(단일 작업)에서 더 성과가 좋았던 이유가 바로 여기에 있다.

치러야 할 대가 2: 정확도

작업 전환은 매끄러운 프로세스가 아니다. 우리가 한 작업에서 다른 작업으로 넘어갈 때 두 규칙 집합이 혼합되는 짧은 기간이 발생한다. 연구자들은 이를 '심리적 불응기psychological refractory period'라고 부른다. 이 기간 동안 일반적인 작업 수행은 어려움을 겪는다.

누군가와 대화를 나누면서 이메일을 쓰다가 상대에게 건네야 할 단어를 이메일에 타이핑한 적은 없는가? 아침에 출근 준비를 서두르다가 실수로 우유가 아니라 커피를 시리얼 그릇에 부어버린 적은? 우리가 앞에서 해봤던 알파벳과 숫자를 쓰는 게임에서 실수로 잘못된 순서로 써내려간 적은?

이것들이 바로 심리적 불응기에 발생하는 일이다.

치러야 할 대가 3: 기억력

이쯤 왔으면 이제 '기억'이라는 단어를 읽을 때마다 즉시 떠오르는 뇌 영역이 하나 있어야 한다. 바로 '해마'다. 흥미롭게도 작업을 전환하는 동안 해마 내의 활동은 감소한다. 즉 다중작업을 시도하면 기억 형성에 손상을 입는다는 뜻이다.

설상가상으로 작업 전환 중에는 '선조체striatum' 내의 활동이 증가한다. 선조체는 순간적으로 무의식적인 반응을 보이는 반복적 기술

(걷기 등)을 처리하는 뇌의 영역이다. 다시 말해 다중작업 중에 습득한 정보와 지식은 '습관적인 루틴routine'으로 저장되는 경우가 많다는 것을 의미한다. 나아가 시간이 흐른 후 이 정보와 지식에 의식적으로 접근하고 처리하는 데 엄청난 어려움을 겪는다(당신이 걸을 때 사용되는 근육의 움직임을 정확히 묘사해보라. 정말 쉽지 않다).

작업 전환의 두려운 실체

갑자기 당신이 운전하고 있는 차 앞으로 사슴 한 마리가 뛰어들었다고 상상해보라. 반응하는 데 얼마나 걸릴까? 운전에만 집중하고 있었다면, 사슴을 알아보고 브레이크를 꾹 눌러 밟는 데 1초 정도가 걸렸을 것이다.

흥미로운 사실이 있다. 만일 당신이 술에 취했다면 이 반응 속도는 약 1.15초 정도로 느려질 것이다. 알코올은 감각 작용을 저하시키고, 외부를 인식해 반응하는 속도를 늦춘다. 미국에서는 알코올에 관련된 자동차 사고가 매년 27만 5,000건 정도 발생한다. 이는 2분당 한 건 꼴이다.

여기 무서운 사실이 있다. 운전 중 문자 메시지를 읽거나 쓰고 있다면 브레이크를 밟는 데 1.3초 정도 걸릴 것이다. 스마트폰과 운전 사이를 왔다 갔다 할 때마다 관련 규칙 집합을 바꿔야 한다. 이 과정은 알코올에 의한 반사 지연보다 두 배가 더 오래 걸리고, 운전자가 스마트폰을 보는 행위는 매년 미국에서 160만 건의 자동차 사고를 일으킬 수 있는 것으로 추산된다. 20초마다 한 번씩 사고가 일어날 가능성이 있다는 것이다.

연습은 뛰어난 멀티태스커를 만들어내지 못한다

당신의 멀티태스킹 능력을 점수로 환산해보라. 0점(매우 못함)에서 10점(굉장히 뛰어남) 사이에서 몇 점인가?

믿기 힘들겠지만, 스스로를 뛰어난 멀티태스커라고 생각할수록 실제 작업 처리 능력은 매우 떨어진다. 연구자들은 탁월한 멀티태스커라고 자부하는 사람들이 사실은 작업 사이를 넘나들 때마다 그 수행능력이 굉장히 떨어진다는 악평에 시달리는 인물들임을 끊임없이 발견해낸다.

'연습이 완벽을 만든다'는 격언은 멀티태스킹과는 거리가 한참이나 멀다. 멀티태스킹을 즐겨 하는 사람들은 거의 항상 단일 작업을 하는 사람들보다 작업 전환 중에 더 나쁜 성과를 낸다. 게다가 빈번한 멀티태스킹은 작업 전환 능력에 대한 사람들의 자신감을 강화시킨다. 이는 더 많은 멀티태스킹으로 이어지고, 더 높은 자신감을 얻게 되고… 그럼 다시 더 많은 멀티태스킹으로 이어지고…

객관적으로 말해보자. 만일 당신이 두 가지 특정한 작업(이메일 쓰기와 문자 메시지 보내기)을 하는 데 꾸준히 연습 시간을 할애하면, 작업의 전환 속도는 분명 향상된다. 이것이 모든 다중작업 전환에 적용되는 것은 절대 아니다. 아울러 전환 속도가 빨라진다는 것이 '멀티태스킹 능력'을 향상시킨다는 것은 결코 의미하지 않는다. 이메일과 문자 메시지 사이를 왔다 갔다 하는 능력의 향상은 습관적인 루틴을 저장하는 선조체 때문일 것이 거의 확실하다. 문자 메시지를 보내는 동시에 이메일을 쓰는 것을 누구보다 빠르게 할 수는 있다(이 성취가 어떤 가치가 있는지는 모르겠지만). 하지만 이 성취가 뛰어난 멀티태스커가 되는 데는 아무런 도움을 주지 않는다.

슈퍼태스커의 길

작은 경고 하나만 하고 시작한다.

다음 내용을 읽고 '저게 바로 나야!'라고 스스로 생각할 수도 있다. 사실은, 이 책을 읽는 100명당 한 명만이 들어맞을 것이다. 이런 관점에서 보자면 대부분의 사람들이 귓바퀴 뒤쪽으로 고대 물고기 조상이 남긴 아가미의 잔해라고 여겨지는 작은 구멍을 갖고 있어야 한다(외이도 입구에 있는 '이루공' 말이다). 또한 대부분의 사람들이 머리 뒤쪽으로 뚜렷한 쌍가마가 있어야 한다. 게다가 대부분의 사람들이 엄지손가락을 뒤로 완전히 구부렸을 때 손목에 닿을 수 있어야 한다.

무슨 얘기냐고? '슈퍼태스커? 저게 바로 나야!'라고 말하려면 이 정도의 확률을 뚫어야 한다는 것이다. 그냥 그렇다는 얘기다.

2010년에 있었던 멀티태스킹에 관한 한 연구를 살펴보자.

피실험자들은 운전 시뮬레이션을 수행하는 동안 단어 목록을 외우고, 순전히 머리로만 수학 문제들을 풀 것을 요청받았다. 200명의 참가자 중 대다수가 예상대로 끔찍한 결과를 보였다. 그들의 운전 시뮬레이션에 대한 반응 속도는 거의 20퍼센트나 느려졌다. 그리고 그들의 암기력과 수학 문제 풀이 능력은 각각 30퍼센트와 10퍼센트 정도 떨어졌다.

그런데 흥미롭게도 5명은 예외였다. 그들은 어떤 변화도 보여주지 않았다! 그들은 반응 속도가 느려지지 않았고, 암기와 수학 문제를 푸는 능력도 저하되지 않았다. 마치 전혀 멀티태스팅을 하고 있는 것 같지 않았다.

그후 펼쳐진 연구들을 통해 이른바 '슈퍼태스커supertasker'라고 불리는 소수의 사람들이 존재한다는 사실이 밝혀졌다.

물론 보통 사람들처럼 슈퍼태스커들 또한 한 번에 두 가지 일을 하는 것은 불가능하다. 하지만 그들은 믿을 수 없을 정도로 빠르게 규칙 집합을 전환시킬 수 있었다. 이 능력은 그들의 주의 과실 시간을 단축시켰고, 어떤 규칙 집합이 겹치는지 빨리 인식할 수 있게 해주었다. 그리고 마침내 심리적 불응기 또한 극복해냈다.

앞에서 말한 바와 같이 슈퍼태스커들은 엄지손가락을 뒤로 구부려 손목에 닿는 사람들 만큼이나 드물다. 이 책을 쓴 나 또한 슈퍼태스커가 되는 것에 대한 희망을 갖고 있지 않다. 하지만 궁금하면 구글google에서 '슈퍼태스커 테스트'를 검색하면 된다.

테스트 결과, 비록 당신이 나와 같은 보통 사람임이 밝혀지더라도, 이 테스트들은 멀티태스킹이 얼마나 어렵고 해로운지 증명하는 데 도움이 될 것이다.

1. 멀티태스킹에 초대하지 마라

간단하다.

만일 당신이 효과와 효율은 높이고, 노력은 줄이는 데 관심이 있다면 상대를 멀티태스킹으로 이끌지 마라. 발표나 브리핑이나 설명을 하는 동안 웹사이트 주소를 언급하거나, 퀴즈를 내거나, 함께 문제를 풀거나, 복잡한 그래프를 제시하지 마라.

아는가? 우리는 별 생각 없이 이해력, 기억력, 실행력을 저해하는 멀티태스킹을 사람들에게 권장한다는 사실을? 이를 피하려면 상대에게 명확한 초점과 단계적인 목표 설정, 참여와 완성을 이루어나갈 시간적 여유를 반드시 보장해야 한다.

가장 간단한 방법은 발표나 브리핑을 하기 전에 사람들에게 잠시 스마트폰을 꺼둘 것을 정중하게 요청하는 것이다. 설명이 끝날 때까지 노트북 화면을 잠시 덮어달라고 말하는 것이다. 이런 요청을 불쾌하게 여길 사람들은 거의 없다. 요청을 들어주는 데 큰 수고가 필요한 것도 아니다. 따라서 대부분 들어줄 것이다. 가벼운 요청처럼 보이지만, 일단 받아들여지면, 상대를 당신에게 더 집중시킬 수 있다.

요청을 하지 않았을 때와 비교하면 큰 소득을 얻게 된다.

물론 몇몇은 불평을 드러낼 수도 있다. 하지만 그들 또한 실제로 발표가 더 빨리 끝나고, 자신들이 더 집중력을 발휘해 당신의 정보와 지식을 좀 더 많이 얻어내고 있다는 것을 깨닫게 될 것이다. 그들은 당신을 더 오랫동안 기억할 것이다.

• 핵심 질문 1: 걸으면서 말하기
"여러 일을 동시에 하는 것이 불가능하다면, 왜 나는 걸으면서 동시에 껌을 씹을 수 있을까요?"

인정!

사실은, 우리는 매일 여러 가지 일을 한다. 식사를 하면서 대화를 한다. 샤워를 하면서 노래를 부른다. 조깅을 하면서 작업 프로젝트를 머릿속으로 검토한다.

흥미롭게도 이러한 예들을 자세히 살펴보면, 각각은 선조체에서 매개하는 습관적인 일상을 포함하고 있다. 먹고 샤워를 하고 조깅하는 기술을 당신은 아마도 자동 조종장치 같은 것을 활용해 마스터했을 것이다. 이는 우리가 두 가지 일을 동시에 수행할 수 있는 경우는 둘 중 하나가 자동적이고 무조건적인 수행이 가능한 일일 때임을 의미한다.

하지만 우리는 모두, 식사 중에 대화에 빠져 종종 밥 먹는 것을 잊은 적 있지 않은가? 너무나 좋아하는 노래를 부르다가 머리에 샴푸를 다시 칠한 적도 있지 않은가? 조깅을 하다가 프로젝트 생각에 너무 골몰해 발을 헛디딘 적은?

그렇다. 두 가지 일 중 하나가 일상의 습관이라 할지라도, 효과적인 다중작업을 언제나 보장하지는 않는다. 두 가지 일 중 하나가 일상의 습관이라 할지라도 규칙 집합과 집중력 필터, 그리고 목표는 여전히 뒤섞일 수밖에 없고, 이는 반응 속도와 실행력과 기억력에 손상을 불러올 수 있다. 더욱이 일정한 나이를 넘어서면, 걷기나 말하기 등과 같은 자동적인 작업도 서로 간섭하기 시작할 수 있다(이 때문에 나이가 들수록 대화를 할 때 걷기보다 제 자리에 서 있기를 선호하게 되는 것이다).

껌을 씹으면서 걷는 것은 확실히 가능하다. 하지만 이것이 멀티태스킹에 대한 연구 결과들에 반론이 될 수는 없다.

• 핵심 질문 2: 성별 간의 전쟁-파트 1
"멀티태스킹은 여자가 남자보다 낫다… 맞나?"

이 질문에 대한 답을 탐구했던 연구들이 꽤 많이 있다. 하지만 그 결과는 그만큼이나 매우 다양하다. 때로는 여자들이 더 잘하고, 때로는 남자들이 더 잘한다. 때로는 전혀 차이가 없다.

이렇게 혼란스러울 때마다 연구자들이 내놓는 답이 있다.

성별이 아니라, '개인의 차이다.' 남자가 여자보다 더 나은 멀티태스커일 가능성은 거의 없다. 그 반대도 마찬가지다.

또한 우리는 주의해야 한다. 지금 우리가 검토하고 있는 '낫다'라는 단어는 '덜 나쁘다'의 의미다. 멀티태스킹 자체가 나쁜 것이니까 말이다. 아주 희귀한 슈퍼태스커를 제외하고는 모두가 고통을 겪는다.

• 핵심 질문 3: 갑자기 깜깜이가 될 때
"종종 방에 들어서면서, 내가 왜 이 방에 들어오려고 했는지 까먹을 때가 있다. 대체 왜 이러는 것일까?"

앞에서 배운 바와 같이, 앞면 주의 네트워크는 위협을 인식할 때마다 자동으로 현재의 규칙 집합을 삭제한다. 그러면 해마를 거친 정보들은 모두 효과적으로 지워지게 된다. 마치 이 책에서 한 페이지를 넘길 때마다 마지막으로 읽은 문장을 잊어버리는 것과 같다. 연구자들은 이 순간을 '사건 제거event-model purge'라고 부른다. 흔히 말하는 '머릿속이 순간 텅 비어버린다'는 뜻이다.

잠깐만. 배고픈 곰이 다가오는 경우라면 '사건 제거'가 이해가 된다(갑자기 목숨이 위태로운데, 당신이 무슨 생각을 하고 있었는지 대체 누가 신경 쓰겠는가?). 하지만 방 사이를 걸어다닐 때는 왜 그런 일이 일어나는 것일까?

알고 보면, 우리의 '앞면 주의 네트워크'는 때때로 출입구를 위협으로 해석한다. 물론 어떤 연구자도 왜 이런 일이 일어나는지 확신하지 못한다. 하지만 어쨌든 문이 우리 눈앞을 빠르게 지나가면 어떤 위험이 감지되고, 규칙 집합이 재설정되고, 방금 전까지 우리가 곰곰이 생각하고 있던 정보들이 지워진다. 이를 '출입구 효과doorway effect'라고 부른다. 냉장고를 열었을 때 냉장고 문이 재빨리 눈앞을 지나가면서, 우리는 갑자기 어떤 음식을 꺼내려고 했는지 까먹을 때가 있다. 출입구 효과 때문이다.

우리가 기존의 공간으로 돌아가거나 냉장고 문을 닫고 나면, 우리의 뇌는 생각의 흐름을 다시 복원시키고 맥락과 상황에 대한 단서를 다시 사용한다. 그리고 애초에 생각했던 의도가 다시 떠오른다.

2. 목표를 마지막 단계에 두지 마라

장기적이고 복잡한 과제에 직면하면 사람들은 습관적으로 목표를 마지막 단계로 설정한다. 하지만 단 하나의 목표를 미래 저 멀리에 두면 어떤 일이 일어날까? 연구자들에 따르면 마지막 단계에 목표를 둔 사람은 멀티태스킹 경향이 뚜렷해진다. 결국 프로젝트 완성이 지연된다. 성과가 감소되고, 이는 그들이 보유한 기술과 능력에 대한 자신감 저하로 이어진다.

큰 프로젝트일수록 작은 목표를 세우고 단계를 잘게 쪼개라. 그러면 각각의 단계를 효과적으로 완성할 가능성이 더 높아진다. 더 작은 목표를 설정하면 단순히 멀티태스킹의 함정에서 벗어나는 차원을 넘어 프로젝트 완성일을 앞당기고, 성과를 개선하고, 자신감을 높이고, 배움을 더 심화시킨다는 연구 결과들이 속속 나타나고 있다.

그런데 작은 목표를 설정할 때 반드시 고려해야 할 한 가지가 있다. '어려움'이다. 설정한 목표가 작지만 너무 까다로우면(예를 들어 한 시간에 1,000개 단어 쓰기 등) 무기력해지고 쉽게 포기하고 만다. 반대로 목표가 너무 쉽고 그다지 노력이 요구되지 않는다면(한 시간에 10개 단어 쓰기 등), 목표는 무의미해지고 창조성이나 혁신성, 업무의 성과는 지워진다.

커다란 프로젝트를 작은 조각으로 나눌 때 언제나 마음에 새겨야 할 원칙이 있다.

'너무 어렵지도, 너무 쉽지도 않은 목표를 세울 것.'

구체적인 목표와 소요 시간 사이의 적당한 분배가 가장 중요하다.

3. 왜 컴퓨터로 일하는가?

생각해보라.

당신은 왜 컴퓨터로 일하는가? 이에 대해 진지하게 고민해본 적 있는가? 아마도 없을 것이다. 대부분의 사람들도 당신과 같다. 아침에 출근해 컴퓨터를 켜 퇴근할 때까지 사용한다. 여기에 무슨 이유가 있냐고 물으면, 백이면 백 모두 질문자를 이상한 눈으로 쳐다볼 것이다. 그렇다, 우리는 아무 까닭도 없이 컴퓨터를 사용한다.

거의 모든 학생이 노트북을 사용하고, 모든 수업은 온라인을 통해 재생되고, 인터넷 게시판보다 더 활발한 토론은 일어나지 않는다. 마치 컴퓨터라는 신이 우리를 구원해줄 것으로 맹신하는 신도들로 세상이 꽉 차 있음에도, 모두가 아무렇지 않아 하는 것처럼 보인다.

컴퓨터는 학습에 최적한 도구인가? 컴퓨터를 활용한 기술은 배움을 심화시키는가?

안타깝게도 그렇지 않다.

뭔가를 배울 때 컴퓨터를 비롯한 디지털 기술을 더 자주 이용하는 사람들은 그렇지 않은 사람들보다 기억력이 떨어지는 경향을 갖고 있다. 이유는 간단하다.

기술이 멀티태스킹을 낳기 때문이다.

스마트폰은 수십 개의 애플리케이션을 동시에 실행시킬 수 있게 한다. 노트북은 한 화면에 여러 개의 창을 표시하게 한다. 트위터는 여러 사람과 동시에 커뮤니케이션을 할 수 있게 한다.

만일 당신이 다른 사람들이 배우는 것을 돕기 위해 기술을 사용하기로 선택했다면, 사람들이 눈앞의 과제에 완전히 집중할 수 있도록 모든 배경 프로그램이 꺼져 있는지 반드시 확인하라.

기술은 아주 필수적인 경우에만 채택하라. 컴퓨터가 아닌 뭔가 다른 물리적 도구들을 통해 타인의 학습에 도움을 줄 수 있다면, 그렇게 하라! 컴퓨터가 없는 빈자리를 허전해하는 사람들을 위해 다양한 도구를 쓸 수 있다면, 그렇게 하라!

불필요한 기술은 버릴수록 이득이 커진다. 이는 멀티태스킹에 대한 유혹을 없애준다. 집중력과 학습력을 획기적으로 상승시킬 수 있음을 잊지 마라.

하지만 학습이 궁극적인 목표가 아니라면, 얘기는 좀 달라진다. 학습보다는 참여와 즐거움을 높이는 일을 해야 할 때는 기술이 뛰어난 도움을 줄 것이다.

디지털 기술의 사용을 숙고할 때는 다음 질문을 참고하라.

'사람들이 신이 나서 참여하기 시작하면 좋을 일은 무엇인가?'

하나 더 있다.

'신나게 참여한 사람들이 새로운 아이디어들을 구현해내는 데 컴퓨터가 도움을 주는가?'

그렇지 않다면 버려라.

• 핵심 질문 4: 미디어 멀티태스킹
"텔레비전을 틀어놓고 공부하는 게 효과적일까?"

짐작건대 이미 답을 알고 있으리라 믿는다.

60퍼센트 이상의 사람들이 공부하는 동안 미디어 장치들을 켜놓는다고 추정된다. 하지만 공부를 하면서 텔레비전을 시청하거나 인터넷을 서핑하거나 문자 메시지를 보내는 것은 모두 전환이 필요한 작업이다. 학습과 기억력에 부정적인 영향을 줄 수 있는 멀티태스킹의 일종이다.

특히 혼자가 아니라 그룹이나 집단적 환경에 있을 때는 이 같은 미디어 장치 사용이 당사자의 학습뿐 아니라 그 사람의 근처에 있는 모든 사람의 학습을 방해한다. 즉 미디어 멀티태스킹은 그것이 영향을 줄 수 있는 반경 내의 누구에게나 고통을 안겨준다.

여기 흥미로운 게 있다. 모든 텔레비전 프로그램이 시청자들에게 프로그램을 보고 있는 동안 제작진에게 이벤트 삼아 트위터나 이메일로 메시지를 보내줄 것을 장려한다고 생각해보자. 그러면 시청자들은 친구나 지인들에게 이 사실을 알리며 너도나도 참여하고, 시청률이 상승한다. 반면에 거기에 신경을 쓰느라 프로그램 자체에 대한 기억력은 감소한다. 무슨 말이냐고? 기억력 감소는 그 프로그램의 다음 편을 시청하고자 하는 의지를 꺾어놓는다는 뜻이다.

4. 몇 가지는 전달될 것이라는 착각

이 부분은 2장의 그래프와 표에 관해 우리가 살펴본 내용과 중첩되므로 조금 짧게 다루겠다. 프레젠테이션을 성공적으로 끝내고 싶다면 당신은 '한 번에 하나'라는 생각을 철저하게 갖고 있어야 한다. 한 번에 여러 개의 생각이나 개념, 견해, 아이디어를 보여주려고 하면 사람들은 당신이 전하고 싶은 10가지 중 두세 가지쯤 얻을 수 있는 게 아니라, 10가지 모두의 주요 정보를 잃고 만다. 그러니 많이 전하면 그 중 몇 개는 전달될 것이라는 환상을 버려라. 그냥 단순하게 하라. 한 번에 하나의 메시지를 전달하라. 그게 어려울 경우에는 3장에서 살펴본 봐와 같이 '신호 전달'을 활용하라. 어떤 경우에도 멀티태스킹의 길로 들어서지 마라.

5. 미완성된 채로 남겨두지 마라

연구자들은 알고 있다. 인간은 풀리지 않는 퍼즐을 끔찍하게 싫어한다는 것을. 우리의 뇌가 '예측 기계'이기 때문이다. 그리하여 풀리지 않는 불완전한 퍼즐은 반드시 수정되어야 하는 '실패'의 상징으로 우리의 뇌가 간주하기 때문이다.

커뮤니케이션에서도 이는 매우 중요한 시사점을 준다. 발표나 대화를 할 때 어떤 생각이나 주제에 대해 뭔가 마무리가 안 된 것 같은 느낌을 주어서는 안 된다. 당신이 설명해야 할 것이 10가지라면, 그 하나하나에 대해 명쾌한 결론을 내리고 다음으로 넘어가라. 질문이나 생각의 여지를 남기고 넘어가면, 사람들은 발표를 들으면서도 그 미완성된 곳에 신경을 쓰게 된다(풀지 못한 퍼즐을 싫어하니까). 열띤 대화를 이어가다가 어느 순간 옆길로 샐 때가 많다. 그러면 상대는 당신이 인도한 옆길에서 기꺼이 헤매게 된다. 하나를 끝내지 못한 채 다른 하나로 넘어가는 건 상대에게 멀티태스킹을 요구하는 것과 같다. 따라서 중요한 발표나 브리핑을 할 때 가장 고려해야 할 것은 '명쾌하고 분명한 결론'이다. 엔딩을 상대에게 맡기거나 열린 결말을 의도하지 마라.

유인물이나 자료를 제공할 때도 마찬가지다. 답이 완성되지 않은 질문을 제공하면 사람들은 즉시 답안을 채우려고 할 것이다. 그러면 주요 정보를 놓치고 학습에 지장을 줄 수 있다. 따라서 질문이나 퀴즈가 제시된 자료는 그것을 배포하는 데 최적한 타이밍이 도래할 때까지 꽉 움켜쥐고 있어라.

▸ 절대, 멀티태스킹의 여지를 주지 말 것!

인간은 멀티태스킹을 할 수 없다. 다중작업은 학습력과 기억력을 손상시킨다.

- 우리는 한 번에 하나의 규칙만을 고수할 수 있다. 이 규칙 집합이 우리의 집중력 필터가 입장을 허용한 지식과 정보를 규정한다.

- 우리는 어떤 규칙 집합을 활성화할 것인지를 선택할 수 있다. 하지만 갑작스러운 위협이나 충격적인 상황이 닥치면 우리의 뇌가 자동으로 다른 규칙 집합을 활성화시킬 수 있다.

- 우리는 멀티태스커가 아니다. 빠르게 작업 사이를 왔다 갔다 전환할 뿐이다. 작업 전환에는 시간이 걸리고, 정확도는 떨어지며, 기억을 '무의식'의 네트워크로 밀어넣는다.

- 물론 슈퍼태스커는 아주 드물지만 존재한다. 하지만 거의 모든 사람에게 멀티태스팅은 이루어지지 않는 꿈에 불과하다.

확장 팁

1. 멀티태스킹에 초대하지 마라.

- 습관적이고 자동적인 일인 경우에는 동시에 두 가지 과제를 수

행할 수 있다.

- 멀티태스킹에서는 여성이 남성보다 낫지 않다. 그 반대도 마찬
  가지다.

- 위협이 감지되면 사람들은 갑자기 머릿속이 하얘지는 경험을
  하게 된다.

2. 장기적이고 복잡한 일은 작은 조각으로 쪼개라.

3. 컴퓨터가 정말 필수인지 확인하라. 텔레비전 시청, 인터넷 서핑,
문자 메시지 수발신은 학습력과 기억력에 지장을 불러온다.

4. 한 번에 하나씩만 전달하라.

5. 미완성을 남겨놓지 마라.

6장

청크를 만들고
인터리빙하라

"모험이 위험하다고 생각해 틀에 박힌 일상만 산다면,

그야말로 치명적인 결과를 불러올 것이다."

_파울로 코엘료Paulo Coelho,《연금술사》의 작가

당신이 큰 시합을 앞두고 훈련 중인 테니스 선수라고 상상해보라.

훈련의 목표는 포핸드, 백핸드, 그리고 발리 샷을 자유롭게 구사하는 것이다. 문제는 한 시간만 연습 코트를 사용할 수 있고, 총 90개의 공만 상대할 수 있다는 것이다.

그렇다면 다음 중 다가오는 시합을 가장 잘 대비할 수 있게 하는 방법은 무엇인가?

> 옵션 A: 30개의 포핸드, 그런 다음 30개의 백핸드, 그런 다음
  30개의 발리
> 옵션 B: 10개의 포핸드/10개의 백핸드/10개의 발리, 그런 다음
  10개의 백핸드/10개의 발리/10개의 포핸드, 그런 다음 10개의
  발리/10개의 포핸드/10개의 백핸드

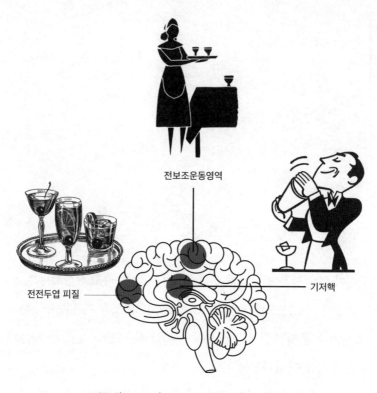

전보조운동영역

전전두엽 피질

기저핵

▶ 접근자(accessor), 그리고 순서정리자(sequencer)

두 가지 옵션 모두 각각의 샷을 30개씩 포함한다. 따라서 두 가지 옵션이 동일하다고 직관적으로 생각할 수 있다.

그런데 알고 보니, 이는 전혀 그렇지 않았다. 연구자들은 이 옵션들 중 오직 하나만이 실제 시합 중에 강한 퍼포먼스를 이끌어낸다는 사실을 밝혀냈다.

A일까, B일까? 그리고 그 이유는 무엇일까?

접근자, 순서정리자를 만나다

우리가 실행하는 거의 모든 동작은 잘 조직된 더 작은 '구성 동작들 component action'의 연속으로 이루어져 있다. 예를 들어 신발끈을 묶는 데 필요한 동작들을 생각해보라. 먼저 각 끈을 잡고, 그런 다음 오른쪽 끈을 왼쪽 끈 아래로 끼워 넣고, 그다음 팽팽하게 당기고… 기타 등등.

뇌의 내부에서 구성 동작들은 '기저핵basal nucleus'이라고 불리는 네트워크를 통해 개별적으로 접근된 후, 실행되기 위해 '전전두엽 피질prefrontal cortex'로 전송된다. 안타깝게도 기저핵은 뇌의 가장 잘 조직된 영역은 아니다. 기저핵은 동작들이 실행되도록 보낼 때 보통 완전히 무작위적인 순서로 보낸다. 따라서 어떤 동작이 성공적으로 실행되려면, 먼저 구성 동작들을 알맞은 순서로 정리해야 한다(오른쪽 끈을 왼쪽 아래에 끼워 넣기 전에 끈을 팽팽하게 당기는 것은 의미가 없다). 이러한 순서 정리는 주로 '전보조운동영역presupplementary motor area, pre-SMA'이 담당한다.

이 과정을 명쾌하게 보여주는 예로 붐비는 술집에서의 일처리 과정을 들 수 있다. 주문이 쇄도하면 바텐더(기저핵)는 빠르게 각각의 칵테일을 만들어야 한다. 각각의 칵테일이 완성되면, 바텐더는 그것을 배분하기 위해 트레이(전전두엽 피질)에 올린다. 보통 이 칵테일들은 트레이에 무작위로 놓여진다. 그러면 서버(전보조운동영역)가 등장해 각 칵테일이 주문한 손님에게 정확한 순서대로 갈 수 있게 한다.

알아차렸는지 모르겠지만 이 과정에 약간의 문제가 있다. 우리를 성가시게 쫓아다니는 '병목현상'이다. 서빙용 트레이에 올려질 수 있는 칵테일의 개수에는 한계가 있다. 바텐더가 얼마나 빠른 속도로 칵테일을 만들어내는지와 관계없이, 서빙용 트레이는 언제나 일정한 양만 내보낼 수 있다. 바텐더는 서버가 한 차례 주문을 고객에게 배달한 후 빈 트레이로 다시 돌아올 때까지 기다려야 한다.

이 병목현상이 우리의 뇌 내부에 존재한다. 서빙용 트레이와 마찬가지로, 전전두엽피질이 한 번에 보유할 수 있는 정보의 양에는 한계가 있다. 이 사실을 직접 체험해보고 싶다면, 다음 13개의 알파벳 문자를 10초 내에 적힌 순서대로 외울 수 있는지를 살펴보라.

F P Q C V O I Y M R F S A

내 아버지는 늘 이렇게 말씀하시곤 했다. "흠, 이건 10킬로그램의 흙을 5킬로그램을 담을 수 있는 가방에 눌러 넣는 꼴이지."

이 말씀은 정확히 여기에도 적용된다.

기저핵은 수십 개의 구성 동작들에 믿을 수 없을 정도로 빠르게 접근할 수 있다. 하지만 전전두엽 피질은 이것들을 한 번에 모두 보유할 수가 없다. 따라서 기저핵은 동작들을 일괄적으로 처리할 수 있을 만한 더 작은 묶음들로 나눈 다음, 새로운 묶음이 나가기 전에 전보조운동영역이 순서를 정하기를 인내심 있게 기다려야 한다.

우리는 어렵지 않게 추측할 수 있다. 이렇게 로딩loading하고 순서를 정하고 재로딩하는 과정에는 약간의 시간이 걸릴 수 있다는 것을.

그래서 어린아이들이 신발끈을 묶는 데 꽤 많은 시간이 걸리는 것이다. 하지만 경험이 많은 어른들은 의식적인 생각 없이 기계적으로 굉장히 빠르게 신발끈을 묶을 수 있다.

이는 더 많은 이야깃거리가 이 과정에 존재한다는 사실을 암시한다. 그리고 실제로 그러하다.

순서정리자, 접근자를 만나다

다음은 앞에서 제시한 13개의 알파벳 문자를 재배열한 것이다. 이제 10초 안에 이것들을 암기할 수 있는지 확인해보자.

FYI RSVP FAQ COM

어떤가? 각 알파벳을 일관성 있는 '두문자어(acronym, 각 단어의 머리글자로 만든 단어-옮긴이)'로 조직해보니 처음보다 훨씬 쉬워지지 않았나? 각각의 독립된 항목들을 통합된 하나의 개념에 따라 그룹화하는 이 과정을 '청킹(chunking, 청크란 단어, 문장 등의 기억 단위이자 데이터의 집합 따위를 나타내는 용어로 하나의 의미를 가지는 말의 덩어리다-옮긴이)'이라고 한다.

중요한 것은 이 청크가 전전두엽 피질 내에 하나의 단위로 유지된다는 것이다. 다시 말해 13개의 알파벳 문자를 각각 붙들고 있는(불가능함) 대신, 이제 4개의 청크만 관리하면 된다(쉬움). 이것이 5킬로그

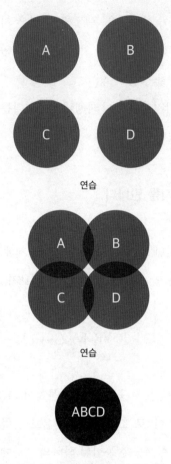

연습

연습

ABCD

▸ 연습을 통해 각각의 문자들이 하나의 덩어리, 청크가 되었다

램 부피의 가방에 10킬로그램의 흙을 눌러 담는 최적의 방법이다.

　동일한 기술들을 동일한 순서에 따라 연습하면 할수록 우리는 그런 기술들을 하나의 '프로세스'로 이해하게 된다. 충분한 반복과 연습이 있은 다음에는 순서정리자(전보조운동영역)가 접근자(기저핵)에게 추후 더 효과적인 처리를 위해 동작들을 하나의 청크로 그룹화라고 메시지를 보낼 수 있다.

앞에서 예로 든 이야기를 좀 더 진행시켜보자.

몇 차례 똑같은 칵테일을 똑같은 순서로 손님에게 배달한 서버가 바텐더에게 와서 조용히 제안한다. "이제 같은 칵테일 네 잔은 하나의 큰 병에 넣어주면 어때요? 그러면 내가 번거롭게 순서를 정리하지 않아도 되고, 서빙용 트레이에도 더 많은 공간이 생길 테니, 더 많은 칵테일을 담을 수도 있지 않겠어요?"

여기서 우리가 기억해야 할 가장 중요한 개념이 모습을 드러낸다. 모든 청크에는 '적절한 순서'가 내장되어 있다는 것이다.

최한소의 노으력로 우리가 이 문단을 읽낼어 수 있는 단한순사실이 바로 청크를 형하성는 우의리능력의 예이시자, 각 청크에 내된장 고유 서순에 대한 예이시다. 이경런우, 우리는 각단의어 첫 글자, 그리고 마지막 글자를 인하지면서 (그리고 논의의 맥에락 맞게 배하치면서) 그 단어에 대한 우리의 '청크'를 활화성킨시다. 우리가 문들자을 직접 구해성야 하는 대신, 청크가 자동으적로 배순열서를 찾준아다.

우리가 의도적인 노력을 거의 들이지 않고도 신발끈을 묶을 수 있

청크

▶ 청킹은 공간에게 자유를 준다

끈을 잡는다		양손을 팽팽하게 당긴다		오른쪽 끈을 왼쪽으로 집어넣는다
오른손을 왼손 위로		왼손으로 고리를 만든다		새로운 고리를 만든다
오른손을 왼손 아래로	리셋 (reset)	오른손을 고리 위로 올리고	리셋 (reset)	두 고리를 팽팽하게 당긴다
손을 교차시킨다		고리 주변으로 오른손 고리를 두른다		손에서 끈을 놓는다

청크 · 청크 · 청크

그룹화의 시작 단계
잡는다 / 넘긴다 / 밑으로
넣는다 / 손을 바꾼다

그룹화의 중간 단계
당긴다 / 고리 / 넘긴다 /
주변으로 돌린다

그룹화의 마지막 단계
민다 / 고리 / 당긴다 / 놓는다

청크

신발끈 묶기의 그룹화
시작/중간/마지막

▶ 신발 끈 묶기 – 개별 동작에서 통일된 청크로

는 것은 청킹 때문이다. 처음에는 각 구성 동작들에 접근해 순서를 매겨야 했지만 연습을 통해 이 동작들을 전전두엽 피질에 공간을 거의 차지하지 않는 하나의 '신발끈 묶기' 청크로 모을 수 있게 되었다. 이제 이 청크들을 필요할 때 활성화시켜 일련의 동작들이 발생하게 두면 된다. 신발끈을 묶는 동안 우리는 더 중요한 문제들(가령 아침으로 무엇을 먹을 것인가 하는)을 고민할 수 있게 된다.

이는 중요한 질문으로 이어진다.

청킹은 언제 멈추는가?

믿기 힘들겠지만 상황만 맞아떨어지면 절대 멈추지 않을 것이다. 동일한 기술들이 동일한 순서로 행해지면, 청크는 전전두엽 피질에서 많은 공간을 차지하지 않고도 계속 성장할 수 있다.

주차장에 차를 대고 막 나왔는데, 갑자기 내가 어떻게 집까지 운전해서 왔는지 모르겠어서 멍해진 경험이 있는가? 이는 기존에 동일한 경로로 너무나 많은 운전을 해왔기에 하나의 거대한 '집으로 운전해가기' 청크가 당신의 머릿속에 형성되었기 때문이다.

일단 청크에 접근하면, 당신은 의식적 노력 없이 일련의 동작들이 실행되게 하면서 편하게 등을 기대고 앉아 있을 수 있다.

대가가 뭐야?

여기, 청크의 문제가 있다.

믿을 수 없을 정도로 견고하다는 것이다. 청크는 한 번 형성되면,

그 일련의 동작들은 굳게 잠긴 방에 들어가 있는 것과 같다. 즉 청크 안의 개별 구성 동작들에 접근하는 것이 몹시 어려워진다.

예를 들어보자.

당신의 전화번호 마지막 세 자리는 무엇인가?

아마도 당신은 당신의 전화번호를 첫 자리부터 떠올렸을 것이다. 이는 당신이 이전에 그 숫자들을 너무나 여러 번 순서대로 쓰거나 불러주거나 봐왔기 때문이다. 그래서 하나의 '내 전화번호' 청크로 저장되어 있기 때문이다. 이 청크가 몹시도 견고하기에 당신은 마지막 세 자리만을 즉각 떠올리지 못하고 전체 번호 순서를 짚어나가야 했던 것이다.

좀 더 넓은 차원에서 접근해보자.

프로 농구선수들이 자유투를 던지는 경우를 한 번 떠올려보자.

선수들은 저마다 자유투를 던지기 전에 매우 일관된 일련의 신체 동작들을 보여준다. 자유투를 던지기 전에 크게 심호흡을 하고, 몇 번 공을 튀기고, 공을 머리 위로 들어올렸다가 다리 사이로 넣기도 하고, 공을 내려놓은 채 림을 향해 슛을 던지는 동작을 취하기도 하고…

이러한 동작들은 자유투를 던지기 전에 긴장을 푸는 루틴으로 시작되었을 가능성이 높다. 하지만 충분한 반복 이후에는 그 선수만의 독특한 '자유투' 청크로 이 동작들이 들어갔을 것이다. 이제 선수들은 자유투를 던지기 전에 반드시 자신만의 동작들을 실행해야 한다. 이것들을 못하게 하면 그들의 자유투 성공률은 현격하게 낮아질 것이다.

대부분의 경우, 청크가 견고하다는 것은 축복이다. 신발끈을 묶을

때마다 각 구성 동작에 일일이 접근하고 각 동작들의 순서를 따지고
싶은 사람이 누가 있겠는가! 하지만 때때로 청크의 견고함은 골칫거
리일 수도 있다는 사실을 기억하라.

뜻하지 않은 청크

이 장을 시작할 때 살펴봤던 테니스 훈련으로 돌아가보자.

30개의 포핸드, 그런 다음 30개의 백핸드, 그런 다음 30개의 발리
스윙을 하는 일련의 과정을 꾸준히 연습했다고 해보자. 그러면 농구
선수들과 마찬가지로 이 일련의 과정이 하나의 강력한 '청크'로 만들
어질 가능성이 매우 크다. 이 청크에서 포핸드는 항상 백핸드에 선행
하고, 백핸드는 항상 발리의 앞에 선다.

이 청크는 매일 동일한 90개의 공을 상대하는 훈련 중에는 별로
문제가 되지 않을 수도 있다. 하지만 실전에서는 심각한 문제들을 불
러일으킬 것이다. 실전에는 이러한 고정된 패턴이 존재하지 않으니
까 말이다. 실전에서 어떤 순서로 샷을 구사하면 될지를 미리 구상하
는 것은 완벽하게 불가능하기 때문이다. 따라서 실전에서는 당신의
이 뜻하지 않은 청크를 무너뜨리기 위해 의식적인 노력을 해야 하는
데, 이는 결국 당신의 경기력에 큰 타격을 입힐 것이다. 청크와도 싸
우고 상대와도 싸워야 하는데, 결과는 불보듯 뻔하지 않겠는가.

그렇다면 어떻게 해야 뜻하지 않은 청크가 만들어지는 것을 막을
수 있을까?

▶ 인터리빙의 활발한 작용

인터리빙으로 예측 불가를 연습하라

4장에서 우리는 다양한 맥락에서 훈련하는 것이 하나의 기술을 특정한 배경이나 상황에서 분리하는 데 도움이 된다는 것을 배웠다. 그와 똑같은 원칙이 청크에도 적용된다. 뜻하지 않은 청크 형성을 막으려면 우리는 무작위성을 받아들이면서, 일련의 동작들이 순차적으로 이루어지지 않는 방식으로 훈련하고 연습해야 한다.

자, '인터리빙(interleaving, 끼워 넣기)'이 등장할 차례다.

간단한 개념이다. 훈련하는 동안 자주, 그리고 무작위로 서로 다른 기술들을 바꿔가면서 다양한 변화와 예측할 수 없는 시나리오들에 부딪치는 것이다. 지속적으로 기술들을 섞고, 끊임없이 매칭하는 과정은 더 이상 패턴이 생성되지 않게 한다. 나아가 개별적인 청크가 하나의 확장된 동작들의 순서 속에 섞여들어 가지 않게 해준다.

인터리빙은 뜻하지 않은 청크를 방지하는 수준에서 그치지 않는다. 인터리빙은 사람들이 각각의 청크에 더 빨리 접근할 수 있게 하고, 그것들을 더 정확하게 적용하도록 돕는다. 이는 인터리빙이 '재구성reconstruction'을 포함하기 때문이다.

어떤 한 가지 기술을 장기간 연습하거나 사용하면(연속으로 30개의 포핸드 스윙을 하는 것과 같은), 우리는 그 청크에 딱 한 번만 접근해 전전두엽 피질에 그것을 유지시켜 놓았다가, 끝나면 다시 돌려보낸다. 반면에 서로 다른 기술들을 섞게 되면, 우리는 한 훈련 과정 동안 수십 번에 걸쳐 동일한 청크에 접근해 유지했다가 돌려보내야 한다. 이 반복되는 순환이 청크들을 강하고 확고한 것으로 만드는 데 도움을 주고, 추후 기술들에 좀 더 쉽게 접근할 수 있게 하고, 더 신뢰할 수 있게 한다.

다시 테니스 훈련으로 돌아가 생각해보자.

몇 차례에 걸친 연속적인 훈련에 인터리빙 방식을 적용하면 어떤 결과가 나타날까? 끊임없이 변화하는 상황에 지속적으로 대처하는 데 너무나 바빠, 훈련 중에는 그 효과를 체감하기가 어려울 수도 있다. 하지만 무작위성과 예측 불가능함이 장악하는 실제 경기에서는 경이로운 효과를 실감하게 될 것이다.

그런데, 이게 다가 아니다!

실제 테니스 경기 중에는 네트 위로 절묘하게 떨어지는 '드롭샷'과 같이 생각도 못한 상대의 공격과 맞닥뜨릴 가능성이 크다. 이때 인터리빙은 유연성과 순발력을 증가시키는 것으로 입증되었다. '드롭샷 대비' 청크가 우리 뇌의 레퍼토리에 없다 하더라도, 빠르게 기술들 사이를 왔다 갔다 할 수 있는 능력은 '드롭샷'에 관련이 있는 청크들에 신속하게 접근해, 이 새로운 시나리오에 어떤 조합이 가장 적합할지 판단해낸다.

연구자들은 이 과정을 '전이transfer'라고 부른다. 전이는 서로 비슷하기는 하지만 이전에 결코 배운 적 없는 기술을 실행하기 위해 사전에 형성된 청크를 그 용도에 맞게 개조하는 능력이라고 할 수 있다. 각각의 기술을 별도로 연습하는 것보다 인터리빙이 이 전이를 훨씬 더 잘 북돋운다.

탁월한 인터리빙을 위해 알아야 할 것들

응용단계로 뛰어들기 전에 숙고해야 할 4가지 문제가 있다.

첫째, 인터리빙의 진가는 그것이 실행되고 나서야 드러난다는 것이다. 실제로 훈련 중에 여러 기술을 뒤섞어 연습하는 사람들은 일관적이고 예측 가능한 루틴을 따르는 사람보다 뒤처지는 것처럼 보인다. 따라서 인터리빙의 이점을 누리려면, 인터리빙에 대한 단단한 믿음이 요구된다. 이 테크닉이 효과가 있다는 것은 명백하고, 이를 확인할 유일한 방법은 '일단 무조건 뛰어들어 해보는 것'이다. 물론 이는 많은 사람들에게는 썩 내키지 않는 제안이겠지만 말이다. 안타깝게도 인터리빙에 대한 믿음과 풍부한 경험 외에는 이 테크닉을 가질 방법이 없다.

둘째, 인터리빙은 본질적으로 예측 불가능할 경우에만 효과적이다. 당신이 베토벤의 〈교향곡 5번〉의 연주를 준비 중인 음악가라고 해보자. 이때는 인터리빙이 아무런 도움이 되지 않는다. 모든 음이 명백히 정의되어 있고 명쾌한 순서가 정해져 있으므로 더 넓은 범위로 시퀀스를 확장하고 더 커다란 청크를 형성하는 방식으로 연습하는 것이 더 이치에 맞다.

셋째, 인터리빙은 신체를 활용한 기술뿐 아니라 인지능력 측면에서도 잘 작용하는 것으로 보인다. 예를 들어 어떤 숙제를 하는 동안 그 숙제와는 관계가 없어 보이는 수학의 기술들을 적용해본 학생들이 기말고사에서 더 좋은 성적과 '전이'를 나타낸다. 병원에서 다양한 연구 자료들을 인터리빙하는 의사들이 더 높은 진단 정확도 및 치료의 유연성을 보여준다.

넷째, 인터리빙은 단순히 하나의 청크 내에서의 난이도 조정이 아니라 청크들 사이에서의 변화를 필요로 한다. 그저 포핸드 샷의 속도를 빠르게 또는 느리게 변화시키는 것은 인터리빙이 아니다. 이는 '의도적 훈련' 과정이라고 하는 것과 비슷하다. 의도적 훈련 또한 중요한 연습 방식이다. 하지만 인터리빙과는 확연히 다른 결과를 낳는다.

1. 학습이 먼저, 그다음이 인터리빙

인터리빙을 처음 접하면, 이를 학습에 바로 적용하고자 하는 욕심이 생긴다. 어떤 한 가지의 기술을 가르치는 데 충분한 시간을 할애하기보다(가령 '오늘은 신발끈을 묶는 방법을 보여줄게요'), 서로 다른 주제를 넘나든다('오늘은 신발끈을 묶는 방법과 연을 날리고 오믈렛을 만드는 방법을 보여줄게요').

안타깝지만 좋은 생각이 아니다. 인터리빙의 궁극적 목적은 개별 청크들의 완전함과 유연성을 유지시키는 데 있다. 이를 감안할 때 먼저 청크들의 형성이 중요하다. 인터리빙을 하려면 기술을 먼저 배워야만 한다. 기술이 없으면 인터리빙도 없다.

학습 단계에서 인터리빙이 개념들 사이의 차이점을 더 잘 식별하는 데 도움을 줄 수 있다고 주장하는 몇몇 연구 사례가 존재하기는 한다. 하지만 이는 대부분 잠재의식에서의 증명이다. 실제로 이들 연구에서 피실험자들은 그들이 이해한 것을 정확히 설명하는 데 어려움을 겪었다(그들이 인터리빙의 효과를 누렸는지 확실치 않다는 뜻이다). 따라서 사람들이 습득한 기술들을 확장 적용해보기를 원한다면, 당신은 수업 중이 아니라 리허설, 숙제, 그리고 연습 상황에서 인터리빙을 활용해야 한다.

• 핵심 질문 1: 바로 뛰어들기

"새로운 기술을 습득한 순간 곧장 인터리빙을 시작해야 할까?"

기술이 일정 정도 숙련도가 쌓인 후에야(더 이상 구성 기술들의 여러 단위를 전전두엽 피질로 재로딩할 필요가 없을 때) 인터리빙이 효과가 있다. 인터리빙은 기술들이 천천히 시작되어 공을 들여 숙련도를 더해나가다가 마침내 거의 자동적인 수준에 이르렀을 때 가장 효과가 큰 것으로 드러났다. 인터리빙 구축을 위해서는 청크를 강화시키고 추후 청크에 대한 접근을 쉽게 만드는 기술들을 적용하는 노력을 지속적으로 해나가야 한다.

2. 모의 실행을 선택하고 성장을 추적하라

인터리빙의 이점은 실전에서 경험하기 전에는 명백하지 않다. 따라서 몇 차례 모의 실행 시나리오를 시도해볼 수 있다. 예를 들어 학기 말 시험 범위를 반영한 모의고사 문제를 출제해보라. 실제 경기 상황을 모방한 훈련을 실시하라. 소규모 그룹 앞에서 발표와 프레젠테이션 등을 해보라. 그러면 과도한 스트레스나 압박 없이 '예측 불가능한 실행'의 본질을 경험할 수 있다.

모의 실행은 경험의 차원을 넘어 인터리빙을 통해 나타난 개선점들을 인식하는 데 도움을 준다. 고쳐야 할 것이 무엇인지에 대한 명확한 인식은 기술을 점점 정교하게 다듬어갈 수 있게 우리를 고무시킨다. 나아가 더 어려운 훈련 과정도 기꺼이 감수할 수 있게 한다. 개선점들이 무엇인지 명확하게 인식하게 하는 모의 실행은 기술 습득의 발전 과정을 검토하는 데 뛰어난 도움을 제공한다.

3. 성과를 예측할 수 없는 경우에만 하라

누누이 강조해도 모자람이 없을 만큼 엄청나게 중요한 포인트다. 인터리빙은 최종적인 성과를 예측할 수 없을 때 효과적이다. 만일 다가오는 공연의 정확한 순서가 잘 알려져 있고 바뀔 가능성이 없어 보일 때는 더 커다란 청크를 형성할 수 있는 방법으로 연습하라. 셰익스피어의 공연을 준비할 때는 반드시 순서대로 연습해야 한다(〈햄릿〉 공연에서 2막이 1막보다 먼저 무대에 오를 일이 있을까?). 이때 필요한 것은 모든 대사와 연기를 완벽하게 몸에 습득하는 연습량이지, 인터리빙이 아니다.

> **• 핵심 질문 2: 폭**
> **"인터리빙은 서로 비슷한 기술(포핸드와 백핸드 등)을 섞을 때만 효과가 있는 것일까, 아니면 완전히 서로 다른 기술(포핸드와 미적분 등)도 함께 섞을 수 있는 것일까?"**

인터리빙의 주요 이점은 다양한 상황에서 청크에 대한 반복적인 접근과 청크로의 복귀를 통해 얻어지는 것으로 미뤄볼 때, 이 테크닉은 기술들 사이의 주제가 얼마나 서로 비슷한지의 여부와는 무관하게 작동해야 마땅하다. 또한 서로 엄청나게 다른 기술들을 섞으면, 각 기술들 사이의 드러나지 않았던 연관성을 인식하기 시작할 가능성이 있다. 예를 들어, 요리와 시詩를 섞으면 새로운 비유나 참신한 레시피가 만들어질 수도 있다.

하지만 안타깝게도 인터리빙의 효과는 '상이함'보다는 '유사함'에 더 좌우되는 것처럼 보인다. 서로 비슷한 기술들 사이의 인터리빙은 더 잦은 방해를 발생시킨다. 그리고 방해가 많을수록 각각의 기술을 구별하기 위한 더 많은 노력이 필요해진다. 더 많은 노력이 이루어지면 각각의 기술은 더 유연하고 더 전이적transferable이 될 것이다.

예를 들어보자.

축구공을 차는 것과 연을 날리는 것은 서로 매우 다른 근육을 사용하는 운동이다. 따라서 공과 연 사이를 뛰어다니면서 써야 하는 기술을 혼동할 가능성은 거의 없다. 하지만 포핸드와 발리는 비슷한 근육을 사용하는 운동이다. 따라서 포핸드와 발리 기술 사이를 오갈 때는 어떤 근육을 써야 할지 혼동할 가능성이 높다. 이러한 방해는 의식적인 노력을 필요로 한다. 그리고 이러한 노력이 '전이'를 촉진시킨다.

당신의 목표가 훗날 기술에 더 쉽게 접근하고 더 쉽게 활용하

기 위한 것이라면 어떤 청크든 섞어도 좋다. 반면에 당신의 목
표가 기술의 '전이'에 있다면 서로 비슷한 청크들을 섞어라.

4. 의도적인 연습 VS 인터리빙

의도적인 연습은 장시간 동안 하나의 기술을 집중 연마하는 매우 특
정한 형태의 훈련이다. 목표는 현재의 수준을 넘는 기량을 쌓기 위해
청크 내의 구성 동작들을 섬세하게 수정하는 것이다.

예를 들어 테니스 서브에 스피드를 더하고 싶다고 해보자.

의도적인 연습은 서브 연습에서 얻은 피드백을 기반으로 사소한
조정을 하고 이를 다시 몇 시간 동안 훈련하고, 다시 사소한 조정을
하고 다시 몇 시간 동안 훈련하기를 반복한다(손을 오른쪽으로 3센티미
터 정도 비틀고, 엉덩이를 왼쪽으로 5도 기울인다 등). 시간이 흐르면서 이러
한 반복과 조정은 당신의 서브 속도를 천천히 증가시킬 것이다.

문제는 의도적인 연습은 '전이(융통성과 확장성)'를 죽인다는 것이
다. 고립된 상태에서 특정한 기술을 훈련하면 할수록 그 기술은 점점
더 자동화된다. 일단 기술이 깊이 자동화되면 이를 새로운 상황에 맞
게 탄력적으로 응용하고 수정하는 일이 엄청나게 어려워진다.

그리고 이제 우리 모두 알다시피 인터리빙은 의도적인 연습과는
매우 다른 목적을 갖고 있다. 즉 전자는 다양한 기술에 접근하고 전
이할 수 있도록 하는 것을, 후자는 단일한 기술을 점진적으로 개선하
고 이를 자동화하는 것을 목표로 한다. 이러한 이유로 의도적 연습과
인터리빙은 둘 다 유용하다. 그리고 이 둘은 당신이 원하는 목적에

따라 적절하게 사용해야 할 것이다. 몇몇 세계적인 테니스 코치들은 한 선수가 두 명을 상대로 연습하게 이끈다. 특정한 기술을 수정하기 위해 의도적인 연습을 한 다음 유연성을 유지하기 위해 재빨리 그 기술을 방해하기 위함이다.

• 핵심 질문 3: 두뇌 훈련 파트1

"두뇌를 훈련하면 정말 아주 똑똑해질 수 있을까?"

답은 '아니다'다.

시중에 나와 있는 두뇌 훈련 게임은 대부분의 사람들이 생각하는 것(대부분의 회사가 주장하는 것)을 하지 않는다. 이를 이해하려면 다음 두 가지를 고려해야 한다.

첫째, 앞에서 살펴본 바와 같이 전전두엽 피질 내에 한 번에 보유할 수 있는 정보의 양에는 한계가 있다. 하지만 다행하게도 이 한계는 피할 수 있다(빙고, 청크 때문이다). 다음 내용도 기억해보자.

FYI RSVP FAQ COM

자, 이제 한 단계 더 나아간다. 다음의 알파벳을 기억할 수 있는가?

ABCDEFGHIJKLMNOPQRSTUVWXYZ

ABCDEFGHIJKLMNOPQRSTUVWXYZ

ABCDEFGHIJKLMNOPQRSTUVWXYZ

ABCDEFGHIJKLMNOPQRSTUVWXYZ

위의 알파벳은 전전두엽 피질 안에 쉽게 담을 수 있는 100자 이상의 글자다. 하지만 속지 말 것! 당신은 단지 정보를 청크로 묶었을 뿐, 전전두엽 피질의 한계를 확장시킨 것은 아니기 때문이다. 만일 그렇지 않다면 다음의 여덟 글자를 암기하는 데 아무런 문제가 없어야 할 것이다.

אתטגלשץף

음, 어렵지 않은가?

일정 시간 두뇌 훈련 게임을 하고 나면 점수가 올라갈 것 같기는 하다. 하지만 위에 나열한 여덟 개의 글자와 마찬가지로, 이것이 기억력 향상을 의미하지는 않는다. 이는 단순히 당신이 두뇌 훈련 게임 내에서 정보를 수집하는 것에 점점 능숙해지고 있다는 것을 의미할 뿐이다.

다시 말해 두뇌 훈련 게임은 '의도적인 연습'의 한 형태라는 뜻이다. 몇 주 동안 계속해서 한 게임만 연습한다면? 그렇다. 당신의 응용력은 떨어질 것이다. 당신의 궁극적인 목표가 한 가지의 두뇌 훈련을 마스터하는 것이라면 상관없다. 하지만 대부분의 사람들은 이름을 기억하거나, 암산을 하거나, 복잡한 논지를 빠르게 이해할 수 있는 능력을 향상시키고 싶어 할 것이다.

당신이 두뇌 훈련 게임을 잘하면 잘할수록 거기서 얻은 기술들을 의미 있고 실제적인 상황에 응용할 가능성은 줄어들 것이다.

이 같은 문제점을 극복하기 위해 최근의 많은 두뇌 훈련 프로그램들은 서로 다른 게임들 사이에 인터리빙과 점프를 사용한다. 하지만 아쉽게도 이는 핵심을 놓친다.

전이는 대체로 폭이 좁고 서로 비슷한 기술(포핸드와 발리 샷) 사이에서만 발생한다. 즉 인터리빙은 기존의 두뇌 훈련 게임과 비슷한 미래의 두뇌 훈련 게임을 다루는 능력은 향상시킬 수 있지만 고전 문학을 이해하는 능력이나 설득력 있는 에세이를 쓰는 능력은 향상시킬 수 없다. 고전 문학의 독해력이나 글쓰기 능력이라는 기술은 두뇌 훈련의 일반적인 형식에서 너무나 멀리 떨어져 있기 때문이다.

이 책의 목적은 두뇌 훈련 게임의 부정적인 측면을 경고하기 위해서가 아니다. 그저 이 게임에서 얻을 수 있는 것이 무엇인지에 대한 당신의 이해를 돕기 위한 것이다. 만일 당신이 그저 즐기고 싶어 두뇌 퍼즐을 푸는 것이라면 그냥 계속 즐기면 된다! 하지만 두뇌 퍼즐을 통해 뭔가 얻고자 하는 구체적인 목표(암산 실력을 향상시키는 것 등)를 염두에 두고 있다면, 그 목표

를 명쾌하게 성취하는 데 시간과 노력을 쏟는 것이 현명할 것
이다.

5. 뜻하지 않은 청크를 깨는 데는 시간과 노력이 필요하다

하나의 청크를 깨뜨리는 것은 어렵다. 시간과 격렬한 투쟁과 잦은 실
패가 요구된다. 하지만 충분한 노력과 헌신으로 청크는 해체되고 재
구성될 수 있다.

전설의 골퍼 타이거 우즈^{Tiger Woods}의 예를 들어보자.

무려 4년 동안 세계 1위 자리에 군림했던 타이거 우즈는 어느 날
자신의 스윙을 바꾸기로 결심한다. '지속적인 연습'이라고 이름 붙
일 만한 사소한 조정이 아니었다. 자신의 스윙을 철저히 분해했다
가 완전히 바꾸기로 결단을 내린 것이다. 갖고 있던 자신의 '골프 스
윙' 청크를 깨뜨리고 새롭게 재조립하기 위해, 우즈는 약 2년을 하루
에 12시간씩 연습하며 싸워나갔다. 이 시기에 열린 주요 대회에서 그
는 계속 실패했고, 톱 랭킹에서 점점 밑으로 곤두박질쳤다. 그러던
2005년, 우즈는 지금껏 그에게서 아무도 보지 못했던 스윙을 선보이
며 다시 한 번 성공적으로 세계 1위에 오른다. 자신만의 청크를 성공
적으로 재조립해낸 것이다.

청크를 깨려면 다음 3가지가 필요하다.

첫째, 청크를 구성 동작 단위로 명시적으로 분해해야 한다. 신발끈
을 새로운 방식으로 묶고자 한다면, 먼저 끈을 잡는 동작에서부터 마
지막 끝을 조이는 동작까지 모든 디테일한 움직임들을 분명하게 인

식하고 묘사할 수 있어야 한다.

둘째, 각각의 구성 동작들을 따로 떨어뜨려 놓고 하나하나 독립적으로 반복 연습해야 한다. 신발끈을 손에 쥐는 연습을 할 때는 오직 그것만 해야 한다. 이때 다른 동작들은 중요하지 않다.

셋째, 청크가 다시 형성되는 것을 막는 전투를 치러야 한다. 의식적인 연습을 멈추면, 청크는 자발적으로 다시 형성되는 경향이 있다. 따라서 각각의 구성 동작이 독립적으로 완전히 재조정될 때까지는 신발끈 묶는 행동을 피하는 것이 좋다. 즉 각각의 움직임을 따로 떨어뜨려 재조정하는 데 집중하는 동안에는 신발끈 묶는 행동은 아예 시도도 하지 않고 몇 달을 소비해야 함을 의미할 수도 있다.

앞에서 살펴보았듯이 이 과정은 길고, 고달프고, 어렵다. 하지만 궁극적으로는 할 만한 가치가 있다.

연습 중 인터리빙 테크닉을 사용하면 성과와 기술 전이를 향상시킬 수 있다.

- 하나의 행동을 실행하려면 그 행동을 구성하는 기술들에 접근 하고 순서를 정해야 한다.
- 시간을 들여 연습하면 구성 기술들이 서로 합쳐져 하나의 청크 가 될 수 있다.
- 인터리빙은 청크들을 서로 섞거나 매치하는 데 실수가 없도록 해주며, 향후 접근을 쉽게 만드는 훈련 기법이다.

확장 팁

1. 배우는 것이 먼저다.

- 인터리빙은 배운 것이 점점 숙련되어 갈 때 가장 효과적이다.

2. 모의 실행을 선택하고 성장을 추적하라.

3. 성과를 예측할 수 없는 경우에만 인터리빙하라.

- 인터리빙을 통한 기술에의 접근과 응용은 어떤 청크에서라도 효과가 있다.
- 기술의 전이(융통성, 탄력성)가 목적이라면 오직 서로 비슷한 청크 사이에서만 인터리빙이 효과가 있다.

4. 기술들 내에서는 의도적 연습을, 기술들 사이에서는 인터리빙을!
- 두뇌 훈련 게임은 기억력이나 지능을 향상시키지 않는다. 두뇌 훈련 게임을 더 잘하게 만들 수는 있다.

5. 뜻하지 않는 청크를 깨는 데는 시간과 노력이 필요하다.

•

중간휴식 3

Intermission 3

왼쪽 포스터들을 60초 동안 들여다보라.

•

7장

최고의 오답 노트는
어떻게 만들어지는가
: 오류와 예측 사이

"나는 한 번도 져본 적이 없다.
승리했거나, 배웠을 뿐이다."

_익명의 누군가

이번 장을 여는 다음의 문항을 심사숙고하여 풀어보자. 일반적인 상식 퀴즈 목록에서 발췌한 몇몇 질문들이다.

퀴즈

1. 인간은 보편적으로 몇 가지의 감각을 갖고 있는가?

2. 누가 전구를 발명했는가?

3. 해군 용어에서, 모스 부호 SOS는 무엇을 의미하는가?

4. 황소는 보통 어떤 색깔을 보면 화를 내는가?

5. 산소를 함유한 혈액은 빨간색이다. 그렇다면 산소가 없는 혈액은 무슨 색인가?

답을 공개한다.

답

1. 5가지(시각, 청각, 후각, 촉각, 미각)

2. 토머스 에디슨

3. 우리의 배를 구해주세요(Save Our Ship)

4. 빨간색

5. 파란색

자, 답이 나왔다.

그리고 위에 있는 각각의 답은… 사실 완전히 틀렸다. 만일 당신이 이 다섯 개의 답 중 하나와 똑같이 답했다면, 그건 그저 오류를 범했을 뿐이다.

잠시 시간을 내 당신의 답이 틀렸다는 걸 안 순간, 당신이 어떤 감각을 느꼈는지 눈을 감고 회상해보라. '아차!' 하는 생각이 순식간에 나타났다가 사라졌는가? 아니면 날카롭게 스치고 지나가는 어떤 깨달음 같은 걸 느꼈는가?

이러한 본능적 감각들은 우리의 '오류 경보error alarm'를 나타낸다. 또한 이러한 본능적 감각들은 우리의 영향력을 강화하고 향상시키는 데 사용될 수 있다.

오류 경보

3장에서 우리는 뇌가 암시적으로 다양한 환경의 물리적 레이아웃을 반영하는 정신 지도들을 만들어낸다는 것을 배웠다. 이 지도들은 예측과 미래 행동을 안내하기 위해 사용된다. 사실 뇌는 공간, 시각, 후각, 미각, 촉각, 소리, 동작, 행동 양식, 감정, 원인과 결과 등등을 함축적으로 나타내는 '표상들representations'을 만들어낸다… 본질적으로 말하자면, 모든 것의 표상을 만들어낸다는 뜻이다!

연구자들은 이를 '심성 모형(mental model, 세상에서 일어날 수 있는 사건이나 상황을 묘사하는 마음의 표상-옮긴이)'이라고 부른다. 심성 모형은 정신 지도와 마찬가지로 우리의 미래 행동을 인도하기 위해 우리 주변의 세상에 대한 예측을 하는 데 사용된다.

사실 지금 당신이 이 문단을 읽고 이해할 수 있는 이유는, 이 문단에 포함된 단어들의 순서, 개념들의 흐름, 그리고 만들어진 논리의

▶ 파리의 삼각형(나는 봄날의 파리를 사랑한다)

구조를 정확하게 예측하는 심성 모형을 당신이 갖고 있기 때문이다.

어떤 예측이 옳다는 것이 입증될 때마다 관련된 심성 모형은 강화된다. 하지만 때로는 지나치게 강력해질 수도 있다. 이런 일이 일어날 때, 우리는 실제 세계보다 우리의 예측을 더 신뢰하는 위험에 빠지게 된다. 이것이 곧 많은 사람들이 위의 '파리의 삼각형'에서 정관사 'the'의 반복을 알아채지 못하는 이유다. 즉 그들은 자신들이 갖고 있는 '읽기'에 대한 심성 모형이 예전부터 매우 효과적인 것으로 증명되어 왔기 때문에, 그걸 지나치게 믿은 것이다. 그래서 그들은 실제 단어를 읽는 대신, 위의 문장이 이렇게 '쓰여져 있을 것이다'라는 예측을 읽은 것이다.

세상은 끊임없이 변한다. 따라서 우리의 예측이 정확하게 현실을 반영할 수 있도록 우리의 심성 모형을 자주 업데이트하는 것이 중요하다. 이는 매우 중요한 질문으로 이어진다.

언제 심성 모형이 구식임을 알아차릴 수 있단 말인가? 또 언제 업그레이드가 필요한지 어떻게 알아차릴 수 있단 말인가?

답은 바로 '오류'다!

오류는 예측과 현실 사이의 불일치를 우리에게 알려준다.

오류가 단순히 '알지 못하는 것not knowing'과는 다르다는 사실에 주목해야 한다. 예를 들어 다음의 퀴즈에 답해보자.

'페르미 입자'의 자연스러운 스핀spin은 무엇인가?

당신도 나와 같은 사람이라면, 심성 모형 어디에도 '페르미 입자' 따위는 존재하지 않을 것이다. 따라서 이 퀴즈의 답을 모르는 건 오류가 아니다. 그냥 '모르는 것'일 뿐이다. 페르미 입자가 일반적으로 '반정수 스핀'을 나타낸다는 지식을 배우고 나면, 이런 퀴즈를 접하고도 별로 당혹스럽지 않을 것이다. 이 과정에서 어떤 오류도 발생하지 않을 테니까 말이다.

자, 다음 퀴즈.

코끼리의 무릎은 몇 개인가?

이 퀴즈를 접하면 즉각 다리가 네 개인 포유류라면 반드시 네 개의 무릎을 가져야 한다고 예측하는 당신의 심성 모형이 작동할 것이다. 그런데 코끼리가 두 개의 무릎만 갖고 있다는 사실을 알게 되면? 분명 당신은 망연자실한 채 그 오류에 정신을 가다듬고 집중하게 될 것이다. 이것이 곧 당신의 심성 모형에 문제가 있었음을 알리는 오류 경보다.

오류 경보가 어떻게 작동하는지를 이해하기 위해 다시 한 번 뇌를 탐구해보자.

예측과 현실 사이에 충돌이 발생할 때마다 '오류 긍정error positivity'이라고 불리는 일시적 신호가 '전대상 피질(anterior cingulate cortex, 이마 뒤 깊숙한 곳에 있는 뇌 영역)' 안에서 발생한다. 이 신호의 크기는 충돌의 크기에 따라 변화한다. 작은 오류는 작은 신호를 생성한다. 큰 오류는 큰 신호를 만들어낸다.

여기에 중요한 핵심이 있다. 오직 큰 오류 긍정 신호들만이 오류 경보를 발생시킨다는 것이다. 예측과 현실의 차이가 작을 경우에는 사람들은 대체로 뭔가가 잘못되었다는 것을 의식적으로 인식하지 않을 것이다. 즉 '파리의 삼각형'에서 당신의 뇌는 두 번째 정관사 'the'

를 발견하고도 오류 충돌의 폭이 너무 작아 당신에게 경고를 보내지 않았다는 것을 의미한다.

일단 오류 경보가 발동되면 두 가지 일이 발생한다.

첫째, '앞면 주의 네트워크'가 활성화된다.

5장에서 배운 바와 같이, 이 네트워크는 무의식적으로 집중력 필터를 통해 차단된 모든 정보를 감시하고, 뜻하지 않은 위험들이 발생하면 그것들을 효과적으로 제어한다(운전 교습생 옆에 앉은 운전 강사를 기억하는가?).

둘째, 우리의 몸과 뇌는 둔화된다. 심장 박동수가 감소한다. 호흡도 느려진다. 전전두엽 피질에 있던 모든 정보가 버려진다. 이런 일련의 과정들이 우리의 집중력을 그 오류에 향하게 한다. 아울러 자원을 확보해 우리가 갈등을 분석하고 그에 따라 우리의 심성 모형을 업데이트할 수 있도록 한다. 이는 또한 대부분의 사람들이 오류를 저지르고 난 후 지나치게 그것에 신경을 쓰고 매달리는 자신을 느끼는 이유이

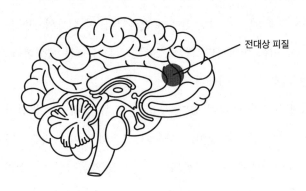

전대상 피질

▶ 전대상 피질

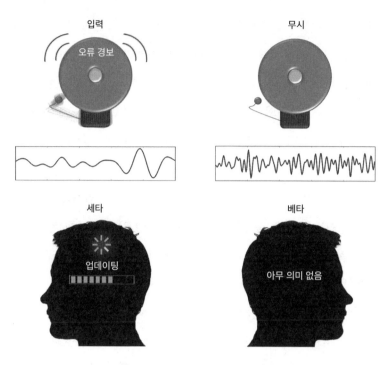

입력   무시

오류 경보

세타   베타

업데이팅   아무 의미 없음

▶ 입력 또는 무시 − 선택은 당신의 몫이다

기도 하다.

   물론 오류 경보는 신호일 뿐이다. 그것을 가지고 무엇을 선택할지
는 전적으로 우리 자신에게 달려 있다.

싸울 것인가, 달아날 것인가

오류 경보에는 두 가지 응답만이 존재한다. 즉 '입력engage' 또는 '무
시ignore'다. 만일 당신이 어떤 오류를 입력하기로 선택하면 두 가지

일이 일어난다.

첫째, 뇌의 커뮤니케이션 흐름이 '세타theta'라고 불리는 패턴으로 바뀐다. 이 패턴은 새로운 정보를 동화시키고 당신의 심성 모형을 업데이트하면서 당신의 뇌가 물리적으로 변화하고 있음을 반영한다. 즉 세타는 당신이 오류로부터 배우고 있다는 확실한 표시다. 다음으로, 보상reward을 처리하는 뇌 영역 내의 활동은 감소하는 반면, 집중을 이끄는 뇌 영역 내의 활동은 증가한다. 즉 오류를 입력하고 난 후에는 우리는 예측을 성공적으로 유지하는 데 덜 집중하게 된다. 그 대신 우리의 심성 모형을 추가로 조정할 필요성을 보여주는 추가 오류를 찾아내는 데 더 집중하게 된다.

오류를 무시하겠노라 선택하면 다음 두 가지의 일이 일어난다.

첫째, 뇌의 커뮤니케이션 흐름이 '베타beta'라고 불리는 패턴으로 바뀐다. 베타는 본질적으로 뇌에게 모든 것이 괜찮으니 굳이 심성 모형을 수정할 필요가 없다는 것을 알려주는 '현재의 상태 유지' 신호다. 다시 말해 베타는 당신의 오류 경보를 잠재우고 학습을 지연시키고 방해한다. 그리고 집중을 이끄는 뇌 영역 내의 활동은 감소하는 반면 보상을 처리하는 뇌 영역 내의 활동은 증가한다. 이는 오류를 무시한 후에는 효과적으로 추가 오류를 차단하면서 당신의 예측을 계속 성공적으로 유지하는 데 집중하게 된다는 것을 의미한다.

그렇다면 대체 무엇이 특정한 오류를 입력하거나 무시할 것을 결정하는가? 수십 가지의 요인이 있지만 가장 중요한 추진 동력은 '개인화personalization'다. 즉 우리가 어떤 오류들을 개인적인 것으로 받아들이지 않을 때는(코끼리 무릎의 개수를 묻는 퀴즈 같은 경우에는), 이 오류들을 입력하고 배우는 데 아무런 문제가 없다. 그런데 우리가 어떤 오류들을 우리의 개인적 정체성에 대한 위협으로 해석할 때는 얘기가 달라진다. 그럴 때 우리는 대체로 그 오류들을 무시할 뿐 아니라 미래에 같은 오류를 발생시킬 수 있는 상황도 피하게 된다.

이를 실생활에서의 예를 들어 좀 더 살펴보자.

오류가 없는 존재

IQ 테스트는 오랫동안 어린아이들의 지능을 측정하는 매력적인 방법으로 평가되어 왔다. 이 테스트 점수가 높을수록 '타고난 머리', '똑똑한 천재' 등과 같은 이름표가 붙게 마련이다.

문제는 다음과 같다.

연구들은 이런 이름표들이 많은 아이들에게 해로울 수 있다는 사실을 지속적으로 입증해왔다. 실제로 '타고난 머리'라는 이름표가 붙은 아이들을 추적한 몇몇 연구들의 결과에 따르면, 최대 50퍼센트가 자신감을 잃었고, 성취도가 떨어졌으며, 궁극적으로는 쏟아지는 학업적 기대에 부응하지 못했다고 한다.

왜 이런 일이 벌어지는 것일까? '오류의 개인화' 때문이다.

일단 이처럼 돋보이는 검사 결과를 받고 나면, 많은 아이들이 '타고난 머리'라는 개념을 마음속 깊이 품게 된다. 그리고 이를 자신의 정체성을 정착시키는 데 사용한다. 불행은 이 개념에 내재된 '성공에 대한 기대'에서 비롯된다. 재능 있는 사람은 너무 똑똑해서 절대 무엇이든 망칠 수 없다. 항상 최고 수준에서 모든 일을 처리한다는 기대 말이다. 이 때문에 많은 영재들이 '오류 경보'가 발생하면 이를 자신에 대한 직접적인 위협으로 해석하게 된다. 실패를 일으킬 수 있는 상황을 피하고, 현재의 심성 모형과 일치하는 성공을 보장하는 것만 빠르게 배운다.

생각해보라. 당신이 이미 알고 있는 것들로만 당신을 둘러싸면 어떻게 될까?

성장은 억제되고 혁신은 죽는다. 오류 경보가 발생할 수 있는 상황을 차단함으로써 많은 재능 있는 학생들이 스스로에게 장애물을 심고, 자기 보호를 위해 자신의 학습을 스스로 방해하는 것이다.

한편 오류를 개인의 정체성과는 무관한 것으로 해석하는 학생들은 학습이 높은 지능지수에 의해 주도되는 타고난 권리가 아니라, 노력에 의해 이룰 수 있는 과정으로 간주한다. 따라서 이런 학생들은 오류 경보를 발생시킬 수 있는 어려운 상황을 적극적으로 찾는 경향을 나타낸다. 도전과 혼란에 둘러싸여 있을 때는 단기적인 성공은 몰라도, 장기적인 성공과 혁신은 그 싹을 분명하게 틔운다. '성공하고 싶다면 실패를 두려워 말라'는 격언이 여기서 빛을 발한다.

그렇다고 해서 아이들에게서 이런 이름표를 죄다 뺏어야 한다는 뜻은 아니다. 영재에 관한 토론은 그 종류도 엄청나게 많고 범위도 너무나 다양하다.

단지 이 책에서는 개인화가 어떻게 오류 경보를 '기회'에서 '압박'으로 바꿔놓는지에 초점을 맞출 예정이다.

오류로 가득한 존재

우리가 오류를 저지를 때마다 우리의 심성 모형이 자동 업데이트된다면 정말 놀라울 것이다. 이런 일이 가끔 일어나기는 한다(누구도 예외 없이 뜨거운 다리미 바닥을 처음이자 마지막으로 만지지 않는가? 한 번 손바닥으로 만지고 나면 절대 두 번 다시는!). 하지만 오류에서 비롯된 학습은 통상 다음의 4단계 과정을 따른다.

첫 번째 단계는 '인식awareness'이다.

오류가 발생했다는 것을 의식적으로 인식하지 않으면, 그것을 해결할 방법이 없다. 심성 모형이 우리 뇌에 깊이 뿌리를 내리면 내릴수록 우리는 예측과 현실 세계 사이의 불일치를 인식할 가능성이 그만큼 더 낮아진다. 이처럼 인식은 하찮은 것이 아니다. 교사나 멘토의 지원을 통해 우리는 인식으로부터 커다란 이익을 얻을 수 있다.

두 번째 단계는 '범주화categorization'다. 대부분의 분야들 내에서 오류는 비교적 작은 기능적 그룹에 따라 구성될 수 있다. 예를 들어 당신이 수학 시험에서 범할 수 있는 오류는 놀라지 마라, 수백만 가지가 넘는다! 하지만 이 오류들은 거의 모두 오산(곱하기의 실수), 오해(잘못된 공식 사용), 오용(방정식의 모든 단계를 따르지 않음) 또는 게으름(문제를 잘못 읽음) 등과 같은 범주들에 속하게 될 것이다.

범주화는 오류 발생의 패턴을 인지하고, 근본적인 원인을 식별하는 일을 더 쉽게 이끈다. 즉 범주화는 우리가 '무엇이' 잘못되어 가고 있는지를 넘어 '왜' 잘못되어 가고 있는지로 향할 수 있게 도와준다.

이 단계에서도 교사나 멘토의 조언을 통해 큰 이익을 얻을 수 있다.

세 번째 단계는 '정정correction'이다.

일단 근본적인 원인이 규명되면, 우리는 이를 수정하기 위한 노력을 기울일 수 있다. 오류를 수정하는 것 또한 대체로 지식과 연습을 요구한다. 따라서 이 단계에서도 교사나 멘토의 지도로부터 큰 이익을 얻을 수 있다.

네 번째 단계는 '자율성autonomy'이다.

인류는 점점 특정한 분야 내에서 고도의 전문지식을 누적해나간다. 이는 오류 또한 알려진 것에서 알려지지 않은 것으로 서서히 옮겨간다는 뜻이다. 전문지식의 최첨단에서 발생하는 오류들, 이전에 아무도 저지르지 않았던 오류들, 이전에 한 번도 발견되지 않았던 오류들, 창조적 도약의 필요성을 알리는 오류들이다. 이런 알 수 없는 오류가 발생했을 때는 이를 수정할 만한 지침이나 지원이 없기 때문에 스스로 밀고 나갈 준비가 되어 있어야 한다. 교사와 멘토들은 결국 물러나고, 이 오류 분석 사이클을 독립적으로 실행하는 방법을 배우는 것이 중요하다. 다시 말해 오직 자기 진단, 자기 분류, 자기 개입 등을 통해서만 새롭고 혁신적인 사상과 개념, 지식이 탄생할 것이다.

마지막으로 한 가지 중요한 것

자, 다시 이 장의 시작 부분에 있는 퀴즈들로 돌아가자.

인간은 얼마나 많은 감각을 갖고 있는가? 누가 전구를 발명했는가?

이런 질문들을 받으면 기대감이나 본능적인 끌림 같은 걸 느끼기 시작할 것이다. 즉 답을 알아내야 직성이 풀릴 것이다.

믿기 힘들겠지만 이 느낌들은 '호기심'이 만들어낸 것이다. 오류 경보가 우리의 지식이나 이해의 격차를 나타낸다면, 호기심은 이 간격이 채워질 수 있고, 나아가 채우고 싶다는 인식이다.

다양한 텔레비전 프로그램들이 이 호기심이라는 인식을 영리하게 활용한다. 한 편의 에피소드가 진행되는 동안 그 프로그램은 우리가 단순한 예측에 바탕한 심성 모형을 만들도록 유도한다(필립은 영웅이니까, 분명 위기에서 탈출할 거야!). 그러다가 에피소드가 끝날 때쯤에는 그 예측을 깨뜨리고 오류 경보를 울리기 위해 뭔가 반전의 흥밋거리를 심어놓는다(맙소사, 방금 필립이 차를 절벽으로 몰았어!). 그리고 마지막으로 이 호기심의 격차가 곧 메워질 것임을 암시한다(다음 주에도 채널 고정!). 즉 딱 한 편만 더 보게끔 만드는 호기심 말이다.

▶ 대체 이 검은 얼룩은 무엇이란 말인가?

안타깝게도 호기심은 대체로 멋진 감정처럼 보인다. 하지만 호기심에는 어두운 면이 숨어 있다.

퀴즈의 진짜 답

Q. 인간은 보편적으로 얼마나 많은 감각을 갖고 있는가?

A. 17개. 시각, 청각, 후각, 미각, 촉각, 통증, 균형, 관절감각, 운동감각, 열, 추위, 혈압, 혈액 산소 함량, 뇌척수액의 산소도, 갈증, 굶주림, 폐의 팽창.

Q. 전구는 누가 발명했는가?

A. 워렌 라 루Warren la Rue. 토머스 에디슨은 전구를 상용화시켰지만 발명하지는 않았다.

Q. 해군 용어에서, 모스 부호 SOS는 무엇을 의미하는가?

A. 아무것도 의미하지 않는다. SOS는 모스 부호 중 가장 입력하기 쉽고 인식하기 쉽기 때문에 비상용 코드로 선택되었을 뿐이다.

Q. 황소는 보통 어떤 색깔을 보고 화를 내는가?

A. 없음. 황소는 이색성 색각이며 빨간색을 감지해낼 수 없다(최소한 우리가 보는 것처럼 빨간색을 인식하지 못한다. 황소는 빨간색을 초록색으로 본다).

황소는 단지 투우사의 망토와 위협적인 행동에 격분할 뿐이다.

Q. 산소를 함유한 혈액은 빨간색이다. 그렇다면 산소가 없는 혈액
은 무슨 색인가?

A. 빨간색. 정맥은 빛이 피부에 반사되어 혈구 내의 산소 분자와
상호작용하는 방식 때문에 파랗게 보인다.

이제 진짜 답도 알았고 지식의 격차도 메웠다. 기분이 어떤가? 어
쩌면 기운이 쭉 빠지거나, 아무 감흥도 없거나, 심지어 약간은 실망
스러울지도 모르겠다.

사람들은 흔히 해결책이 흥미를 줄 것이라 생각하지만 그런 경우는
드물다. 해결책 자체보다 해결책을 찾는 과정에서 더 짜릿한 재미를
느끼기 때문이다. 이는 무슨 의미인가? 호기심의 전율이 지식의 '격차
자체'에 존재한다는 뜻이다. 일단 그 틈이 채워지면 호기심의 끌림은
사라지고, 우리는 심성 모형과 예측의 단조롭고 따분한 세계로 되돌
아간다. 두근두근한 마음을 감추지 못하고 몹시도 들뜬 채 텔레비전
드라마의 다음 회를 보기 위해 앉았던 그 모든 시간을 생각해보라.
하지만 다음 스토리가 공개되는 즉시 실망하지 않았는가!(아, 필립이
절벽 끝으로 차를 몰아가기 직전에 이미 뛰어내렸구나… 흠, 다행이긴 하네…)

나는 종종 자동차 경주에 호기심을 비유하곤 한다. 운전자들이 결
승선을 통과한다는 것, 그것은 경주의 끝을 알리는 신호다. 날도 저
물었고 집으로 돌아가야 할 시간이다. 자동차 경주에서 가장 손에 땀
을 쥐는 순간의 격렬한 감정은 선수들이 결승점에 막 닿기 위해 치열

하게 싸우는 마지막 트랙에서 폭발한다.

인간에게 호기심이 딱 이 경주와 같다. 사람들이 이 호기심의 개념을 명확히 인식하면 할수록, 기꺼이 오류를 찾아내고 오류 분석 과정에 뜨겁게 동참하게 될 것이다.

추신: 221페이지에 실린 삽화 속 검은 얼룩은 통나무 위에 앉아 있는 개구리다. 어떤가? 한 번 더 보니… 당신의 궁금했던 호기심이 어디론가 바삐 가고 있지 않은가?

▶ 호기심이여, 안녕!

1. 오류 문화를 조성하라

비즈니스와 학교, 그리고 팀team은 다음 두 가지의 서로 다른 문화적 지향점을 갖고 있다. '결과'와 '과정'이다.

결과를 중시하는 문화는 제품의 완성도를 강조하고 성공-보상 시스템을 유용한다. 이는 오류의 개인화로 이어져 위험 기피, 동료와의 지나친 경쟁과 지나친 단절을 조장할 수 있다. 반면에 과정을 중시하는 문화는 노력, 실패, 성장 및 숙련도의 중요성을 강조한다. 이는 오류의 개인화를 해소해 위험을 감수하고 협업과 충성도를 촉진할 수 있다.

따라서 과정을 중시하는 문화를 갖고 싶다면(물론 모두가 원하지는 않는다), 오류와 오류 분석이 모든 단계에서 명백하게 특징지어지고 장려되도록 하는 조치를 취하는 것이 중요하다. 어떤 결정에 영향을 미친 오류에 대해 개방적으로 토론하고, 검토 과정에서 오류를 식별하고 범주화하도록 요청하고, 성공적인 결과를 불러온 노력과 실패를 강조해야 한다. 오류가 투명하게 받아들여질 때, 사람들은 지식의 격차를 찾아내고, 호기심을 추구하고, 호기심이 사라지는 과정을 즐겁게 포용할 것이다.

• 핵심 질문 1: 낡은 것 버리기

**"우리는 매번 업데이트할 때마다 기존의 심성 모형을 잃는 것
인가?"**

배움은 파괴적이 아니라 건설적이다. 이는 우리가 심성 모형
들을 다른 것으로 대체하지 않는다는 것을 뜻한다. 우리는 단
지 심성 모형들을 확장한다.

어린 시절을 떠올려보라.

분명 산타 할아버지를 믿었던 때가 있었을 것이다. 심성 모형
이 산타 할아버지의 존재를 받아들이고, 예측이 그의 존재를
설명해주었다. 하지만 어느 순간 당신은 산타가 가공의 인물
이라는 사실을 알게 되었고 그에 따라 심성 모델을 업데이트
하게 되었다. 그렇다고 해서 그 순간 갑자기 산타 할아버지에
대한 모든 것을 깨끗하게 잊어버렸는가? 아닐 것이다. 오늘날
까지 당신은 여전히 산타 할아버지를 알아볼 수 있고, 말할 수
있고, 그에 대한 어린아이들의 믿음을 받아들일 수 있다. 즉
예전의 심성 모형을 파괴한 것이 아니라 단순히 거기에 새로
운 정보를 추가한 것이다.

(삭제를 대신해) 오래된 심성 모델을 계속 리모델링함으로써 우
리는 과거와의 관계를 유지하고, 개념에 대한 더 깊은 이해를

촉진하고, 끊임없이 변화하는 세계에 지속적으로 적응하기 위해 꺼내 쓸 수 있는 정보의 풀pool을 개발할 수 있다.

2. 오해를 사용해 학습을 촉진하라

심성 모형의 활성화 없이, 예측의 생성 없이 새로운 지식과 정보를 받아들이면, 이전에 학습한 개념이나 아이디어에 연결하지 못한 채 그 지식과 정보를 고립된 채로 이해하게 된다.

예를 들어보자.

내가 그저 간단하게 '황소는 이색성 색각이다'라고 말했다면, 이 정보는 절대 심성 모형에 연결되거나 영향을 끼치지 않았을 것이고, 당신은 여전히 황소가 빨간색을 싫어한다고 믿을 것이다.

하지만 새로운 정보를 받아들이기 전에 심성 모형을 활성화시키고 예측을 실행하면, 현재의 이해를 바탕으로 그 정보를 해석하게 된다. 다시 말해 먼저 황소가 빨간색을 싫어한다는 예측을 하게 되면, 이는 심성 모형이 활성되었음을 의미한다. 그리고 나중에 '황소는 이색성 색각이다'라는 사실을 알게 됨으로써 당신은 이 정보를 기존 심성 모형에 통합하고 그에 따라 업데이트할 수 있게 된다.

일반적인 실수나 오해를 무조건 피하기보다는 그것들을 당신의 시간 안에 포함할 수 있도록 노력하라. 프레젠테이션에 앞서 사람들에게 특정 주제에 대해 현재 어떻게 이해하고 있는지를 들어보라. 또는 일반적인 가설(예를 들어 '서로 다른 무게를 가진 두 개의 공을 떨어뜨리면 둘 중 어떤 것이 먼저 땅으로 떨어질까?' 같은)에 모순되는 증명을 제시해보거나, 상식적으로 받아들여지는 것들에 대한 반론을 만들어보라. 흔히 착각하기 쉽고 알쏭달쏭한 객관식 퀴즈(내가 이 장에 처음에서 냈던 퀴즈 같은)를 친구들에게 제공해보라. 틀려도, 유치해도, 서툴러도, 잘못 이해한 것이라 하더라도 전혀 상관없다. 심성 모형이 활성화되고 예측이 먼저 이루어져야만 새로운 아이디어들이 기존의 것과 연결되어 업데이트가 이루어진다.

• **핵심 질문 2: 과잉 정정**
"특정한 오류의 정정 사항('코끼리는 무릎이 두 개다' 등)을 왜 다른 것보다 더 잘 기억하는가?"

연구자들은 이 현상을 '과잉 정정hypercorrection'이라고 부른다. 과잉 정정의 핵심은 '확신'이다.

우리가 특정 주제에 대해 해박한 지식이나 이해를 갖고 있지 못할 때, 우리의 심성 모형은 매우 약해진다. 즉 우리의 '예측'에 대해 큰 자신감이나 확신을 갖지 못한다.

이해를 돕기 위해 퀴즈를 하나 내보자.

이 책의 지은이인 제레드 쿠니 호바스 박사가 가장 좋아하는 스포츠는 무엇일까? 당신은 예측을 가동하기 시작한다. 이 책에서 읽은 무니 할아버지 이야기, 인용한 타이거 우즈에 비춰볼 때 '골프' 아닐까? 포핸드, 백핸드, 발리 샷을 예로 들어 인터리빙을 설명한 것으로 볼 때 '테니스' 아닐까?

미안하다. 정답은 '아이스하키'다.

어떤가? 답을 듣는 순간, 당신의 머릿속에서 오류 경보가 울렸는가? 아닐 것이다. 답을 찾는 과정에서 호기심도 미미했을 것이다. 오류 분석 과정의 절박한 필요성도 느끼지 못했을을 것이다. 이유는 뭔가?

간단하다. 당신은 제레드 쿠니 호바스 박사의 애호 스포츠가 무엇이든 별 상관없기 때문이다. 내가 좋아하는 스포츠가 이 책을 이해하는 데 결정적 역할을 하는 것도 아니요, 이 책의 독서 성과를 좌우하는 것도 아니요, 뭐… 아무것도 아니기 때문이다. 그래서 당신은 이와 동일한 퀴즈를 다음 주에 받는다 할지라도 이렇게 예측할 것이다. '음, 뭐랬더라… 골프가 아니라고 했던가…?'

모든 것은 오류에 개입하고자 하는 당신의 의지에 달려 있다. 앞에서 배운 바와 같이, 만일 당신이 오류 경보를 무시하기로 선택했다면, 오류에 관한 모든 것은 간단하게 무효가 된다.

3. 오류의 패턴을 찾고 스스로 대안을 만들어라

앞에서 살펴보았듯이, 수많은 오류들은 각기 작은 그룹으로 깔끔하게 범주화할 수 있다. 이는 100개의 개별 오류를 각각 해결해야 하는 수고를 획기적으로 덜어준다. 즉 범주화시켜 해당 범주의 근본적 원인만을 다루면 충분할 수 있다는 뜻이다.

당신이 어떤 주제나 자료에 대한 오류 노트(오답 노트 등)를 만든다고 할 때 반드시 기억해야 할 점이 있다. 오류 그 자체가 아니라 오류가 발생한 '프로세스'에 집중하라는 것이다. 무엇이 잘못되었는지를 단순히 강조하지 마라(제기랄, 수학 시험을 또 망쳤군!). 수학 시험을 망쳤을 때는 왜 망쳤는지를 알려주는 오류들을 최대한 노트에 적고, 그것들 사이의 패턴을 찾아내는 습관적인 노력이 중요하다.

'이런, 방정식 문제들에서 내가 갖고 있는 오류들의 가장 큰 원인은 문제 자체를 잘못 읽고 있다는 거였네. 문제 읽는 속도를 좀 고민해야겠어.'

'전체적으로 대수학보다는 기하학에서 점수를 못 따고 있네. 기하학, 하면 마이클인데, 마이클에게 조언을 구해보자.'

이처럼 오류를 범주화하면 패턴을 찾을 수 있고, 찾아낸 패턴을 통해 스스로 대안을 만들어갈 수 있다. 눈치챘는가? 이 과정이 바로 오류를 성공의 발판으로 만들어내는 '자율성'의 탄생 과정이다.

4. 피드백, 오류 경보를 작동시키는 지름길

앞에서 배운 바와 같이, 충분히 큰 오류만이 충분히 강력한 오류 경보를 발생시킨다. 이는 수많은 작은 오류들은 우리의 예측에 가려져 우리의 의식적인 인식에 도달하지 못한다는 것을 의미한다.

운이 종게도, 아주 작은 오류도 인식할 수 있는 간단하면서 효과적인 방법이 있다. '피드백feedback'이다. 누군가가 명백한 오류를 지적할 때마다(예를 들어 이 문단의 첫머리에 적힌 '운이 종게도'가 '운이 좋게도'의 오타라는 사실을 누군가가 지적할 때), 우리의 뇌는 '피드백 관련 부정feedbackrelated negativity'이라고 불리는 신호를 발생시킨다. 그리고 이 신호는 항상 즉시 오류 경보를 발동시킨다.

• 핵심 질문 3: 효과적인 피드백

"단순한 오류 지적보다 더 효과적인 피드백이 존재하는가?"

당연히, 존재한다.

효과적인 피드백은 다음 3가지 정보를 요구한다.

1. 어디로 가는가?

팀장인 당신이 팀원들에게 단순 지적을 넘어 효과적인 피드백을 주고 싶다면, 그들이 달성하고자 하는 목표와 수준을 명확한 것으로 만들어 상기시킬 수 있어야 한다. 그래야만 그들의 심성 모형이 더 적극적으로 활성화되고 의미 있는 예측들이 적극적으로 이루어진다.

2. 어떻게 가는가?

효과적인 피드백을 위해서는 '피드백 관련 부정' 신호를 끌어낼 수 있어야 한다. 이를 위해 당신은 팀원들에게 그들이 현재 보여주고 있는 개인적 성과와 목표 사이의 불일치를 분명하게 강조할 수 있어야 한다. 팀원들을 한 자리에 불러 뭉뚱그려 말하지 마라. 각각의 팀원의 특정한 측면을 반영해 피드백할 수 있어야 한다. 뭉뚱그리고, 모호하고, 상대적인 피드백은 오류 경보를 발생시키기에 충분하지 않을 것이다.

3. 다음에는 어디로 가야 하는가?

마지막으로 불일치를 해결하기 위해 어떤 조치를 취해야 하는지를, 각 개인의 수준에 맞게 제시해야 한다. 신입 팀원이라면 좀 더 디테일한 피드백이 필요할 것이다. 하지만 전문성과 자율성을 보여주는 팀원들에게는 디테일한 피드백이 별로 효과가 없다. 오히려 쓸데없는 잔소리쯤으로 받아들여질 공산이 크다. 그들에게는 사실 디테일한 피드백보다는 그들을 신뢰하고 인정하는 듯한 뉘앙스를 주는 피드백이 더 효과적이다. '자네 요즘, 너무 바빠서 그 일에는 약간 좀 소홀한 거 아닌가?' '너무 잘하려고 하다 보니 압박을 받는 것 같은데, 한 걸음 물러나서 천천히 한번 살펴보는 게 어때?' 등과 같은 수준의 '주의 환기' 정도면 충분할 것이다.

▸ 어디로 가는가? 목표를 정확히 하자

▶ 어떻게 가는가? 오른쪽처럼 모호한 정보를 전달하지 마라

▶ 다음에는 어디로 가야 하는가? 칭찬을 두려워 마라!

마지막으로 짚고 넘어가야 할 것이 하나 있다. 피드백은 '받아들여진' 경우에만 효과가 있다는 것이다. 만일 어떤 사람이 '지적'에 따른 오류 경보를 무시하기로 마음먹었다면, 세상의 모든 피드백은 쓸모가 없어진다. 당신의 팀원들 중 누군가 당신의 피드백을 자주 차단하고 있다는 사실을 발견하면, 당신은 그가 자신의 오류를 지나치게 개인화하고 있는 것인가 살펴보면서, '문제 해결'보다는 '문제를 해결해 가는 과정'에 초점을 맞춘 조치를 고려해야 한다.

• 핵심 질문 4: 칭찬

"칭찬은 독이 될 수 있는가?"

이 질문은 언제나 나를 곤란하게 한다.

엄밀히 말해 칭찬은 '피드백'이 아니다. 칭찬은 효과적인 피드백의 3가지 요소에 포함되지 않는다. 오류 경보를 발생시키지도 않고, 심성 모형의 업데이트를 안내하지도 않는다. 즉 칭찬이 학습의 효과를 이끄는 것은 아니다.

하지만 칭찬은 개인의 노력과 발전을 효과적으로 인정해주는 좋은 도구다. 칭찬은 결국 자신감을 북돋는다. 동기를 부여하고, 어려운 배움의 여정을 계속하도록 사람들을 고무시킬 수 있다.

단, 칭찬으로 피드백을 대체하는 것은 위험하다. 연구 결과들에 따르면, 칭찬과 피드백을 함께 사용할 때 탁월한 결과를 얻는다.

5. 오류 분석 능력을 의도적으로 보여주어라

어떤 기술을 배울 때와 마찬가지로 오류 분석의 능력 또한 연습을 통해 향상된다. 가장 효과적인 연습은 다른 사람들과 함께 오류 분석 과정을 주기적으로 시도해보는 것이다. 보고서, 읽어야 할 자료들, 프레젠테이션 등에 너무 명확하지 않은 오류(너무 뻔하지 않은, 너무 노골적이지 않은 오류)를 포함시킨 다음 이를 다른 사람들과 협력해 발견하고, 분류하고, 해결한다. 이 연습에 참여하는 시간이 늘어나면서 사람들은 점점 더 탁월한 오류 분석력을 얻게 된다. 나아가 오류 분석의 주기를 습관적으로 실행하게 된다.

▶ 와인 잔을 손에 든 여인

이에 관련된 흥미로운 팁을 하나 선물로 당신에게 주고 싶다.

팀장인 당신이 오류 분석을 하는 모습을 선보이면 선보일수록, 팀원들 또한 자신들의 오류를 '개인화'하지 않게 된다. 즉 팀원들도 자신의 오류를 숨기지 않고, 공유와 협력을 통해 더 나은 해결책과 대안을 찾아내는 오류 분석 과정을 즐기게 된다는 것이다.

오류를 수용하면 학습과 기억력, 예측이 향상될 수 있다.

- 우리의 뇌는 심성 모형을 만들고, 이를 세상이 어떻게 돌아가는
  지에 대한 예측을 형성하는 데 사용한다.
- 오류 경보는 심성 모형과 현실 세계의 불일치를 나타낸다.
- 오류는 수용(학습)될 수도 있고, 회피(무시)될 수도 있다.
- 오류 분석 프로세스에는 인식, 범주화, 정정 및 자율성이 포함된다.

확장 팁

1. 오류 문화를 조성한다.

- 오래된 심성 모형은 지워지지 않는다. 그 위에 더해질 뿐이다.

2. '오해(잘못된 인식)'를 활용해 학습을 촉진하라.

- 과잉 정정은 사람들이 더 높은 수준의 오류를 잘 고칠 수 있음
  을 시사한다.

3. 당신이 일하고 있는 분야의 오류 노트(오류 범주화 작업)를 만들어

지속 업그레이드하라.

4. 피드백은 오류 경보를 효과적으로 작동시킨다.
- GPS 장비처럼, 피드백은 다른 사람들이 자신이 어디에 있는지, 어디로 가고 있는지, 다음 단계는 무엇인지를 인식하는 데 도움이 되어야 한다.
- 피드백에 칭찬을 곁들이면 시너지 효과가 발생한다.

5. 오류 분석 능력을 의식적으로 보여주어라.

8장

머릿속 지휘자가
결정한다

: 리뷰와 인식과 회상 사이

"우리는 우리가 기억하는 것들을 생각하지 않는다.

우리는 우리가 생각하는 것들을 기억한다."

_제레드 쿠니 호바스 Jared Cooney Horvath

마침내, 8장에 도착했다.

우리가 지금껏 무엇을 했는지 돌이켜볼 수 있는 완벽한 지점에 도달한 것이다. 당신은 이 지점을 그냥 건너뛰어도 무방하다고 생각할 수도 있다. 하지만 나는 절대 그럴 수 없다! 내가 당신에게 너무 시시콜콜한 것까지 알려주려고 한다고? 장담컨대, 이번 장에서 나는 정말 중요한 것을 당신에게 알려주고자 한다.

7장까지 우리는 뇌의 중요한 영역들에 대해 배웠다. 몇몇 중요한 것들을 다시 한번 불러와보자.

》브로카/베르니케 네트워크는 언어를 처리할 수 있게 해준다. 그리고 듣기와 읽기를 동시에 진행할 때 '병목현상'을 일으킬 수 있다는 사실을 알려준다.

》해마는 기억의 관문이다. 모든 새로운 지식과 정보는 기억에 저

장되기 위해 이 구조를 통과해야 한다.

> 해마장소영역은 무의식적으로 우리를 둘러싼 주변 환경의 물리적 레이아웃들(모습, 상태 등)을 암호화한다.

> 전보조운동영역은 순서정리자의 역할을 한다. 기저핵과 함께 작동하면서 청크를 형성한다.

> 전대상 피질에는 심성 모형을 현실 세계와 비교하는 영역이 포함되어 있어, 오류 경보를 작동시킬 수 있다.

지금껏 우리는 또한 다양한 흥미로운 심리 현상들을 탐구했다. 다음 질문들에 정답을 선택할 수 있는지 확인해보자.

질문 상자 1

Q. 마침표도 띄어쓰기도 없이 연속된 단일 행으로 쓰여진 텍스트를 가리키는 용어는?

   a. 스크립투라 콘티누아scriptura continua

   b. 블록 라이팅block writing

   c. 의식의 흐름stream of consciousness

Q. 우리가 보고 있는 어떤 사람의 얼굴이 우리가 듣는 어떤 단어들에 영향력을 끼쳤다면, 이를 무엇의 예시라고 할 수 있는가?

   a. 공감각

b. 교차 감각

c. 맥거크 효과

Q. 정보를 기억하기 위해 (더 이상 존재하지 않는) 정보가 있던 공간을 응시하는 행위를 무엇이라 하는가?

a. 공허 응시

b. 장소법

c. 재실행

Q. 서술 기억은 두 개의 뚜렷한 범주로 나눌 수 있다. 무엇인가?

a. 개인적 기억 vs 비非개인적 기억

b. 일화적 기억 vs 의미적 기억

c. 명시적 기억 vs 암시적 기억

Q. 비슷하기는 하지만 이전에 결코 배운 적 없는 기술을 실행하기 위해 사전에 형성된 청크를 그 용도에 맞게 개조하는 능력을 무엇이라고 부르는가?

a. 전이

b. 응용

c. 번역

정답: A, C, A, B, A

243

이 장에 본격적으로 뛰어들기 전에, 마지막 질문이 하나 있다.

질문 상자 2

Q. 책장을 앞으로 넘기거나 훔쳐보지 말고, 써보자.

이 책 각각의 장 제목은 무엇인가?(1~2분 정도 각각의 장 제목을 떠올려보고 솔직하게 작성해보자)

1장 : _____

2장 : _____

3장 : _____

4장 : _____

5장 : _____

6장 : _____

7장 : _____

자, 이제 책장을 앞으로 넘기면서 답을 알아보자.

위의 질문 상자들은 서로 완전히 다른 기억 프로세스를 사용하고 있다. 중요한 것은 이 두 개의 질문 상자 중 하나만이 그 안에 포함된 내용들에 대해 깊고, 오래 지속되는 기억력으로 이어질 것이다. 어떤 상자가 그런지 알아맞힐 수 있겠는가?

기억의 삼두마차

유년 시절 들었던 라디오 속 광고 음악은 왜 그렇게 기억하기 쉬울까? 고등학생 때 몇 년이나 공부했던 수학 공식들을 기억하기란 왜 그렇게 어려울까? 첫 키스를 기억하기는 쉽지만, 지난 주 참석했던 이사회 회의에 대해선 별로 기억나는 게 없다. 인기 드라마의 장면들은 기억하기 쉽지만, 주기율표의 화학 원소는 좀처럼 기억나지 않는다.

이러한 기억의 불일치에 대해 사람들은 흔히 우리가 개인적으로

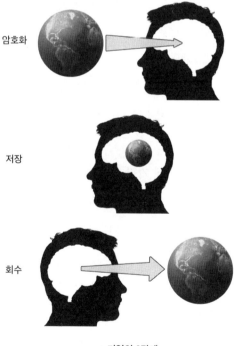

▶ 기억의 3단계

관련이 있고 감정을 매우 자극하는 사건들을 더 잘 기억하는 경향이 있다고 설명한다. 사실이다. 하지만 이 설명만으로는 부족하다. 햄버거의 재료들을 묘사하는 광고 노래가 당신의 사생활과 어떤 관련이 있을까? 또한 어떤 사람은 수학 방정식을 배울 때 매우 강렬한 감동이나 인상을 경험했을 수도 있다.

분명히, 더 많은 일들이 존재할 것이다. 이 더 많은 일들의 존재를 이해하기 위해서는 기억과 그것이 어떻게 작동하는지에 대해 더 자세하게 들여다볼 필요가 있다.

기억의 형성과정은 다음의 3단계로 이해될 수 있다.

1. 암호화: 정보는 반드시 뇌로 '들어가야' 한다.
2. 저장: 정보는 반드시 뇌에 '박혀 있어야' 한다.
3. 회수: 정보는 반드시 뇌에서 '다시 나와야' 한다.

많은 사람들이 기억 형성에 가장 큰 영향을 끼치는 것으로 이 3단계 중 첫 두 단계에 초점을 맞춘다. 그들의 견해는 지식과 정보를 많이 접하면 접할수록(암호화), 뇌에서 이들 정보의 영구적 공간을 찾을 가능성이 높아진다는 것이다(저장). 하지만 이 견해가 옳다면, 인생에서 오직 한 번밖에 일어나지 않는 당신의 첫 키스는 이미 오래 전에 아주 희미해졌어야 한다. 시험을 앞두고 수없이 외웠을 주기율표는 기억 공간 속에 완벽하게 남아 있어야 이치에 맞지 않은가?

결국 연구자들은 밝혀냈다. 암호화와 저장에만 집중하면 얕고 일시적인 기억들만이 형성된다는 것을. 잠깐의 시간 동안 뭔가를 기억하는 것, 아주 가까운 미래에만 써먹을 기억이 목표라면 마음껏 암호화와 저장에만 힘을 쏟으면 된다. 하지만 평생 동안 적용될 수 있는 깊고 지속적인 기억을 만들고 싶다면 기억 형성의 3단계 중에서 가장 간과하기 쉬운 '회수'로 초점을 옮겨야 한다.

인간의 뇌에서 회수는 건설적인 부분이다. 즉 기억을 회수할수록, 그 기억은 더 깊어지고 강력해지고 향후 접근하기가 더 쉬워진다.

예를 들어보자.

기억을 밀림 속 작은 오두막이라고 생각해보라. 이 오두막을 처음 탐사할 때는 무성한 나뭇가지와 덤불을 헤치면서 길을 내야 할 것이다. 하지만 당신이 이 길을 점점 오갈수록, 이 길은 점점 더 명확해지고 하나의 선명한 풍경으로 그려질 것이다. 이처럼 한두 번 떠올리는 것에 그치지 않고 충분히 떠올릴수록(회수가 충분히 이루어질수록), 그 길은 나뭇잎들로 시야를 방해받지 않는, 기억으로 곧장 이어지는 고속도로가 될 것이다.

이것이 곧 어떤 영화를 딱 한 번만 보고도(암호화) 그 영화의 디테일들을 오랫동안 기억해내는 사람들이 존재하는 이유다. 그들은 다음과 같은 회수 작업을 거친다. 친구들과 그 영화에 대해 대화를 나누고 토론을 벌이고, 인터넷에 올라온 영화평을 검토하고, 마음에 남았던 명장면들을 종종 떠올린다. 이 같은 회수 작업을 통해 그 영화에 대한 기억이 더 깊어지고 강력해지고 향후 접근하기가 더 쉬워진다.

나아가 회수는 지난 주 있었던 이사회의 내용을 잘 기억하지 못하는 사람들이 존재하는 이유도 설명해준다. 이사회에 상정되었던 안건들이 저녁식사 테이블 위에 다시 오르지 못했다면, 이 기억은 결코 회수됨 없이 빠른 속도로 무성하게 자라나, 정글 속으로 사라지고 만다.

나는 다시 한 번 아래의 문장을 강조하고 싶다. 이 단 한 문장이 당신의 기억에 대한 관점에 큰 영향을 끼칠 수 있는 잠재력을 갖고 있기 때문이다(나 역시도 이 문장으로부터 커다란 영향을 받았기 때문이기도 하다).

회수는 깊고, 오래 지속되는,
접근하기 쉬운 기억을 형성하는 열쇠다.

당신이 이 책을 여기까지 잘 읽어왔다면, 이 모든 것이 결코 쉽지만은 않다는 것을 알고 있을 것이다. 하지만 우리가 기억을 되살리기 위해 사용할 수 있는 3가지 방법이 있다.

리뷰review, 인식recognition, 그리고 회상recall이다.

메타포

뇌를 하나의 오케스트라로, 그리고 각각의 뇌 부위를 특정한 악기라고 상상해보라. 시각 피질은 바이올린, 청각 피질은 오보에, 해마는 하프라고 생각해보자.

어떤 정보가 우리의 뇌에 들어올 때, 그것은 하나의 악기에 국한된 단순한 선율을 불러오는 것이 아니다. 오히려 정보는 모든 악기를 포함하는, 점점 폭포수처럼 울려 퍼지는 교향곡을 불러일으킨다.

예를 들어 아래의 오리 그림을 당신이 들여다본다고 해보자. 이 오리 그림을 본 순간, 당신의 머릿속에는 바이올린만이 연주할 수 있는 선율, 하프만이 연주할 수 있는 선율 등등이 흘러나오기 시작할 것이다. 그러다가 마침내 그 오리에 대한 당신의 기억이 암호화되는 순간, 당신의 뇌 전체는 완벽한 한 편의 교향곡을 연주하게 될 것이다.

기억의 '회수'를 위해서는, 완벽한 기억 교향곡을 다시 연주할 수 있는 오케스트라(기억을 암호화하는 순간에 참여했던 거의 모든 악기가 참여하는 오케스트라)가 다시 동원되어야 한다. 즉 지금 당장 눈을 감고 좀 전에 봤던 오리 그림을 다시 떠올려본다면, 당신의 뇌 속 오리는 당신이 그것을 암호화한 순간과 믿을 수 없을 정도로 똑같아 보일 것이다.

이는 또한 우리가 종종 기억을 현실처럼 생생하게 다시 체험하는 이유이기도 하다. 우리가 기억의 교향곡을 재생할 때마다 우리의 뇌는 과거로 되돌아간다.

▶ 귀여운 오리 한 마리

마지막으로, 오케스트라에는 모든 악기를 조율하고 적절한 순간에 적절한 선율을 이끌어내는 지휘자가 있어야 한다. 우리의 뇌 안에서 이 지휘자는 우측 전전두엽 피질의 작은 영역 안에 존재하는 것으로 여겨진다. 이 영역 내에서 강력한 활동들이 일어나는 것이 분명하다는 연구 관찰 결과들로 미뤄볼 때, 누군가가 우리의 기억을 되살리고 재생하기 위해 열심히 노력하고 있다는 사실 또한 분명하다.

이러한 은유를 마음에 새기면서, 다음 3가지의 기억 회수 방법을 탐구해보자.

리뷰(외부 요인)

우리의 신경계 오케스트라가 특정한 기억 교향곡을 연주하도록 하는 가장 쉬운 방법은 무엇인가? 간단하다. 단순히 그 교향곡을 다시 듣는 것이다. CD 플레이어를 반복 재생하듯이, 원래의 정보로 돌아가 그것이 단순히 우리의 뇌로 다시 흐르도록 만들면 된다.

이 같은 기억 회수를 '리뷰'라고 부른다. 리뷰는 기억을 활성화시키는 데 전적으로 외부 세계에 의존한다. 읽은 책 다시 읽기, 녹음된 강의 다시 듣기, 기록한 노트 다시 보기 등이 모두 리뷰의 예다.

안타깝게도 리뷰는 지휘자를 포함하지 않는다. 따라서 기억력을 강화하는 데 거의 도움이 되지 않는다. 이 의미를 좀 더 정확하게 이해하고 싶다면, 지금 책을 닫거나 훔쳐보지 말고, 이 책의 표지가 어떻게 생겼는지 묘사해보라. 어떤 이미지가 표지에 있었는가? 어떤 문구가 쓰여 있었는가? 표지에는 어떤 색상들이 주로 사용되었는가?

▶ 우측 전전두엽 피질 – 우리의 지휘자

"독일의 수도"

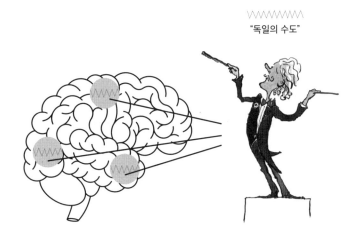

▶ 기억의 인식 파트 1 – 관련된 멜로디에 신호를 보내라

가능한 한 구체적이고 포괄적으로 서술해보자.

자, 이제 책장을 닫고 표지를 살펴보라. 당신이 대부분의 사람들과 비슷하다면, 기대했던 것보다 정확히 기억하는 게 별로 없을 것이다. 당신이 이 책을 읽으면서, 표지를 수십 번은 의식적으로든 무의식적으로든 봤을 텐데 말이다. 리뷰는 기억력 강화에 유용할 것으로 느껴진다. 하지만 거의 그렇지 못하다.

깊은 기억을 만들고 싶다면, 좀 더 수준 높은 노력이 필요하다.

인식(내부·외부 요인의 혼합)

아래의 선택지에서 디즈니 영화사가 백설 공주를 따르는 일곱 난쟁이에게 붙인 이름들을 골라낼 수 있겠는가?

Sleepy	Grumpy	Inky	Blinky
Sneezy	Laughy	Hangry	Nervey
Oopsie	Dopey	Cheerie	Drowsy
Doc	Droopy	Happy	Khalesi
Trixie	Bashful	Pinky	Clyde

이런 유형의 기억 회수를 '인식'이라고 한다. 외부 입력에만 의존하는 리뷰와 달리, 인식은 기억에 접근하기 위해 외부 프로세스와 내부 프로세스를 결합한다.

작동 방법의 예는 다음과 같다.

독일의 수도는 어디인가?

이 질문을 읽고 나면 당신의 지휘자(우측 전전두엽 피질 내)가 기지개를 켜고 일어나 일을 하기 시작한다. 질문에 포함된 정보를 사용해 당신 뇌의 다른 부분들과 관련된 멜로디에 신호를 넣기 시작할 것이다. 지휘자는 첼로에게 '독일' 연주를 시작하라고 신호를 보내고, 플루트는 '수도' 연주를 시작할 것이다.

불행하게도, 이 시점에서는 일부 악기만 '독일의 수도' 연주에 참여하고 있다. 하지만 우리가 기억을 생생하게 되찾기 위해서는 오케스트라 전체가 완전한 교향곡을 연주하도록 해야 한다.

정답일지도 모를 다음 3가지 답을 살펴보자.

a. 뮌헨

b. 함부르크

c. 베를린

당신이 이 선택지들을 읽는 동안, 각각의 선택지는 당신의 뇌 안에서 특정한 패턴을 촉발시킨다. 한편 당신의 지휘자는 입력되고 있는 패턴들에 귀를 기울이면서 여전히 연주 중인 '독일의 수도'라는 멜로디와 각각을 비교한다. 그런 다음 즉시 오케스트라 전체에 '독일의 수도는 베를린이다'라는 교향곡을 연주하도록 신호를 넣을 것이다.

'인식'은 경찰들이 용의자들의 이미지를 정렬하는 작업에 즐겨 사

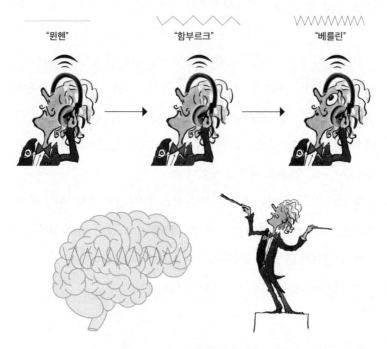

"뮌헨"   "함부르크"   "베를린"

▸ 기억의 인식 파트 2 – 외부의 멜로디와 일치하는 것을 찾아라

▸ 머그샷

용되는 기억의 회수 형태다. 목격자들이 범죄 혐의자들의 얼굴을 스캔하는 동안 목격자들 뇌의 지휘자는 뇌의 한켠에 '범죄'라는 멜로디가 흐르게 한다. 그러다가 그 멜로디에 부합하는 얼굴을 찾게 되는 순간 즉시 지휘자는 완전한 오케스트라의 연주를 울려 퍼지게 하고, 우리는 범죄자를 찾아낸다!

시험 삼아 한번 해보라.

7장의 마지막 부분에 실려 있는 와인 잔을 손에 든 여인을 기억하는가? 책장을 들춰 그곳으로 돌아가지 말고, 254페이지 하단의 사진들 속에서 그녀를 골라내보자.

자, 이제 정답을 확인해보라.

대부분의 독자들이 첫 번째 사진을 지목했을 테지만 오답이다. 여기에 인식의 중요한 문제점이 숨어 있다. 입력되는 정보가 뇌 속 멜로디와 '거의 비슷할 때' 지휘자는 이를 잘못 해석할 수 있다. 그러면 오케스트라에 잘못된 신호를 보내고 자신도 모르게 거짓된 기억을 만들어낸다. 실제로 이러한 목격자의 잘못된 확인이 잘못된 전체 유죄 선고들 중 약 70퍼센트에 영향을 미친 것으로 추정된다.

분명 문제점이 있긴 하지만, 인식은 확실히 리뷰보다 더 깊은 기억을 만들어낸다. 하지만 우리가 더 많은 노력을 기울일 경우, 어떤 일이 일어나는지 지켜보자.

회상(내부 요인)

기독교 전통에서, 7대 죄악은 무엇인가?

(1~2분 정도 시간을 갖고 떠올려보자.)

1. _____

2. _____

3. _____

4. _____

5. _____

6. _____

7. _____

이제 이 장의 마지막 페이지로 이동해 정답을 확인해보라.

이 같은 유형의 기억 회수를 '회상'이라고 한다. 외부 세계에 도움을 청하는 리뷰와 인식과는 달리, 회상은 어떤 단서도 외부에서 주어지지 않는, 오롯이 내부적 단서들만을 이용하는 프로세스를 갖고 있다.

작동 방법은 다음과 같다.

독일의 수도는 어디인가?

이 질문을 읽은 다음 당신의 지휘자는 예전과 똑같이 뇌의 일부에 '독일의 수도' 멜로디를 신호할 것이다. 하지만 그때와는 다르게 당신에게는 어떤 단서도 없다(뮌헨, 함부르크, 베를린이라는 선택지가 주어지지 않았다). 즉 이번에는 외부의 도움이 없기 때문에 지휘자는 기억의 교향곡으로 안내할 다양한 멜로디들을 시작하라고 신호를 넣을 것이다.

한때 당신이 읽었던 독일 소설, 당신이 시청한 독일 영화, 당신이 한때 들었던 독일 노래 등에 신호를 넣는다. 이러한 멜로디들(독일 소설, 독일 영화, 독일 노래 등)을 '연상(association, 연관성)'이라고 부른다. 연상들이 충분히 존재하면, 지휘자가 완전한 '독일의 수도는 베를린이다'라는 제목의 교향곡을 완성할 수 있는 단서들을 스스로 모을 수 있을 것이라는 희망이 생겨난다.

특정 기억을 떠올리려고 할 때 활성화되는 모든 연상은 그 기억과 강력하게 결합될 것이다. 이는 미래에 당신이 '베를린'이라는 기억을 회상하는 것을 훨씬 쉽게 만들 것이다. '베를린'으로 가는 강력한 연상들의 경로가 구축될 것이기 때문이다.

이보다 더 중요한 것은, 모든 연상은 다른 연상들과 강력하게 결합된다는 것이다. 독일 소설과 영화, 노래는 서로 강력하게 결합되어, 각각의 기억들을 더 쉽게 회상할 수 있게 할 것이다.

충분한 시간과 충분한 회상을 통해 우리는 방대한 양의 정보에 신속하고도 쉽게 접근할 수 있는, '연상 네트워크'를 만들어낼 수 있다.

안타깝게도 목격자가 범인의 얼굴을 잘못 지목하듯, 오인된 정보를 떠올리고 잘못된 기억을 만들어낼 수 있는 가능성이 현실적으로 명백하게 존재한다. 거짓된 기억이 연상의 거미줄 안에 얽히게 되면, 생각의 전체 네트워크가 잘못된 길로 빠질 수 있다. 따라서 '회상'의 약점을 '피드백'으로 보완하는 것은 언제나 좋은 아이디어다.

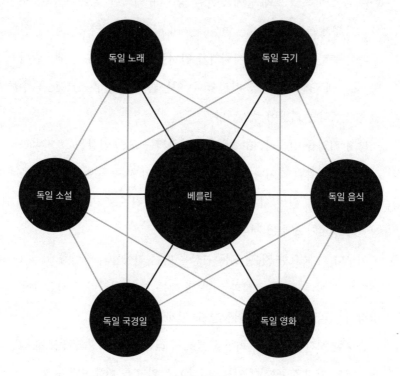

▶ 연상 네트워크

회상이 깊은 기억을 만들어낸다면, 피드백은 정확한 기억을 만들어낸다.

다시 처음으로 돌아가서

조금 멀리 돌아오긴 했지만 다시 처음으로 돌아와 마무리해보자.

책장을 앞으로 넘기거나 훔쳐보지 말고, 아래의 질문에 답을 써보자.

질문 세트 1

Q. 전보조운동영역이 하는 핵심 역할 한 가지는 무엇인가?

Q. 오류를 감지하는 뇌 영역의 이름은?

Q. 뇌 속의 환경 자극이 지도화되는 곳은 어디인가?

질문 세트 2

Q. 일화적, 그리고 의미적 기억은 어떤 기억의 두 가지 유형인가?

Q. 맥거크 효과는 어떤 심리 현상을 말하는가?

Q. 지금 이 문장처럼 쓰인 스타일에 붙여진 고대 이름은 무엇인가?

질문 세트 3

Q. 이 책의 7장까지의 장 제목은 무엇인가?

1장 _____

2장 _____

3장 _____

4장 _____

5장 _____

6장 _____

7장 _____

_____

이번 퀴즈는 어떠했는가?

당신이 대부분의 사람들과 같다면, 아마도 앞에서 정확한 정보들을 다시 읽었음에도 불구하고 '질문 세트 1'에서 약간 씨름했을 것이다. 이는 '리뷰'의 영향력 수준을 보여준다. 이 장을 시작할 때 '질문 세트 1'에 대한 정보를 회수하는 데 완전히 외부적 요인을 사용했기에, 결과적으로 이 장의 말미에 이르렀을 때 이 질문들을 푸는 데 필요한 당신의 기억은 매우 얕을 수밖에 없었고, 그리하여 접근하는 데 다소 어려움을 느꼈을 것이다.

'질문 세트 2'는 좀 나았는가? 이는 '인식'의 영향력을 보여준다. 이들 질문을 풀기 위한 정보 회수 과정으로 내부 요인과 외부 요인을 결합함으로써, 결과적으로 기억은 더 깊고 더 쉽게 접근할 수 있는 것이 되었다.

마지막으로 다른 사람들과 비슷했다면, 당신 또한 이 '질문 세트 3'에 꽤 잘 대답했을 것이다. 이것이 바로 '회상'의 효과다. 처음부터 피드백(7장까지의 장 제목을 직접 써볼 것을 권유한 나의 피드백을 기억하는가?)

과 결합된 연상 작용 등과 같은 완전히 내부적인 프로세스만을 이용함으로써, 결과적으로 기억에 대한 더 깊고 정확하며 쉬운 접근으로 나아갔을 것이다.

1. 지식과 정보를 충분히 회수할 수 있는 기회를 확보하라

많은 사람들은 회수가 기억 형성의 최종 단계에만 관련된 그리 특별한 과정이 아니라고 생각한다. 하지만 이제 우리는 기억에서 회수(특히 회상)가 얼마나 필수적인 역할을 하는지 알게 되었다. 따라서 차라리 회수를 늦추더라도, 이를 학습 시간과 연습 안에 포함시킬 수 있는 방법을 모색하라. 사람들에게 어떤 주제에 대해 깊고 단단한 기억을 만들어주고 싶다면, 그들에게 그 주제에 대한 견해를 들려달라고 요청하는 시간을 가져보라. 중요한 발표를 전후해 사람들에게 기대치나 결과에 대한 피드백을 받아보라. 당신의 목표는 당신이 전하고자 하는 핵심들을 사람들의 머릿속 지휘자에게 효과적으로 전달하는 것이다. 발표 그 자체보다 사전 리허설, 사전 깜짝 퀴즈 이벤트, 발표 후 청중의 소감들을 수집할 수 있는 방법 등이 더 중요할 수 있다. 대부분의 사람들이 멋진 발표에 집중할 때 당신은 그들이 미처 하지 않는 일을 함으로써 사람들 머릿속에 훨씬 더 강렬하게 새겨질 수 있다.

• 핵심 질문 1: 도와주기

**"사람들이 기억을 불러오지 못할 때 힌트를 주는 것이 좋은가,
그대로 혼자 씨름하게 두는 것이 좋은가?"**

회상에는 두 가지 뚜렷한 유형이 있다. '자유 회상free recall'
과 '단서 회상cued recall'이다. 자유 회상은 특정한 기억에 접
근하기 위해 우리 자신이 이미 갖고 있는 것들을 동원하고, 단
서 회상이란 특정한 기억으로 이끄는 도움이 되는 외부 지침
을 제공받는 것이다. 자유 회상은 어떤 기억을 불러오기 위해
우리가 언제든 꺼내 쓸 수 있는 자료들을 활용하는 것이라 할
수 있고, 단서 회상은 외부에서 주어지는 힌트를 통해 기억에
접근하는 것이다.

이 단서 회상은 '인식'과는 좀 다르다. 인식을 하는 동안에는
정답(앞에서든 예의 '베를린'처럼)을 제공받는다. 그리고 그것을
정답으로 식별해내면 그만이다. 반면에 단서 회상은, 기억을
불러오는 과정에서 '연상(지난 주에 본 독일 영화를 기억해봐요)'을
제공받는다. 정답보다 연상을 제공받을 때 기억은 더 깊고 단
단해진다(자유 회상은 인식과 단서 회상 모두를 능가한다).

가장 좋은 방법은 사람들이 새로운 것을 처음 배울 때 '단서
회상'을 활용하게 하는 것이다. 그러면 당신은 연상들의 중요
성을 효과적으로 강조할 수 있고, 사람들이 연상 네트워크를
구축하는 데 도움을 줄 수 있다. 학습이 진행되는 과정에서 단

서 회상은 점점 자유 회상의 영역으로 이동하기 시작한다. 이 같은 학습 과정이 연상들을 더욱 강화하고, 깊고 단단한 기억 형성을 이끈다.

• 핵심 질문 2: 설단 현상

"글을 쓰거나 말을 할 때, 종종 내가 하고 싶은 말이 무엇인지 알면서도 도무지 꺼낼 수가 없다. 왜 이런 일이 일어나는가?"

이처럼 알고 있는 단어나 말이 바깥으로 나오지 못한 채 계속 머릿속이나 혀끝에서 맴도는 것을 '설단 현상tip of the tongue' 이라고 부른다. 이런 현상이 왜 발생하는지는 아직 정확히 규명되지 않았다. 하지만 대부분의 연구는 이 현상이 '회상'과 밀접한 관련이 있다고 판단한다.

앞에서 배운 바와 같이 우리 머릿속 지휘자는 기억을 불러오기 위해 그와 관련된 연상들이 올바른 교향곡으로 안내해줄 것이란 희망을 우리에게 보낸다. 그런데 설단 현상이 발생하면 사람들은 보통 말하고자 하는 단어의 첫음절은 기억해낸다. 그리고 그 단어가 어떻게 발음되는지, 그 단어가 들어 있던 책이 무엇이었는지 등등도 기억해낼 수 있다. 머릿속 지휘자가 정확한 단어에 접근하기 위해 연상들을 사용하고 있기 때문이다. 하지만 안타깝게도 그게 전부다.

이 문제의 해결을 위해 많은 사람들은 '인식'으로 전환한다.

다른 누군가가 그 단어를 알아맞힐 것이라는 희망으로 큰 소리로 외치고, 교향곡이 울려퍼질 수 있도록 자극한다.

'아, 그 뭐더라… 왜, 그거 있잖아! … 레오나르도 디카프리오가 〈타이타닉〉에서 넓은 바다를 향해 양팔을 쭉 뻗으며 외쳤던 말!! … 나, 나는…'

만일 설단 현상이 일어날 때 혼자 있다면(예를 들어 책을 쓴다는가), 이를 해결하는 3단계가 있다.

첫째, 활성화할 수 있는 모든 연상의 목록을 작성하라(원하는 단어의 라임은? 몇 음절의 단어인가?)

둘째, 다른 것으로 옮겨가라. 원하는 단어에 초점을 맞추는 것을 멈추면 5~10분 후 그 단어가 떠오를 수도 있다.

셋째, 원하는 단어를 떠올리는 데 마침내 성공했을 경우, 그 단어를 연상 목록 옆에 적어두어라. 그러면 관련 연상들에 다시 연결해 향후 쉽게 접근할 수 있다.

2. 오픈북 시험은 깊은 기억으로 이어지지 않는다

시험 중 노트, 참고서적, 또는 인터넷을 참조할 수 있는 경우에는 지식과 정보를 내부적으로 유지하고 회상해낼 수 있는 방법을 배우기 어렵다. 그 대신 외부적으로 정보를 찾고 인식하는 방법을 배우기는 쉬워진다.

오해는 하지 마라.

정보의 위치를 찾고 인식하는 능력은 믿을 수 없을 정도로 중요한 기술이고, 당신이 사람들에게 강조하고 싶은 학습 기술일 수도 있다. 예를 들어 고객 서비스 담당직원들에게 고객들의 질문에 대한 수백 개의 표준적 응답을 외우도록 요청하기보다는 디지털 시스템에 구축된 각각의 응답들을 신속하게 찾아내는 방법을 교육하는 것이 더 이치에 맞을 수 있다.

나는 어떤 시험 유형이 사람들에게 더 이익을 주는지를 말하고 싶은 것이 아니다. 단지, 만일 당신의 궁극적인 목표가 사람들이 특정한 지식과 정보를 내면화해 깊고 지속적인 기억으로 만드는 데 도움을 주는 것이라면, 오픈북 시험은 그 목표와 어울리지 않는다는 사실을 알려주고 싶을 뿐이다.

• 핵심 질문 3: 디지털 치매
"디지털 기술이 정말 우리의 기억력을 죽이고 있는가?"

특정한 연령대의 독자들에게만 효과가 있는 실험이 있다. 먼저 다음의 질문에 답해보자.

어린 시절 쓰던 전화번호를 기억할 수 있는가?

이제 다음의 질문에 답해보자.

현재 가장 친한 친구의 전화번호는?

수십 년 동안 전화를 걸지 않았음에도 불구하고 어린 시절부터 쓰던 전화번호 열두 개 정도쯤은 줄줄이 외우는 데 아무런 문제가 없다. 하지만 어제 하루 동안 수십 명의 지인에게 문자 메시지를 보냈음에도, 내 스마트폰 전화번호 목록에 있는 숫자들은 전혀 기억하지 못한다.

이를 두고 '테크놀러지가 기억력을 망친다'고 해석하기란 쉽지만, 막상 그렇지는 않은 것 같다(만일 그렇다면 왜 어린 시절의 전화번호는 까먹지 않는가?). 실제로 디지털 기술은 단순히 우리가 기억하는 방식과 내용을 변화시키고 있는 것처럼 보인다. 디지털 기기들은 '리뷰'와 '인식'에 적합하다. 애써 내면화된 정보를 꺼내기보다는 그저 쉽게 외부 정보만 사용해도 충분하다. 그런데 중요한 것은, 외부 정보를 검색하고 의미 있는 것으로 만들어내는 능력에는 엄청난 양의 내부 기억들이 요구된다는 것이다(어느 사이트를 뒤져야 의미 있는 것들을 찾아낼 수 있는지, 어떤 방법으로 검색해야 효과적인지, 찾아낸 정보가 어떤 목적과 가치에 부합하는지 등등).

우리가 어떤 특정한 사실을 기억해내지 못할 때 우리는 그것을 빠르고 쉽게 끄집어내기 위해 구글에 접속해 정보를 찾아내는 방법을 '회상'해낼 수 있다. 그리고 그렇게 정보를 찾아내면 그걸 '인식'할 수 있다.

이는 매우 흥미진진한 주제다. 하지만 여기서 더 깊이 파고들지는 않을 것이다. 내 의도는 디지털 기술을 칭찬하기 위함도,

비방하기 위함도 아니다. 단지 디지털 기술은 우리가 전통적으로 좋아해왔던 기억력 형태와는 사뭇 다른 기억력 형태를 갖고 있음을 알려주기 위함이다.

3. 회상과 피드백을 포함한 플래시 카드를 활용하라

앞면에는 문제나 그림이 담겨 있고, 뒷면에는 정답이 적혀 있는 플래시 카드는 가장 오래된 학습 수단이자 여전히 강력한 효과를 발휘하는 도구다. 플래시 카드의 성공 비결은 회상과 피드백을 아우르고 있다는 것이다.

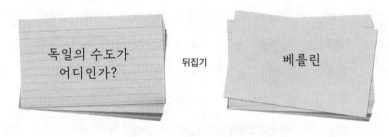

▶ 피드백이 적힌 카드를 사용해 회상 연습을 하라

각 카드 한쪽에는 자유로운 질문을, 다른 쪽에는 관련 답변을 쓰도록 한다. 사람들이 각각의 질문을 읽을 때마다 그들의 머릿속에서는 특정한 멜로디가 연주되기 시작하고, 관련된 연상들이 제시되고, 기억 교향곡이 완성될 가능성이 높아질 것이다. 그후 그들이 카드를 뒤집어 정답을 읽는 동안 거짓된(잘못된) 기억들은 차단될 것이다.

• 핵심 질문 4: 손을 뗀다는 것

"플래시 카드를 활용할 경우, 정답을 얻은 질문은 버리고 틀린 질문만 계속해서 봐야 할까?"

많은 사람들이 플래시 카드에 대해 '한 번 보고 끝내는 것'으로 생각한다. 일견 타당한 견해다. 한 번 정답을 얻은 것에 굳이 더 시간을 들일 필요가 있을까? 하지만 이렇게 손을 떼는 것에는 두 가지 단점이 존재한다.

첫째, 지난 장에서 예로 들었던 '밀림 속 길 만들기'를 기억하는가? 우리가 기억을 더 많이 회상해낼수록 미래에 그 기억에 접근하는 것이 더 쉬워진다. 따라서 우리가 정답을 얻은 플래시 카드에서 손을 떼는 것은 특정 정보가 회상되는 횟수를 줄여, 차후 그 기억에 접근하는 능력이 약화될 수 있다(확실한 기억으로 자리잡지 못한다).

둘째, 우리가 여러 개념이나 생각, 아이디어들을 함께 공부할 때, 우리는 그것들 사이에 '연상 네트워크'를 형성하기 시작한다. 이 네트워크가 곧 회상의 '중추 역할'을 한다. 정답을 얻은 카드를 버리고 아직 답을 찾지 못한 카드만을 공부한다는 것은 우리가 이 중요하고도 중요한 네트워크의 마디마디를 끊는 것과도 같다.

나아가 각 사실에 접근하는 데 사용할 수 있는 연상들의 숫자를 감소시키는 결과를 가져오고 만다.

따라서 뭔가를 배울 때는 정답을 얻어냈다고 해서 거기에서 멈춰서는 안 된다.

더 크고, 더 신뢰할 수 있는 연상의 연결망 구축을 위해 모든 플래시 카드를 함께 보관하라.

4. 미팅이 끝나면 회상을 고용하라

언제든 회상을 시작하는 것은 결코 이르지 않다.

발표, 회의, 연습 직후 사람들에게서 노트를 빼앗아라. 그리고 앞선 발표나 강연, 수업에서 나온 핵심 정보와 아이디어를 자유롭게 떠올리는 데 몇 분 정도의 시간을 제공하라. 이는 기억을 견고하게 만드는 데 도움이 될 뿐 아니라, 사람들이 잘 배운 것들은 무엇이고, 보충 수업과 나머지 공부가 필요한 것은 무엇인지를 빠르게 판단할 수 있게 해준다.

나아가 사람들에게 미팅에서 얻은 정보는 무엇이고, 그것을 받아들이는 데 어떤 방법과 단서를 사용했는지를 들려달라고 요청하라. 이는 그들이 새로운 것을 배울 때 유용한 연상 네트워크를 구축하는 데 도움을 준다.

미팅이 끝났다고 해서 곧바로 자리를 떠나면 당신과 당신이 전달하고자 했던 것은 인상적이지 않은 것이 된다. 다양한 미팅을 계획할 때는 그것을 통해 더 깊은 기억, 더 큰 이해, 더 큰 연결로 이어질 수 있는 '회상의 시간'을 확보하라.

• 핵심 질문 5: 강조 표시

"뭔가를 읽으면서 형광펜으로 강조 표시를 하는 게 도움이 될까?"

물론이다. 형광펜으로 강조한 문장은 우리의 시선을 끌고, 주요 주제에 집중시키며, 핵심 아이디어를 찾는 데 도움이 되는 훌륭한 기법이다.

하지만 안타깝게도 강조를 표시한다고 해서 기억력이 깊어지는 것은 아니다.

대체로 사람들은 나중에 어떤 일정한 시점에 자료를 돌이켜보면서 리뷰할 의도를 가지고 강조 표시를 한다. 여기서 중요한 단어는 '리뷰'다. 이미 알고 있듯이, 단순히 되돌아가 텍스트 조각들을 다시 읽는 것은 그 자료의 기억을 강화하는 데 거의 아무런 도움이 되지 않을 것이다.

더 좋은 방법이 있다. 강조 표시된 텍스트로 돌아가 그 정보를 '당신만의 단어들'로 번역한 다음 그 자료를 사용해 주관식 질의응답 세트(플래시 카드)를 개발하는 것이다. 이처럼 리뷰에서 회상으로의 전환은 강조를 통해 추구하는 학습과 기억을 강화시킬 수 있다.

5. 학습과 기억이 목표가 아니라면, 인식까지만!

종종 회상은 중요하지 않다. 사용자 인터페이스의 디자인, 사무소 조직office organization, 웹 사이트 개발 등에서는 사람들이 빠르고 쉽게 필요한 항목을 찾을 수 있게 하는 것이, 그들이 해당 항목에 대한 정보를 강화하는 것보다 훨씬 더 중요하다. 즉 깊고 접근하기 쉬운 기억을 형성하는 것이 일차적 목표가 아닐 때는 '인식'을 수용하는 것이 더 효과적이다.

중요한 항목에 명쾌한 라벨을 붙여라. 아이콘을 사용해 특정 버튼의 기능을 보여주어라. 사람들이 자신이 지금 어디에 있고, 어디로 가고 있는지를 명확하게 인식할 수 있도록 도와라. 나아가 사용 편의성을 높이기 위해 '인식'을 활용할 때는 특정 프로그램 및 장치를 변경하거나 버전의 업그레이드 등을 할 때 일관성을 유지해야 한다. 언제나 동일한 라벨, 아이콘 및 단서를 사용하면서 필요한 도구와 기능에 신속하게 접근할 수 있게 만들라는 뜻이다.

단, 다음 한 가지만 명심하자.

만일 '인식'만을 의도한다면, 사람들이 미래에 특정한 디테일들까지 기억할 수 있기를 기대하지 마라. 무슨 의미냐고?

한번 곰곰이 생각해보라.

맥북과 아이패드를 만드는 애플Apple의 사과 로고에 줄기가 있던가? 아니면 이파리가 달려 있던가? 아니면 줄기와 이파리가 함께 붙어 있던가?

▸ 회상이 중요하지 않을 때는 인식만으로 충분하다

기독교 전통에서 7대 죄악

질투

식탐

탐욕

색욕

교만

나태

분노

회상은 더 강하고, 더 깊고, 더 쉽게 접근할 수 있는 기억으로 이어진다.

- 기억의 회수가 더 많이 이루어질수록 더 기억에 남는다.

- 기억은 리뷰, 인식, 회상을 통해 회수될 수 있다.

- 리뷰는 얕은 기억으로 이어진다. 인식은 순간적으로 떠오르는 기억을 이끈다. 회상은 깊은 기억으로 이어진다.

- 회상은 연상 네트워크를 촉진한다. 관련된 아이디어나 개념 등과 연결된다.

확장 팁

1. 회수(특히 회상)를 나만의 시간에 포함시켜라.

단서 회상은 연상 네트워크를 구축하는 데 도움을 주고, 자유 회상은 연상들을 강화하는 데 도움을 준다.

2. 오픈북 시험은 깊은 기억으로 이어지지 않는다.

- 디지털 기술은 기억력을 죽이지 않는다. 우리가 기억하는 내용

과 방법을 바꿀 뿐이다.

3. 회상과 피드백을 포함한 플래시 카드를 활용하라.

　• 플래시 카드는 일단 정답을 알았다고 해서 폐기하지 않는다.

4. 미팅 후에는 회상 시간을 확보하라.

　• 독서를 하는 동안 문장들에 밑줄 치는 것은 기억력 강화에 별

　도움이 되지 않는다.

5. 학습과 기억이 목표가 아니라면, 인식까지만 활용해도 좋다.

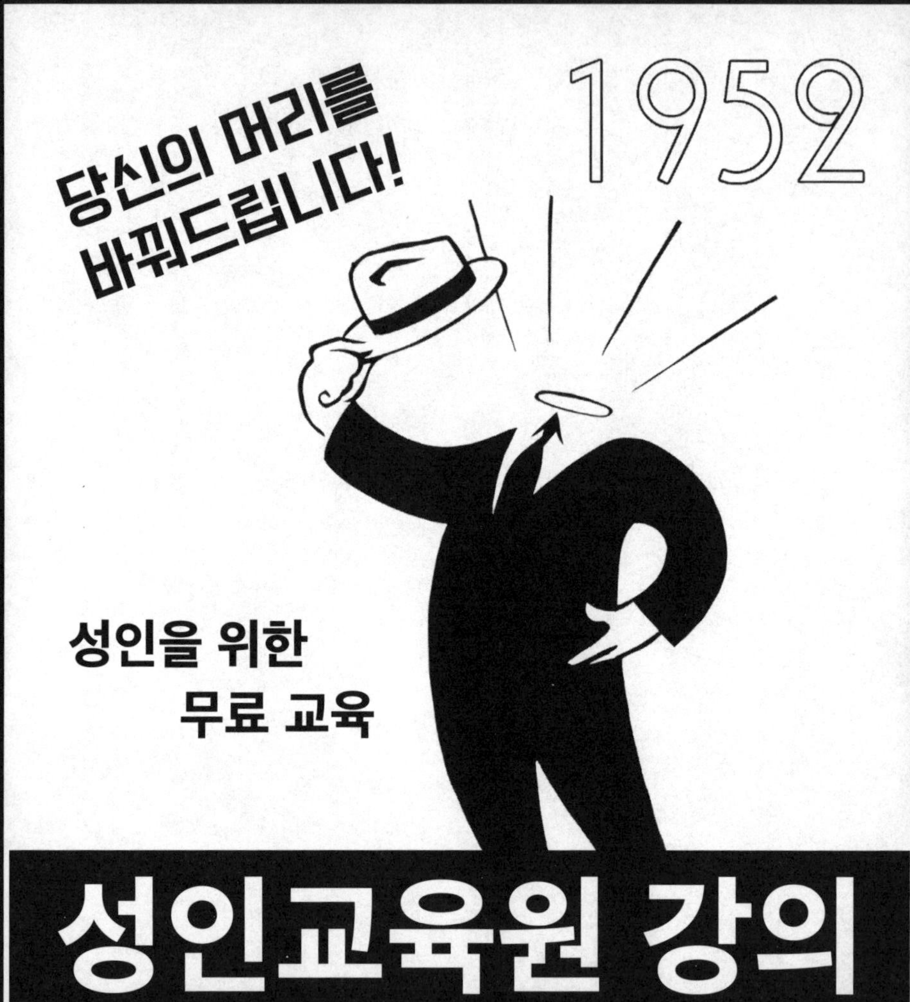

1952
당신의 머리를
바꿔드립니다!
성인을 위한
무료 교육
성인교육원 강의
다양한 수업, 넉넉한 강의실

중간휴식4

Intermission 4

왼쪽 포스터를 15초 동안 들여다보라.

9장

양날의 검,
점화 효과

: 개념과 기대와 전략 사이

"일단 어떤 생각이 머릿속에 한번 들어오고 나면,

높은 확률로 그 자리에 자리잡는다."

_엘리저 유드코프스키Eliezer Yudkowsky, 미국의 인공지능AI 연구가

나는 수수께끼의 광팬은 아니다. 나는 수수께끼를 아재 개그, 고등학교에서 벌어지는 유치한 리얼리티 프로그램의 범주에 던져 넣는 유형의 사람이다. 문제를 푸는 그 당시는 재미있지만 뒤돌아보면 헛웃음이 나오는 것들 말이다.

그런데 몇 년 전, 내가 도무지 풀지 못한 수수께끼를 우연히 발견했다.

이야기는 이렇게 시작된다.

다음 이야기의 문제점은 무엇인가?

한 소년과 그의 아버지가 위중한 병에 걸렸다. 슬프게도 아버지의 몸 안에서 빠르게 종양이 퍼졌고 결국 숨을 거두고 말았다. 소년은 살아남았지만 수술이 급박해 병원으로 후송된다.

곧장 호출을 받은 외과의사 한 명이 응급실로 달려왔다. 그러
고는 소년의 얼굴을 확인한 순간 이렇게 소리쳤다.

"난 이 수술 못 합니다. 이 아이는 내 아들이에요!"

이게 어찌된 일일까? 내가 왜 이 수수께끼를 풀지 못했는지 이해
하려면 먼저 '점화 효과(priming effect, 시간적으로 먼저 제시된 자극이 나중
에 제시된 자극의 처리에 부정적 또는 긍정적 영향을 주는 현상-옮긴이)'라는
개념을 탐구할 필요가 있다.

무슨 일이 벌어진 걸까?

▶ 세면도구

8장에서 우리는 모든 기억이 회상을 위해 활성화될 수 있는 많은 연
상들에 연결되어 있다는 것을 배웠다. 여기서 한 걸음 더 나가보자.
기억을 불러오기 위해 활성화된 연상은, 그 소임을 다하면 즉시 사라

지는 것이 아니다. 기타 줄을 튕겼을 때처럼 오랫동안 뇌 전체에서 계속 울려 퍼진다.

이해를 돕기 위해 문제를 하나 내보자.

빈칸을 채워 아래의 단어를 완성해보라.

$$S\_\_P$$

배ship, 수프soup, 뺨 때리기slap, 멈추기stop 등등 다양한 단어를 떠올릴 수 있었을 것이다. 하지만 분명 높은 확률로 '비누soap'를 떠올렸을 것이다. 만약 그랬다면, 이는 좀 전에 본 삽화 속 수건, 샴푸, 샤워기 이미지의 메아리가 여전히 당신의 머릿속에 울려 퍼지고 있고, 이 울림을 단어를 판독할 수 있는 렌즈로 사용했기 때문이다.

이것이 곧 점화 효과다. 잘 알고 있다시피 우리의 뇌는 뛰어난 '예측 기계'다. 뇌가 자주 하는 한 가지 예측은, 최근에 일어난 어떤 일이 가까운 미래에 일어날 일과 관련이 있을 것이라는 것이다. 이러한 이유로 뇌는 늘 가장 최근의 사고 패턴을 유지하고 있고, 이를 새로운 정보를 인지하고 이해하기 위한 안내 지침으로 사용한다.

이번에는 실험으로 살펴보자.

태양에서 일곱 번째로 떨어져 있는 행성의 이름은 무엇인가?

이 질문을 읽을수록 당신의 뇌 전체 활동이 증가할 것 같다. 어려운 질문이어서가 아니다. 단지 이 질문이 우리가 최근에 논의했던 주제들과는 전혀 관련이 없기 때문이다.

이는 당신과 당신의 뇌가 '천왕성'을 회상하는 데 의식적인 노력을 투자해야 했다는 것을 의미한다. 다시 말해 아직 점화되지 않았다는 뜻이다.

그렇다면 다음 질문은 어떨까?

로스트 *Roast*　모스트 *Most*　호스트 *Host*　고스트 *Ghost*　포스트 *post*

그렇다면 토스터 *toaster*에 들어가는 음식은 무엇인가?

이번에는 이 질문을 읽는 동안 당신의 뇌 전체 활동이 감소할 것 같다. 이 질문이 더 쉬워서가 아니라 질문에 앞서 읽은 단어 목록에서 나온 메아리가 추가적인 노력 없이 빠르고 쉽게 해답으로 당신을 인도해주기 때문이다. 다시 말해 이번 질문에는 이미 점화되었다는 뜻이다.

하지만 여기에 문제점이 존재한다. 혹시 이 질문의 답으로 '토스트'를 외치지는 않았는가? 아니면 '식빵'이라고 정확히 대답했는가?

이것이 곧 점화 효과의 '장난 *trick*'이다. 활성화된 연상들이 해당 작업에 적합하지 않을 때도 점화 효과는 작동한다. 점화 효과에는 수십 가지의 다양한 맛이 있지만 '영향력'과 관련해서는 다음 3가지의 뚜렷한 범주가 존재한다.

개념 점화

빈칸을 채워 이 흔한 단어를 만들어볼 수 있겠는가?

_ E X_ G_ _

아마도 가장 쉽고, 가장 많이 활용되는 점화 효과로 '개념 점화concept priming'라는 것이 있다. 이는 사람들이 새로운 정보를 어떻게 이해하고 해석하는지를 안내하기 위해 특정한 사실이나 범주를 활성화시키는 것을 말한다.

당신은 아마도 위의 단어 퍼즐을 푸는 데 다소 어려움을 겪었을 것이다. 자, 이제 몇 가지 개념 점화를 다루어보자.

원*Circle*   삼각형*Triangle*   사각형*Square*   오각형*Pentagon*

다시 단어 퍼즐로 돌아가 보라. 이제 저절로 답이 떠오르는 것 같은가? 그렇다. 정답은 '육각형hexagon'이다. 'hexagon'이라는 영어단어를 몰랐더라도, 당신은 아마도 구글 사전 입력창에 '육각형'을 넣어 손쉽게 답을 찾아냈을 것이다.

이것이 곧 개념 점화의 힘이다. 정답과 관련된 사실들을 활성화해 마음 전체에 메아리치게 함으로써 겉으로 보기에는 어려워 보이는 것들을 쉽게 해독할 수 있게 된다. 교사들이 직전 수업에서 공부한 자료를 복습하는 데 현재 수업의 첫 10분을 쓰는 이유도 여기에 있다. 뛰어난 교사들은 학생들이 새로운 아이디어를 더 쉽게 기억하게 만들기 위해, 그 새로운 아이디어가 학생들의 머릿속에 더 잘 자리잡게 하기 위해 개념 점화의 효과를 사용한다.

개념 점화는 광고 업계에서도 중요하게 활용된다. 텔레비전을 시청할 때 인상적인 광고를 만났을 때를 곰곰이 생각해보라. 아마도 당신의 마음에 남은 광고들은 처음부터 어떤 제품이나 서비스의 뛰어난 역할로 곧장 뛰어들지 않았을 것이다. 저녁 식탁에 둘러앉아 웃음꽃을 피우는 행복한 가족, 열기구를 타고 푸른 하늘 위로 올라가 키스를 나누는 로맨틱한 커플, 흐르는 강물에 낚싯줄을 던지는 평화로운 밀짚모자의 남자… 아마도 대부분 감정에 깊이 자극을 주는 장면으로 당신 마음의 문을 열려고 할 것이다. 이 장면들 모두가 개념 점화를 노리고 삽입된 것이다. 그러다가 광고가 끝나갈 무렵, 이 감성적인 화면의 여운 속으로 실제 보여주고 싶은 제품들이 등장하면… 당신은 뇌 전체에 울려 퍼지는 감정의 렌즈를 통해 그것들을 판독할 수밖에 없다(아, 나도 그녀랑 터키에 가서 열기구를 타야겠네! 그래, 가족들을 위해 보험 하나 새로 들자!)

기대 점화

남자가 여자보다 뇌의 '계산' 부분이 크다는 것은 과학적으로 확립된 사실이다. 이를 통해 왜 수학 시험에서 남자들이 대체로 여자들보다 더 뛰어난가를 설명할 수 있다.

이런 말을 들어본 적 있는가? 대부분의 남자들이 여자보다 머리 크기가 크기 때문에 설득력이 있어 보이긴 하지만… 이는 완전히 헛소리다. 남자와 여자 모두 수학 시험에서 좋은 성적을 낼 수 있다. 성별의 차이는 수학 실력과는 아무런 상관이 없다.

그런데 여기 흥미로운 반전이 있다.

만일 사람들이 수학 시험을 보기 직전에 '남자가 여자보다 수학 시험을 잘 본다'는 위의 설명을 접한다면, 모든 것이 바뀐다. 여성에게 그녀의 성 정체성이 수학을 못한다는 말을 상기시키면, 그 여성은 수학 시험에서 충분히 실력 발휘를 하지 못할 수도 있다. 반면에 남성에게는 위의 설명이 수학 시험에서 실력 이상의 결과를 불러올 수도 있다. 명백하게 거짓된 논쟁일지라도, 경우에 따라서는 '자기실현적 예언'으로 변모할 수도 있다.

이러한 현상을 '기대 점화 효과expectancy priming effect'라고 한다. 이는 사람들이 다양한 상황 하에서 어떻게 인식하고 이해하고 반응하는지를 안내하기 위해 특정한 기대나 믿음을 활성화시키는 데 사용된다.

'수학 실력과 성별'의 기대치를 활성화한다고 해서 수학에 관한 기본적 사실들이 갑자기 변경되는 것은 아니다. 다만 이 점화는 사람들이 어려움에 대응하는 방식을 바꿀 수 있다. 자신의 수학 실력에 대해 기대치가 낮아진 여성들은 어려움을 자신의 단점으로 해석하고 도전을 맞닥뜨리자마자 그만둘 가능성이 높다. 반면에 기대치가 높아진 남성들은 도전을 자신이 가진 병력과 노력을 동원해 맞서 싸워야 할 전투로 해석할 가능성이 더 높아진다.

여기서 중요한 것은 기대 점화 효과가 '양방향성'을 갖고 있다는 것이다. 즉 기대는 우리 자신의 생각과 행동을 이해하는 데도 사용되고, 다른 사람들의 생각과 행동을 이해하는 데도 사용될 수 있다.

한 실험의 예를 들어보자.

두 그룹의 사람들에게 같은 학생 한 명이 쓴 에세이를 읽고 평가하도록 했다. A그룹에게는 이 에세이가 항상 최고 점수를 받는 매우 똑똑한 학생이 썼다고 설명해준다. B그룹에게는 이 에세이가 학업이 부진한 극도로 게으른 학생이 썼다고 설명해준다. 그러면 어떤 일이 일어날지 짐작할 수 있겠는가? 그렇다. A그룹의 모든 사람이 B그룹의 모든 사람보다 훨씬 더 높은 평가를 내렸다.

이것이 곧 유명 셰프가 요리한 것이라는 말을 들었을 때 그 음식이 더 맛이 좋은 이유, 유명 와이너리에서 한정판으로 만든 와인이라는 말을 들었을 때 더 그 와인이 풍미를 더하는 이유, 깨끗한 북극의 빙하에서 얻은 물로 만들었다는 생수가 더 신선한 이유를 설명해준다.

법원이 방화 판결을 뒤집다	방화범이 풀려났다!
MELBOURNE - A Federal judge has overturned his previous 'guilty' verdict from a 2014 arson case. After reviewing the case, the judge deemed the evidence too 'circumstantial and ambiguous.' Thomas Jones, originally convicted of setting a bush-fire that destroyed two homes, will be released from prison having served three years of his original 5-year sentence.	MELBOURNE - A Federal judge has overturned his previous 'guilty' verdict from a 2014 arson case. After reviewing the case, the judge deemed the evidence too 'circumstantial and ambiguous.' Thomas Jones, originally convicted of setting a bush-fire that destroyed two homes, will be released from prison having served three years of his original 5-year sentence.

▶ 뉴스의 헤드라인은 기대 점화의 대표적인 예다

나아가 언론들도 기대 점화 효과의 힘을 적극 활용한다.

전략 점화

계산기를 사용하지 않고도 이 문제를 풀 수 있을까?

(기억할 것: 부피 = 길이×폭×높이)

진흙을 모두 파냈더니 가로 2미터 너비의 직사각형 구멍이 있다.

세로는 3.5미터, 깊이는 5미터다.

그렇다면 이 구멍 속 진흙의 총 부피는 얼마인가?

간단한 실험에서, 연구원들은 사람들을 두 그룹으로 나누어 각각 큰 감자 칩 한 그릇을 준 다음, 모든 사람이 텔레비전 앞에 앉아 프로그램을 시청하게 했다. A그룹은 프로그램을 시청하는 중간 중간에 자동차, 은행, 의류 광고 등이 나오는 걸 보았다. B그룹은 A그룹과 동일한 프로그램을 시청하면서 감자 칩을 즐겁게 먹고 있는 사람들이 등장하는 광고를 중간 중간에 보았다. 그러자 B그룹이 일반 광고를 접한 A그룹보다 감자 칩을 더 많이 먹었다.

좋다. 이 실험 결과를 '상식'의 범주로 넣기 전에, 왜 이런 일이 일어났는지 살펴보자.

이 실험에서 나타난 현상은 '전략 점화 효과strategy priming effect' 때문이다. 전략 점화 효과는 개념 점화(사실을 활성화시키는 것)와 기대 점화(기대치를 활성화시키는 것)와는 달리, 사람들이 미래의 과제를 어떻게 해결할지 씨름하는 과정에서, 이에 대한 해결을 안내하는 매우 구체적인 절차나 접근방식을 활성화시킨다.

텔레비전 속 사람들이 감자 칩을 먹는 것을 보는 행위는 '감자 칩을 보면, 그걸 먹어!'라는 전략을 점화시킨다(실제로 사람들은 그 전략을 받아들여 감자 칩을 먹었다).

모든 점화 효과와 마찬가지로, 전략 점화의 과정 또한 길을 잃을 수 있다.

위의 수학 계산 문제로 돌아가 보자. 문제를 해결할 핵심 전략은 분명 '곱셈의 활용'이다. 그리고 이 문제를 푸는 사람들은 암산을 통해 구멍의 부피를 계산했을 가능성이 크다. 아마도 '35세제곱미터'라는 답을 자신 있게 제출했을 것이다. 하지만 그 답은 틀렸다.

문제를 다시 한 번 잘 살펴보자.

진흙을 모두 파냈더니 가로 2미터 너비의 직사각형 구멍이 있다.
세로는 3.5미터, 깊이는 5미터다.
그렇다면 이 구멍 속 진흙의 총 부피는 얼마인가?

알아차렸는가? 곱셈 전략이 전혀 필요 없다는 것을? 구멍 안에는 진흙이 없다. 모두 파냈기 때문이다 정답은 '0'이다.

출발점으로 돌아가서

이 장의 시작 부분에서 내가 풀지 못했던 수수께끼로 돌아가자. 이 수수께끼가 흥미로운 건 지금껏 탐구한 3가지 유형의 점화 효과를 모두 보여주기 때문이다.

다음 이야기의 문제점은 무엇인가?

한 소년과 그의 아버지가 위중한 병에 걸렸다. 슬프게도 아버지의 몸 안에서 빠르게 종양이 퍼졌고 결국 숨을 거두고 말았다. 소년은 살아남았지만 수술이 급박해 병원으로 후송된다. 곧장 호출을 받은 외과의사 한 명이 응급실로 달려왔다. 그러고는 소년의 얼굴을 확인한 순간 이렇게 소리쳤다.

"난 이 수술 못 합니다. 이 아이는 내 아들이에요!"

개념 점화: 수수께끼는 '아버지'와 '소년'이라는 말을 두 번 가까이 반복함으로써 시작된다. 이런 단어는 '남성' 사이의 관계를 활성화시키는 데 도움이 된다. 이 때문에 수수께끼의 끝부분에서 '아들'이라는 단어를 읽을 때, 많은 사람들은 남성적 관계의 연관성을 떠올린다.

기대 점화: 서서히 변화하고 있지만 의학계는 역사적으로 남성이 지배하는 분야였다. 수수께끼의 한가운데에 있는 '병원'이라는 단어는 이러한 '남성성'이라는 기대를 활성화시키는 역할을 한다. 이 때문에

수수께끼의 끝에서 '외과'라는 단어를 읽을 때, 많은 사람들이 남성의 시각으로 해석하기 마련이다.

전략 점화: 이 수수께끼는 문제점이 무엇인지를 묻는 질문으로 시작된다. 즉 이 문구는 이 이야기 어딘가에 문제가 있다는 사실을 시사하면서 '오류 찾아내기' 전략을 활성화하는 역할을 한다. 따라서 사람들은 이 수수께끼를 풀 때 논리, 언어, 문법 등에 숨은 결점을 적극적으로 찾아내려고 노력한다.

일단 이 모든 점화 효과를 벗겨내면, 이 이야기가 전혀 수수께끼가 아니라는 사실이 즉시 명쾌하게 드러난다. 그저 한 소년, 그의 아버지, 그리고 그의 어머니에 관한 짧은 이야기였을 뿐이다.

계란들을 한 바구니에 담지 마라

당신이 회의나 발표를 완전히 통제할 수 있는 사람이라면, 점화 효과를 사용해 당신이 원하는 경로를 따라 학습자들을 빠르고 쉽게 안내할 수 있다. 하지만 문제는 우리가 '완전히' 통제할 수 있는 경우가 현실에서는 거의 없다는 것이다. 현실 세계에서는 사람들이 끊임없이 자신의 개념, 기대, 전략의 단서들을 활성화시키고 있다. 이는 당신이 만들어내고자 하는 점화 효과와 충돌할 위험이 있다. 따라서 연구자들은 철두철미한 통제가 이루어지는 인공적인 실험실 환경에서는 실험이 제대로 작동하더라도, 수많은 얼룩과 흔적으로 가득 찬 현실 공간에서는 그 결과가 취약하고 예측이 어렵다고 입을 모은다.

따라서 다른 사람에 대한 영향력을 강화시키기 위해 점화 효과를 적용하는 방법을 고려할 때는 다음 두 가지를 명심해야 한다.

첫째, 절대 점화 효과에 크게 의존하지 말라는 것이다. 언제나 그 효과는 제한적일 것이라고 미리 염두에 두는 편이 좋다. 항상 효과가 있지 않기 때문에, 전문 연구자가 아니라면 이 책에서 살펴본 것들 외에는 더 나은 점화 효과를 찾아서 너무 깊이 들어가지 말 것을 권유한다. 그 대신 점화 효과의 단점과 문제점을 보완할 수 있는 전략을 찾는 데 시간을 들이기 바란다.

둘째, 당신이 원하는 점화 효과가 무엇인지 명확히 하라. 개념인가, 기대인가, 전략인가? 어떤 점화 효과를 원하는지를 명확히 알면, 그 효과가 실패로 돌아가도, 그 효과를 대체할 수 있는 다른 것들을 더 빠르고 쉽게 찾아낼 수 있다.

어쨌든 점화 효과를 즐기되 당신의 계란들을 한 바구니에 담지 마라. 점화 효과는 케이크 위에 올리는 생크림 장식 같은 것이다. 생크림 장식이 없어도 케이크는 여전히 케이크다. 단지 조금 더 달콤할 수 있고, 조금 더 보는 눈을 즐겁게 할 수 있을 뿐이다.

1. 첫인상을 이겨내라

좋아하든 싫어하든, 첫인상은 존재한다.

연구에 따르면 새로운 사람을 소개받았을 때, 새로운 상황이나 장소에 직면했을 때 대체로 사람은 그에 따른 판단을 내리고 관련 기대를 활성화하는 데 약 30초가량 걸린다. 흥미롭게도 이때 뇌 속을 들여다보면, 막 형성되고 있는 첫인상이 어떤 논리나 의식적인 숙고에 영향을 받는 경우가 거의 없다는 것을 알 수 있다. 오히려 감정의 진원지인 '편도체amygdala'에 결정적 영향을 받는다. 이는 어떤 감정을 활용해야 다른 사람들에게 당신이 원하는 첫인상을 줄 수 있는지를 생각해볼 필요가 있다는 것을 의미한다.

예를 들어 나는 프레젠테이션을 할 때 보통 캐주얼한 옷을 입고 등장한다. 이때 내가 만들고 싶은 첫인상은 '편안함'이다. 편안하고 자유로운 분위기에서 모두가 토론을 즐기기를 바라서다. 그리고 이 같은 분위기에서 나는 가장 자신 있게 목소리를 낼 수 있다고 생각하기 때문이다.

언젠가 한번은 초등학생들을 상대로 강연을 해야 했던 적이 있었

다. 그런데 주최 측에서 내게 넥타이를 맨 정장 차림을 정중하게 요
청하는 것이 아닌가. 거절하기가 어려운 제안이라 이를 어쩔 수 없
이 승낙했고, 말끔한 슈트 차림으로 아이들 앞에 섰다. 결국, 어린 학
생들은 수업 내내 긴장한 눈빛으로 조용히 앉아 있었다. 내 첫인상
이 무척이나 권위적인 느낌을 준 탓이었다. 노력을 기울였지만 나는
학생들의 침묵을 깨지 못했고, 상호작용은 엄두도 내지 못했다. 내가
늘 원했던 편안하고 자유로운 분위기를 대신해 훨씬 진지하고 딱딱
한 시선들이 들어차 있었다.

• 핵심 질문 1: 만들고 부수어라
"한번 만들어진 첫인상은 정말 난공불락인가?"

좋은 소식이 있다. 첫인상은 깨질 수 있다. 비록 당신이 기대
하는 방식은 아닐지라도 말이다. 시간이 흐를수록 첫인상은
자연스럽게 희미해진다는 말은 이해하기 쉽다. 처음에는 싫어
했던 사람들과 충분히 시간을 보낸다면, 천천히 그들의 장점
을 인식하게 되고 결국 좋아지게 될 것이다. 하지만 '인상'은
양초처럼 점점 녹아 없어지지 않는다. 동전의 양면 같은 성격
을 띤다. 첫인상이 감정적 반응을 통해 형성된다는 사실은, 그
것을 깨는 데는 더 강력한 감정적인 반응이 요구된다는 것을
시사한다.
예를 들어 당신에 대한 주요 첫인상이 '두려움'이라고 해보자.

그러면 당신은 몇 달 동안 '나는 절대 무서운 사람이 아니에요!'라고 말하고 다녀도, 이 인상을 바꾸는 데 거의 도움이 되지 않을 것이다. 오히려 그러고 다니다가 바나나 껍질에 미끄러졌을 때, 사람들은 당신에 대한 '두려움'의 일부 조각을 '코믹함'의 일부 조각으로 대체할 수 있다. 폭우에 흠뻑 젖은 강아지를 담요로 감싸 안는 행동이, 당신을 두려운 사람에서 따뜻한 면모를 가진 사람으로 약간 바꿔놓을 수 있다. 또는 당신이 왜 그렇게 무서운 얼굴을 하고 다니는지에 대한 가슴 아픈 과거 이야기를 해준다면, 약간의 연민이 당신의 첫인상 안에 스며들 수도 있다.

결국 감정이 인상을 만들고, 감정이 인상을 부순다.

2. 모두가 같은 곳을 바라보고 있는가

모든 사람이 동일한 연관성을 마음에 품고 회의나 발표 또는 연습에 참여할 것이라고 가정하는 것은 실수다. 어떤 이는 아침식사에 대해 생각하고, 어떤 이는 다가오는 마감일에 대해 생각한다. 또 어떤 이는 어젯밤 시청한 드라마의 결말에 대해 생각할지도 모른다.

이처럼 쉽게 사라지지 않는 '미련' 같은 것들이, 사람들이 새로운 정보를 어떻게 해석하고 기억하는지에 강력한 영향력을 미친다는 사실을 알면, 아마도 당신의 발표에 참여한 모든 사람이 '똑같은 것'을 생각하고 있는지 확인하는 데 시간을 바치는 것은 매우 타당할지도 모른다.

나아가 당신의 발표에 참여한 모든 사람이 '올바른 것'을 생각하고 있는지에 대해 확인해보는 것도 중요하다. 만일 당신이 툭하면 고장 나는 자동판매기에 대한 불만을 터뜨리는 자리를 만들었다고 해보자. 거기에 모인 사람들은 틀림없이 한마음 한뜻으로 똘똘 뭉쳐 있을 것이다. 하지만 이처럼 한마음 한뜻으로 굳게 뭉쳐 있는 것은 사람들의 좋은 학습을 안내하는 데는 바람직하지 않다. 또한 당신의 발표에 대해 부정적인 견해가 나올까 두려워 참석자들을 자꾸 의도된 한 방향으로 몰고 가는 것도 바람직하지 않다.

어쨌든 발표나 강연의 첫머리에 '뛰어난 교사가 되는 안내서'의 한 토막을 훔쳐 5~10분 정도 참석한 사람들의 뜻과 의도를 전체적으로 파악해보는 것은 나쁘지 않다. 그러면서 천천히 사람들을 같은 곳을 바라보게 하고, 올바른 방향으로 나아가게 안내해가면 훌륭한 발표자나 진행자가 될 수 있다.

중요한 것은 이 과정을 지루하게 하지 말라는 것이다. 이 시간은 회상 전략(간단한 단어 퍼즐 제공)이나 오류 전략(참석자들이 공통적으로 잘못 알고 있을 만한 오류 제시), 서술 전략(흥미로운 이야기 들려주기) 등을 실행하는 매력적인 기회가 될 수 있다.

아울러 발표가 진행되는 동안 사람들이 모두 같은 생각, 같은 방향을 바라보지 않았으면 싶을 때도 분명 생겨난다는 사실에 주목하자. 서로 다른 의견이 부딪치는 모습을 사람들에게 보여주고 싶을 때도 생기고, 사람들의 색다른 생각을 들어보고 싶을 때도 있다. 이럴 때는 점화 효과가 방해가 될 수 있다.

당신의 의도에 정확히 부합할 때만 사람들을 특정한 길로 인도하라.

3. 워밍업을 끌어내라

발표나 강연 등에서 당신이 첫 번째로 활용하는 전략은 참석자들이 미래 과제를 해석하고 해결하는 방법에 영향을 미칠 수 있다. 만일 당신이 '토론'으로 발표의 문을 열면, 사람들은 당신이 제시하는 정보와 주제들에 대해 비판적인 입장을 취하는 경향이 더 뚜렷해질 것이다. 뭔가를 서로 비교하는 토론을 열면, 당신이 제시한 정보와 주제 내에서 더 많은 패턴과 연결을 찾아내는 경향이 강화될 것이다. 만일 당신이 암기 과제로 시작을 열면, 사람들은 당신이 제시한 정보의 세부항목들에 더 집중하는 경향을 나타낼 것이다.

어떤 워밍업을 끌어낼 것인지는 당신이 명확하게 결정해야 한다. 그리고 그 워밍업이 사람들의 학습력과 문제 해결력에 중요한 영향을 미친다. 나아가 당신에게도 참석자들의 성향과 관심을 파악하는 데 의미 있는 도움을 제공할 것이다.

4. 블라인드 평가를 받아들여라

앞에서 배운 바와 같이, 외부에서 주어지는 '기대'는 우리가 다른 사람들의 일을 이해하고 판단하는 방법에 영향을 미칠 수 있다. 어떤 프로젝트에 평소 싫어하는 동료가 참여하고 있다는 사실을 알게 되면, 당신은 그의 멋진 아이디어를 무의식적으로 거부할 수도 있다. 마찬가지로 좋아하는 동료가 프로젝트에 참여하고 있다는 사실을 알면, 당신은 그의 별로 매력적이지 않을 제안을 덥석 받아들일지도 모른다.

이를 방지하기 위해, '블라인드' 평가 방식을 받아들여라. 표지를 건너뛰고, 유명한 이름들을 지우고, 소속을 밝히지 마라. 당신이 제시하는 아이디어나 정보에 대한 기대치를 비밀에 부치면, 당신은 더 정확하고 냉철한 평가를 얻는 기회를 늘릴 수 있다.

• 핵심 질문 2: 성별 간 전쟁 파트 2
"잠깐, 남자와 여자는 정말 뇌 구조가 다른가?"

아래의 삽화를 살펴보자. 하나는 남성의 뇌이고 다른 하나는
여성의 뇌다. 각각의 성별을 구분할 수 있겠는가?

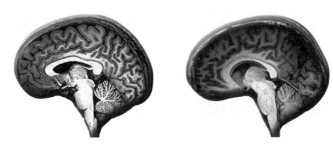

▸ 남성 대 여성의 뇌 – 어떤 게 어떤 건가?

아무도 구분할 수 없다!

실제로 뇌과학자 100명을 모아놓고 이 문제를 보여줘도, 그

누구도 남성과 여성의 뇌를 일관되고 정확하게 구별해낼 수 없을 것이다.

기억하는가? 5장에서 우리는 특정한 성별이 멀티태스킹에 특출나지 않다는 사실을 살펴본 바 있다. 여기서도 마찬가지다. 성별이 아니라 개개인의 특성에 따라 차이가 있을 뿐이다. 인간의 뇌는 성별에 따라 조직되지 않는다. 감정, 환경, 경험 등에 따라 자연스럽게 변화한다. 마치 '지문指紋'처럼 각각의 뇌는 유일무이하고 완전히 개별적이다. 그러므로 남성의 뇌와 여성의 뇌를 구별하는 것은 별 가치가 없다. 그냥 '뇌'라는 단어만으로도 충분할 것이다.

5. 인지 전략을 펼쳐라

우리는 어떤 프로젝트를 사람들 앞에서 시연하는 전략을 짤 때 대체로 '신체적 움직임'에 초점을 맞추는 경향이 있다. 당연하다. 예를 들어 요가를 배우고 싶은 사람들에게 가장 효과적인 학습법은 전문가의 직접적인 시범 동작을 따라 배우는 것일 테니까. 의심할 여지 없이 물리적 시범은 가장 탁월한 교수법 중 하나다. 그러니 그것을 자주, 그리고 자유롭게 사용하라. 이런 물리적 시범과 함께 정신적 시연도 병행하면 학습에 좋은 효과를 얻을 수 있다.

예를 들어 '곱셈법'에 대해 사람들에게 가르친다고 해보자. 당신은 칠판에 적힌 곱셈 문제를 직접 푸는 시범을 보여줌으로써 학생들의 학습을 도울 수 있다. 이와 함께 곱셈의 과정을 통해 수학이라는 학문에 대한 깨달음을 학생들의 머릿속에 심어줄 수 있다. 칠판의 곱셈 문제들을 푸는 시범을 보인 후 당신은 손에 묻은 분필가루를 털며 이렇게 말할 수 있다.

"자, 수학에서 좋은 성적을 거두는 방법에 대해 생각해볼까요? 수학 문제를 푼다는 것은 답을 찾는 게임이 아닙니다. 그 문제에 적용할 공식과 계산법을 찾는 게임이죠. 수학 시험을 볼 때는 답이 아니라 문제에 집중하세요. 문제 속에 답을 얻어낼 공식과 계산법에 대한 단서들이 숨어 있으니까요…"

물리적 시범을 통해 수학 문제를 푸는 기술을 전달하고, 정신적 시범을 통해 수학 문제를 푸는 과정에 대해, 나아가 수학이란 학문에 대해 깨달음과 시혜를 주는 선략을 구사하면 당신은 훌륭한 교사, 코치, 멘토, 컨설턴트, 강연자가 될 수 있다.

• 핵심 질문 3: 역효과

"점화 효과는 영구적인가, 아니면 탈출구가 있을까?"

점화 효과를 깨뜨리는 건 황당할 정도로 쉽다. '인식'만 있으면 된다.

앞에서 살펴본 '로스트-토스트' 사례에서의 점화 효과를 기억하는가? 이를 염두에 두고 다음의 문제를 살펴보자.

조크 *Joke* 포크 *Poke* 스모크 *Smoke* 소크 *Soak* 브로크 *Broke*

그렇다면 달걀의 흰 부분을 뭐라고 부르는가?

이 퀴즈 또한 점화 효과가 인도하고 있음에도 당신은 '요크 (yolk, 노른자)'라고 외치지 않았을 것이다. '로스트-토스트'를 염두에 두고 있었기 때문이다. 점화 효과는 한 번 인식되면, 그다음부터는 당신에게서 효과를 얻어내기가 매우 어렵다. 모든 종류의 점화 효과에 '인식'은 작동한다. 예를 들어 '성별-수학 능력'이 기대 점화에 불과하다는 걸 인식한 여성은, 수학 시험에서 이 점화 효과에 전혀 영향을 받지 않고 좋은 성적을 낸다.

하지만 주의할 점이 있다.

인식은 사람들이 점화 효과와는 정반대 방향으로 진자를 흔들게 할 수 있다. 유명 셰프의 이름이 음식 맛을 더 좋게 하는 데 사용된다는 사실을 알고 난 사람들은, 자신들이 그 사실을 전혀 몰랐던 때보다 똑같은 음식에 대해 더 나쁜 평가를 내릴 수도 있다. 점화 효과가 역효과가 나는 순간이다.

누누이 강조하지만 점화 효과를 과대 평가해서는 안 된다. 점화 효과는 깨지기 쉬운 유리 그릇이다.

· 핵심 질문 4: 예방 접종

"인식된 점화 효과는 깨뜨리기 쉽다. 하지만 인식되지 않은 점화 효과가 나타나면? 어떻게 그것으로부터 나를 보호할 수 있을까?"

예방 접종의 비밀은 앞으로 나타날 점화 효과가 당신에게 어떤 영향을 미칠지 미리 예측하고, 이를 해결하기 위한 구체적인 계획을 만들어놓는 것이다. 당신도 나처럼 '만약 그것이 나타난다면if-then'이라고 부르는 계획을 세우면 효과를 볼 수 있다. 간단하다. 30분짜리 프레젠테이션을 하는 것이 목표인가? 그렇다면 프레젠테이션 도중에 나타날 장애물들을 미리 고려한다. 갑자기 머릿속이 하얘지면서 아무것도 생각이 안 날 때도 있을 것이고, 참담하게 실패했던 예전 프레젠테이션에 대한 기억이 불쑥 떠오를 때도 있을 것이고, 뭔가 안 좋은 징크스 같은 게 생각도 못한 곳에서 발견될 수도 있을 것이다.

이럴 때 어떻게 행동할지 결정하는 전략을 짜라('갑자기 생각의 흐름이 끊기고 말문이 막히면 청중들에게 내가 말한 마지막 문장을 상기시켜달라고 부탁하자!' 등).

생각도 못한 점화 효과는 언제든 나타날 수 있다. 하지만 그것이 나타날 것이라는 '인식'을 갖고 있으면, 그 또한 어렵지 않게 극복할 수 있다.

점화 효과들은 당신의 성공보다는 당신의 실패를 방지하는 예방주사의 역할을 할 때 더 그 쓰임새가 빛을 발할 것이다.

사람들의 학습에 영향을 미칠 수 있는 사실 fact, 기대 expectation, 전략 strategy을 사전에 활성화하라.

- 뇌는 최근의 연상들을 유지하면서 이를 새로운 정보(원인-결과)
와 연결시킨다.
- 이 패턴을 활용하는 것을 점화 효과라고 한다.
- 개념 점화는 사실을 활성화하고 이해를 유도한다.
- 기대 점화는 기대치를 활성화하고, 인지 또는 반응을 유도한다.
- 전략 점화는 절차를 활성화하고 실행을 유도한다.

확장 팁

1. 첫인상을 이겨내라.
- 감정이 인상을 만들고, 감정이 인상을 부순다.

2. 한 마음 한 뜻으로 똘똘 뭉치는 것이 언제나 좋은 것은 아니다.

3. 청중의 워밍업을 끌어내라.

4. 블라인드 평가를 받아들여라.

- 남성과 여성의 뇌가 다르다는 사실은 한번도 입증된 적 없다.

5. 인지 전략을 펼쳐라.

- 점화 효과에 대한 지식이 그 영향력을 깨뜨릴 수 있다.

- '만약 그것이 나타난다면' 계획을 사용해 미래에 발생할 부정적
  인 효과를 미연에 방지하라.

10장

이야기로
랜드마크를 만들어라

"마음속에 서로 단절되어 존재하는 사실들은
서로 연결되지 않은 웹사이트 페이지와도 같다.
처음부터 존재하지 않는 게 더 나았을지도 모른다."
_스티븐 핑커Steven Pinker, 하버드대 심리학 교수

이번 장은 '설득력 있는 이야기'로 그 문을 여는 것이 이 장의 제목과 잘 부합할 것이다. 어린 시절 우리가 젖은 눈으로 들었던, 사랑의 힘이 불러오는 위대한 감동과 가슴 뭉클한 슬픔과 이별이 엮어내는 이야기들 말이다.

하지만 나는 이런 전통적인 노선을 선택하지 않으려 한다. 완벽한 이야기를 내놓는 대신, 나는 당신에게 이 무거운 짐을 함께 들어달라고 부탁하고자 한다.

이를 위해 타이머와 필기도구를 준비해보자.

1라운드

아래 단어 목록을 60초 동안 최대한 외워보자. 외우는 동안 눈을 감고 단어 하나하나를 머릿속에 시각화하도록 노력하라.

그럼, 타이머를 맞추고, 시작!

공	집	배
자전거	개	꽃
영화	아이	의자
손	거위	안경
전화기	병	책

좋다, 이제 다음 라운드를 진행하자. 이번에는 작은 것을 하나 바꾸려고 한다.

2라운드

아래는 새로운 단어 목록이다. 1라운드처럼 60초 동안 가능한 많은 단어를 암기해보자. 하지만 이번에는, 각 단어를 시각화하기보다는 각 단어를 일관성 있는 이야기로 연결시켜 주었으면 한다. 만일 당신이 '애벌레', '모자', '사과'를 외운다면, '카우보이 모자를 쓴 배고픈 애벌레가 과즙이 많은 사과를 먹어 치웠다'와 같은 간단한 이야기를 만들어보는 것이다.

그럼, 타이머를 맞추고, 시작!

식당	차	꽃병
마녀	사탕	탁자

도마뱀	양복	노트북
이빨	발	모자
이파리	심장	램프

멋지다. 우리는 잠시 후에 이 실험으로 다시 돌아올 것이다. 지금은 이 단어 목록을 당신의 무의식 속으로 스며들게 하면서, 기어를 바꿔 새로운 것에 집중해보자….

이야기는 왜 기억에 더 남는가

이 책 내내, 나는 많은 이야기들을 당신과 공유했다. 심해 잠수부들이 바닷물 속에서 단어를 외우는 이야기, 헨리 구스타프 몰래슨이 해마 제거 수술을 받은 후 다시는 새로운 '서술적 기억'을 만들어내지 못한 이야기, 내가 처음으로 아바의 〈댄싱 퀸〉 동영상을 시청한 이야기 등등.

물론 이런 이야기들은 그 자체로 흥미롭고 읽기에도 즐거웠을 것이다. 하지만 내가 이 이야기들을 이 책에 실은 데에는 더 근본적인 이유가 있다. 이해를 돕기 위해 '도시 디자인의 세계'를 잠깐 여행해보자.

휴대할 수 있는 간편한 지도와 GPS 장비가 없었던 시대에도, 점점 더 커지고 복잡해지는 도시를 빠르고 쉽게 탐색할 수 있는 방법은 여전히 필요했다. 해결책은 이랬다. 정말 엄청나게 높은 탑이나 첨탑, 동상을 도시 한복판에 세울 것. 주변 건물들보다 월등히 높은 이 기념비들은 누구나 쉽게 도시의 장소들을 발견하고, 방향을 정하고, 자신의 위치를 파악해 어느 방향을 나아가고 있는지를 알아내는 '랜드마크landmark'로 활용될 수 있었다.

따지고 보면, 우리의 '기억'도 이와 크게 다르지 않다. 모든 기억은 다양한 연관성(연상들)과 결합되어 있다. 이 연상 네트워크가 점점 성장하고 확장되면서, 점점 정보를 찾고 구성하는 일이 복잡해지고 어려워졌다. 점점 복잡하고 어려워지는 이 네트워크를 쉽고 빠르게 탐색할 수 있는 방법은 무엇일까? 바로 '획기적인 사건들'이다.

충격적이고 획기적인 사건들이란 우리가 방향을 정하고, 그에 연관된 사실들을 이해하는 데 도움을 주는 믿을 수 없을 정도로 두드러진 기억들이다. 이 두드러진 기억들에 신호를 주는 것이 곧 '이야기'다.

이야기는 우리의 마음속 에펠탑과 같다. 이야기는 우리의 마음속에 뚜렷하고 지워지지 않는 인상을 심어준다. 이를 통해 연상 네트워크를 구축하고 확장할 수 있는 이상적인 기억의 랜드마크를 만든다.

내가 무니 할아버지의 오래된 샵과 골프 스윙 이야기를 들려준 이유가 여기에 있다. 당신은 이 이야기 자체만으로도 흥미로웠을지 모른다. 하지만 나는 한 걸음 더 나아가, 이 이야기를 향후 전개해나갈 뇌과학 개념들을 효과적으로 정리하고 연결시키는 하나의 획기적인 사건으로 활용했다. 이제 무니 할아버지 이야기는 맥락 의존적 학습과 상태 의존적 학습, 일화적 기억과 의미적 기억 등의 개념과 쉽게 연결되는 중심 허브가 되지 않았던가!

이야기는 왜 기억에 더 강렬하게 남는 것일까? 먼저 이야기가 무엇인지 정확하게 정의해보자.

▶ 무니 할아버지와 연결된 연상 네트워크

이야… 기?

이야기가 무엇이냐에 관한 논쟁은 수천 년 동안 이어져왔다. 고대 희랍의 철학자 아리스토텔레스Aristotle에서부터 이 시대 최고의 작가로 꼽히는 스티븐 킹Stephen King에 이르기까지, 이야기에 대한 단 하나의 정의는 존재해오지 않았다. 하지만 다행스럽게도 이 까다로운 용어를 명확하게 설명낼 수 있는 몇 가지 공통점이 있다. 물론 이것으로도 오랫동안 지속되어온 논쟁을 해결할 수는 없지만, 우리의 겸손한 목적에는 잘 부합한다.

이야기는 다음 3가지 요소를 포함해야 한다.

1. 물리적 추진력physical thrust
2. 심리적 추진력psychological thrust
3. 청중audience

물리적 추진력

이야기는 행동들로 구성되어 있다.

'개가 짖었다. 고양이가 나무에 올랐다. 다람쥐는 기절했다.'

하지만 이처럼 몇 가지 행동을 단순 나열하는 것만으로는 이야기가 될 수 없다. 각각의 단절된 행동들은 '줄거리plot'라고 하는 명확한 인과관계적 순서에 연결되어야 한다.

'개가 짖어대자 고양이가 잽싸게 나무에 올랐고, 이를 본 다람쥐가 기절하고 말았다.'

자, 이제 이야기가 아주 조금 그 모습을 드러내는 것처럼 보인다.

심리적 추진력

이야기는 또한 줄거리를 반영하거나 끌어가는 정신적·감정적 요소들을 포함해야 한다. 이러한 심리적 추진력은 성격, 동기, 의미를 낳는다.

'몹시도 화가 난 개가 맹렬히 짖어댄 탓에 화들짝 놀란 고양이가 잽싸게 나무 위로 도망쳤다. 나무 위에 숨어 있던 다람쥐는 갑자기 어둠을 뚫고 확 나타난 자신의 천적 고양이를 보자마자 그 자리에서 기절하고 말았다.'

자, 이제 이야기가 본격적으로 나오기 시작한다!

여기서 우리가 주목해야 할 점이 있다. 심리적 요소들이 하나의 줄거리에 무수히 많은 변주를 만들어낸다는 것이다.

'영업 실적이 부진했던 나는 결국 도망치듯 직장을 그만두었다.'
'영업 실적이 좋지 않았기에 유감스럽게도 나는 직장을 그만두고 말았다.'

이 두 이야기의 줄거리는 서로 비슷하다. 하지만 의미는 서로 많이 다르다.

다음을 살펴보자.

다음의 줄거리는 어떤 책과 영화, 텔레비전 프로그램을 묘사하고 있는가?

> 주인공은 자신의 새로운 삶을 위해 어떤 물건이 간절하게 필요하다는 걸 깨닫는다.

> 그래서 이 물건을 찾기 위해 집을 떠난다.

》 여행 도중 많은 사람들과 다양한 상황에 직면한다.

》 이러한 만남을 통해 주인공은 자신에 대해 많은 것을 배우고, 미처 몰랐던 능력을 발견하게 된다.

》 마침내 갈망하는 물건을 찾는 데 성공했을 때 그는 이미 새로운, 과거와는 전혀 다른 사람이 되어 있었다.

이 물리적 추진력들은 〈오디세이〉에서부터 〈니모를 찾아서〉〈이상한 나라의 앨리스〉〈덤앤더머〉〈반지의 제왕〉〈워킹 데드〉에 이르기까지 수없이 많은 이야기들에서 공통된 중심구조 역할을 했다. 하지만 우리가 각각의 이야기들을 명확하게 구별하고 혼동하지 않는 이유는, 각각의 이야기들이 포함하고 있는 심리적 추진력이 모두 다르고 고유하기 때문이다.

이야기를 들어주는 사람들, 청중

마지막으로, 이야기는 입으로, 눈으로, 그 밖의 물리적인 방식으로 공유되거나 전달되어야 한다. 이야기되지 않은 것은 이야기가 아니다. 그것은 단지 하나의 생각이나 개념일 뿐이다. 따라서 이야기는 일종의 '사회 현상'이라고 할 수 있다.

이제 어떻게 이런 요소들이 함께 작용해 놀라운 기억의 랜드마크를 만드는지 살펴보자.

연결고리(물리적 추진력)

8장에서 우리는 뇌가 최근 사건들의 메아리들을 붙잡아 매어두고 있다가, 이를 다가올 사건들을 해석하고 이해하는 데 사용한다는 것을 배웠다. 다시 말해 뇌의 모든 영역은 항상 연속적인 순간들을 의미 있게 연결시키기 위해 작용한다.

꿈을 꾸는 것에 대해 생각해보자.

아침에 잠에서 깨 생각해보면 지난 밤 꿈은 서로 단절된 순간들이 뒤죽박죽 섞여 있는 혼란이다(몇 개의 산 위를 단숨에 날아다니다가 갑자기 학교에서 시험을 보고 있다). 하지만 깊은 밤에 꾸는 꿈은 무엇 하나 이상할 게 없는, 이치에 꼭 들어맞는 장면들의 연속이다(몇 개의 산을 날아다닌 후 시험을 보고 있는 것도 전혀 이상하지 않게 느껴진다). 이는 우리의 뇌가 꿈속에서도 각각의 상황들 사이에 일관된 인과관계 사슬을 구축하기 위해 노력하기 때문이다.

어떤가? 뇌가 하는 일과 이야기가 만들어지는 과정이 서로 비슷하지 않은가? 이야기를 만든다는 것 또한 일련의 행동들을 순서에 맞게, 인과관계에 맞게 연결하는 과정이다.

이것이 이야기들이 기억에 남는 이유다. 이야기가 뇌가 자연스럽게 작용하는 방식을 모방하고 있기 때문이다.

당신이 발표나 강연, 브리핑을 통해 전달하고자 하는 서로 다른 키워드들이나 주제들이 있을 때는 그것들 사이를 인상적으로 연결하는 데 시간과 노력을 쏟아야 한다. 하지만 그 키워드와 주제들이 하나의 이야기 속에 들어 있을 때는 추가적인 노력이 필요치 않다. 그저 그 이야기를 전달해줌으로써 사람들의 뇌 속에 놓여 있는 '원인-결과'라는 레일 위에 사뿐히 올라탈 수 있다.

이 장의 시작 부분에서 소개했던 게임으로 돌아가 보자.

3라운드

책장을 앞으로 넘기거나 돌아보지 말고, 30초 동안 1라운드에서 외웠던 단어들을 최대한 떠올려 적어보자. 타이머를 맞추고, 시작!

다시 한 번, 책장을 넘기지 말고 30초 동안 2라운드에서 외웠던 단어들을 최대한 떠올리며 적어보자. 타이머를 맞추고, 시작!

자, 이제 책장을 앞으로 넘겨 결과를 확인해보자.

1라운드의 목적은 '시각화'가 기억력을 향상시킨다는 것을 보여주기 위함이었다. 이를 위해 각각의 단어를 서로 분리, 고립시키는 전략을 사용했다. 반면에 2라운드는 '이야기'를 만들어 각각의 단어 사이에 인과관계라는 연결고리를 만들었다.

뇌의 자연스러운 활동에 미루어볼 때, 아마도 당신은 3라운드에서, 1라운드 단어 목록보다 2라운드 단어 목록을 더 많이 기억해냈을 것이다.

우리가 '이야기'를 통해 생각한다는 것은 그냥 비유적인 말이 아니다.

시뮬레이션(심리적 추진력)

특정한 행동을 할 때마다(예를 들어 공을 던질 때마다) 우리의 뇌는 매우 특정한 패턴으로 작동한다. 흥미로운 것은 어떤 특정한 행동을 단지 상상만 할 때도 실제 행동을 할 때와 거의 같은 패턴으로 우리의 뇌가 작동한다는 것이다. 심리적 리허설이 스포츠 훈련에서 각광받는 이유가 여기에 있다. 뇌는 실제 현실과 상상의 차이를 엄격하게 구분하지 않는다.

더 흥미로운 것을 살펴보자.

만일 당신이 공을 던지는 사람에 대한 이야기를 들을 때는, 그 사람이 하는 행동 패턴에 당신의 뇌가 반응한다. 하지만 만일 이야기가 아니라, 공을 던지는 사람과 마주쳤다거나 했을 때는, 이런 일이 일어나지 않는다. 즉 어떤 고립적이고 분리된 행동(공을 던지는 남자와 마주치는)에는 뇌가 반응하지 않는다. 하지만 그 행동이 이야기나 묘사, 서술에 자리 잡는 순간, 당신의 뇌는 마치 당신이 그 행동을 수행하는 것처럼 크게 반응할 것이다.

우리는 단순히 이야기를 듣는 데 그치지 않는다. 이야기를 '경험' 한다. 이야기는 '가상 현실'이 제공하는 효과를 가장 잘 구현하는 도구다.

이야기의 심리적이고 감정적인 측면에서도 마찬가지의 뇌 반응이 일어난다. 우리는 이야기 속 인물들이 느끼는 것을 간접 체험하는 데서 그치지 않는다. 이야기에 우리 자신의 감정을 깊이 이입하고, 더 깊은 정서적 체험을 통해 이야기가 전하는 것보다 더 많은 것을 배우고 더 많은 것을 느낀다.

지상에서 하는 비행 시뮬레이션 연습이, 조종사들이 하늘을 항해할 수 있도록 정신적으로 준비하는 데 도움을 주듯이, 이야기는 사람들이 삶을 항해할 수 있도록 정신적으로 준비하는 데 도움을 준다.

영화 〈쇼생크 탈출〉을 보면서 우리는 수감 생활을 간접 체험하는 데 그치지 않는다. 삶이라는 거대한 감옥으로부터의 자유로운 탈출을 꿈꾼다. 내 삶에도 언젠가 불쑥 나타날지 모르는 억울한 누명과 고난들에 맞서는 지혜와 용기를 얻는다. 우리는 이야기 속 인물들에게 박수를 보내는 관객 역할에 만족하지 않는다. 엔딩 크레딧이 올라가는 동안 가슴 벅찬 감동을 느끼며 우리는 우리 자신을 향해서도 힘껏 갈채를 보낸다.

이야기는 심리적·감정적 시뮬레이션을 주도한다

스토리텔러와 청중 사이

우리의 뇌에서는 '옥시토신oxytocin'이라고 불리는 흥미로운 화학물질이 만들어진다. 지금껏 아무도 이 옥시토신의 완전한 역할을 규명해내지 못했지만, 이 화학물질은 엄마가 아이와 정서적 접촉을 가질 때, 부부가 육체적으로 친밀한 관계를 가질 때 가장 흔하게 분비된다. 따라서 많은 연구자들은 옥시토신이 가족처럼 가까운 관계 사이에 유대감을 형성하는 데 도움을 준다고 믿는다.

옥시토신은 우리가 이야기에 깊이 빠져들 때도 분비된다. 이는 우리가 이야기 속 어떤 특정 인물들에게 유난히 애착을 갖는 이유를 설명해준다. 나아가 우리가 종종 특정 작가들에게 열광적인 애착을 갖게 되는 이유도 설명해준다.

앞에서도 말했듯, 이야기는 사회 현상이다. 대륙과 바다를 횡단해, 몇 세기에 걸쳐 전해지는 이야기는 이야기꾼과 듣는 사람 사이에 강한 유대감을 조성할 수 있다.

발표나 강연, 미팅 등에서 이 유대감을 활용하면 청중은 안전감을 느끼고 배우고자 하는 욕구를 크게 증가시킬 수 있다. 사람들이 이야기에 깊이 관여하게 되면, 그들의 뇌 패턴은 실제로 이야기꾼의 뇌 패턴을 모방하기 시작한다. 이를 '신경 결합neural coupling'이라고 부른다. 신경 결합이 이루어지는 순간, 사람들은 서로에게서 배우기 시작한다. 나아가 서로에게 호감을 느끼며 좋아하게 된다.

▸ 스토리텔러와 청중 사이의 신경 결합

상대의 수준을 파악하라

이야기는 사람들에게 강한 영향력을 줄 수 있다. 하지만 한 가지 중요한 사실을 놓쳐서는 안 된다. 이야기가 항상 효과가 있는 것은 아니다.

이야기는 사람들이 어떤 주제에 대한 경험이 전혀 없을 때는 새로운 정보를 이해하고 구성하고 연결하는 기억의 랜드마크를 만드는 데 도움을 줄 수 있다. 반면에 어떤 주제에 대한 기본적인 지식과 이해를 갖고 있는 사람들에게는 이야기가 별 도움이 되지 않을 수 있다. 그들은 이미 관련된 연상 네트워크를 구축하는 데 사용한 기억의 랜드마크를 갖고 있을 가능성이 높기 때문이다.

따라서 특히 전문가들은 대체로 이야기나 서술이 없는 순수한 형태로 정보를 얻는 것을 선호한다. 일부 전문가들은 이야기의 활용을 '과잉'으로 여겨 될 수 있으면 사용하지 않을 것을 권장하기도 한다.

따라서 이야기를 활용할 때는 상대의 성향을 잘 파악할 필요가 있다. 나아가 하나의 정보에 입혀진 이야기가 너무 지나치면, 그 정보의 객관성과 신뢰도가 떨어지는 것처럼 보일 수도 있다(그럴듯한 음모론으로 포장된 가짜 뉴스들을 상기해보라).

그럼에도 불구하고 이야기는 당신의 의도와 뜻을 전달하는 데 강력한 힘을 발휘한다. 관련 주제에 대해 해박한 지식과 통찰을 가진 사람들 중에도 이야기 듣기를 좋아하는 사람은 여전히 존재한다.

최고의 작가는 최고의 스토리텔러임을 잊지 마라.

1. 이야기로 문을 열어라

프레젠테이션, 레슨, 연습 세션session을 '이야기'로 시작하면 다음 3가지 이익을 기대할 수 있다.

첫째, 모든 사람이 같은 방향을 바라볼 수 있게 한다. 이를 통해 당신이 제시하는 새로운 개념에 대해 사람들이 어떻게 이해하고 기억하는지를 더 효과적으로 파악할 수 있다. 가장 효과적인 방법은 사람들이 당신에게 이전에 배웠던 개념이나 핵심 키워드로 만든 이야기를 들려주는 것이다.

둘째, 옥시토신의 활약에 힘입어 사람들이 당신을 더 편안하게 느끼고 기꺼이 당신에게서 배우겠노라 의지를 다지게 할 수 있다. 나아가 신경 결합이 생겨나면서, 당신이 원하는 방향으로 사람들의 학습을 유도해나갈 수 있다.

셋째, 정신적·감정적 시뮬레이션은 적극적인 참여를 촉진한다. 물론 참여도와 학습 성취도가 언제나 비례하는 것은 아니다. 이야기가 모든 짐을 짊어질 수 있다고 기대하기는 어렵다. 하지만 이야기 활용이 만들어낸 강화된 참여는 사람들에게 배움에 대한 더 큰 동기를 부여할 수 있다.

• **핵심 질문 1: 효과적인 이야기**

"이야기의 구성 요소들은 이해했다. 그렇다면 '좋은' 이야기를 구성하는 요소는 무엇일까?"

이 질문에 대한 답으로 수백, 수천 권의 책이 출간되어 있다고 말하는 것은 결코 과장이 아니다. 그리고 여기에 나의 설명을 몇 장 덧대본다.

뭐, 될 대로 되라지.

이야기에는 반드시 줄거리가 있어야 한다. 물리적 추진력을 일으키는 인과관계의 연결고리가 반드시 존재해야 한다. 곰곰이 생각해보면, 많은 사람들에게 감동을 주는 이야기들에는 공통적인 '줄거리 구조'가 있다.

이 구조는 안정성과 불안정성 사이를 넘나든다. 이야기의 시작 부분(기준선)에는 안정성이 존재한다. 주인공에게는 일상이 있고 세상은 균형을 이루고 있다. 그러다가 이 균형이 깨지면서 전환점을 만드는 행동이나 사건이 발생한다. 그리고 그다음부터는 모두 균형을 되찾기 위한 투쟁들(사건들)일 뿐이다. 그러다가 마지막에 이르러 시작 시점과는 다른, 새로운 안정성을 확립시키는 가장 극적인 투쟁(절정의 사건)이 벌어진다.

이 같은 이야기의 진행 과정은 다음 6개의 문장으로 함축된다.

옛날 옛적에… *(기준선)*

그리고 매일… *(기준선)*

그러던 어느 날… *(전환점, 터닝포인트)*

그 일로 인하여… *(계속해서 사건 발생)*

그러다가 마침내… *(절정, 클라이맥스)*

그리고 그날 이후로… *(결론)*

이야기란 무엇인가?

아래의 6개의 문장을 사용해 다음 이야기의 제목을 맞혀보자.

옛날 옛적에…   어린 소녀가 있었다.

그리고 매일…   사악한 이복자매들을 위해 바닥을 닦았다.

그러던 어느 날…   무도회에 초대되었다.

그 일로 인하여…   드레스와 마차를 받고, 왕자와 춤을 추고,
유리구두 한 짝을 흘린 채, 열두 시를 알
리는 종소리에 맞춰 집으로 달려갔다.

그러다가 마침내…   왕자는 유리구두의 주인을 찾았다.

그리고 그날 이후로… 그녀는 왕자와 행복하게 살았다.

그렇다. 이 이야기의 제목은 〈신데렐라〉다. 당신은 모든 이야

기에 이 훌륭한 구조를 적용할 수 있다. 미국의 유명 작가 커트 보니것Kurt Vonnegut은 〈신데렐라〉에 대해 "인류가 문명화된 이래, 가장 인기 있는 이야기"라고 극찬한 바 있다.

훌륭한 이야기의 구조는 행운과 불운, 행복과 불행의 상호작용에 바탕을 둔다. 이야기가 시작되는 순간에는 모든 사람이 괜찮다. 삶은 단순하다. 하지만 등장인물들은 점점 더 많은 사건을 원한다. 전환점을 따라 운명이 변화하기 시작한다. 주인공은 더 대담해지고, 더 용감해지고, 더 행복해진다. 하지만 클라이맥스 직전 운명은 급격하게 추락한다. 모든 것이 망연자실해지고 벗어나기 위해 발버둥쳤던 처음으로 다시 돌아가는 것처럼 느껴진다. 갈망하던 변화가 오지 않을 것처럼 느껴진다. 하지만 클라이맥스를 통과하면서 마침내 상황은 극적인 변화를 맞이하고 운명은 다시 치솟는다.

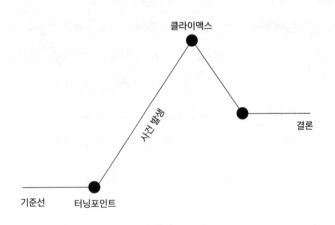

▶ 물리적 추진력

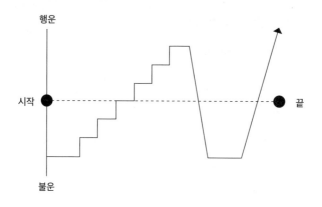

▶ 심리적 추진력

다시 〈신데렐라〉 이야기로 돌아가보자.

이야기의 도입 부분에서 슬픈 얼굴의 그녀는 불우한 삶에 체념하고 있다. 하지만 무도회에 초대받은 후 상황은 호전되기 시작한다. 왕자를 만나 춤을 추면서 더 생생하게 살아 있다고 느끼기 시작한다. 자정까지는 모든 것이 잘 되어가고 있다. 그러다가 자정이 지나면 그녀는 황급히 돌아간다. 평범하고 우울한 삶으로 귀환한다. 결국 아무것도 변하지 않을 것이다. 그런데 그때 왕자가 다시 나타나고, 그가 가져온 구두가 발에 쏙 들어가고, 그다음은 역사로 남는다.

• 핵심 질문 2: 이야기의 유형

"이야기에는 어떤 유형들이 있는가?"

이야기의 힘과 영향력은 전적으로 당신의 목적에 달려 있다. 여기 훌륭하게 빛나는 몇몇 이야기 유형들과 그것들이 가진 심오한 목적이 있다.

기원에 관한 이야기

이 이야기들은 특정한 사실, 생각, 과정의 탄생에 초점을 맞춘다. 예를 들어 '피타고라스의 정리가 아직 탄생하지 않았던 시절의 이야기다…'로 시작한다. 훌륭한 기원 설화는 방법(그 당시에는 종교를 믿는 신도들처럼 수학자들 또한 학파를 이루어 연구를 했는데…)뿐 아니라 그 이유(이처럼 학파를 이룬 것은 숫자를 신이라 믿었기 때문이다. 그들의 수학 연구는 하늘과 교감하는 수단이었다…)에도 초점을 맞추는 것을 잊지 않는다.

이런 유형의 이야기는 어떤 주제에 대한 흥미와 더 깊은 개인화를 추진하는 데 사용될 수 있다. 나아가 어떤 아이디어의 탄생과 기원을 알고 나면, 사람들은 그 기초 지식을 발판으로 삼아 그 아이디어를 더 체계적으로 확장하고 정리해나가는 경향을 나타낸다.

갈등을 제시하는 이야기

이 이야기들은 쉽게 해결될 수 없는 큰 갈등이나 모순에 초점을 맞춘다. 〈라이언 일병 구하기〉라는 영화를 기억하는가? 겨우 병사 한 명을 구출하기 위해 수십 명의 엘리트 군인이 목숨을 잃는다. 이 이야기는 지금까지도 여전히 논쟁적이다. 한 명의 목숨을 구하기 위해 수십 명이 희생되는 이야기가 갖고 있는 모순과 갈등, 찬반 토론은 여전히 진행 중이다. 이런 유형의 이야기들은 사람들에게 자신이 갖고 있는 상식이나 견해에 의문을 제기한다. 이를 통해 다른 의견에 귀 기울이게 하고, 어떤 특정 주제나 정보, 지식에 대한 폭넓은 이해로 나아가게 한다. 서로 다른 생각들을 연결해 더 큰 가치와 시너지를 창출하도록 격려한다.

실용적인 이야기

이 이야기들은 실제 문제를 해결하기 위해 어떤 구체적인 지식을 어떻게 사용했는지에 초점을 맞춘다. 바다 쓰레기들을 치우기 위해 누군가 발명한 낚시 장비 이야기 등이 여기에 속한다. 이런 유형의 이야기는 우리가 공부하고 배우는 것들이 현실 삶과 세상에 어떤 영향을 미치는지를 숙고하게 한다. 이를 통해 삶과 세상에 실질적 이익을 가져다주는 창의적인 해결책의 발견을 촉진한다.

사적인 이야기

"개인적인 이야기 하나 해볼까요?"

이렇게 말하는 순간, 발표자는 청중과 급속도로 친해진다. 학생들이 교사들에게 가장 듣고 싶어 하는 이야기는 단연코 그들의 '첫사랑'이다. 언제나 사람들은 개인적 이야기에 뜨거운 관심을 갖는다(연예인들의 사생활이 검색어 차트를 점령한다). 개인적인 이야기를 활용하면 청중의 집중력을 높일 수 있다. 참여도와 배우려는 의지가 강화되는 효과를 얻게 된다.

서스펜스 드라마

서스펜스 드라마는 사람들에게 인기 있는 이야기의 모든 유형과 비슷하다. 이야기가 시작되고, 전개되고, 절정에 이르고… 결말은 미스터리로 남겨둔다(나중에 공개되거나 똑똑한 사람에 의해 제시되고, 발견된다). 서스펜스는 호기심을 유발하고 지식의 격차를 메우는 데 영감을 불어넣는다.

• **핵심 질문 3: 스토리텔링**

"이야기를 제대로 골랐다면, 효과적인 전달 방법은?"

더 나은 이야기꾼이 되는 것을 돕기 위해 쏟아지는 조언의 양은 엄청나다. 어떤 이는 당신이 이야기를 하는 동안 '몸짓과 연기'를 병행할 것을 권유한다. 하지만 이는 팟캐스트나 라디오 출연의 경우엔 통하지 않는다. 각각의 등장 인물들에 맞춰 목소리 연기를 하면 되지 않냐고? 글쎄, 어떤 경우에는 들어맞겠지만, 당신의 개인적인 사연과 특유의 감정을 풀어가는 데는 전혀 어울리지 않는다.

결론은 이렇다. 이야기를 효과적으로 전달하는 특정한 방법 따위는 없다. 이 주제와 관련해서 유일하게 귀 기울일 만한 조언은 하나다.

'당신의 이야기를 당신 스스로 느낄 수 있도록 노력하라.'

만일 '신경 결합'이 스토리텔러와 듣는 사람 사이에 공명을 불러일으킨다면, 이야기를 전달할 때 느끼는 감정은 듣는 사람의 감정에 영향을 미칠 것이다. 나는 어린 시절부터 아버지에게서 '잃어버린 주머니 속 시계' 이야기를 수십 번도 더 들었다. 아버지는 이 이야기를 내게 들려줄 때마다 세상에서 가장 평화로운 미소를 짓는다. 아버지의 웃는 얼굴을 보고 있노라면 나도 모르는 사이에 내 입가에서도 미소가 번져나간다.

반면에, 강의 내내 똑같은 이야기를 줄기차게 늘어놓는 발표자도 만난 적 있다. 그의 이야기 자체는 별로 지루하지 않았다. 다만 그는 청중과의 연결고리를 만들지 못해, 그걸 만드느라 계속 같은 이야기를 지루하게 반복하고 있었던 것이다.

이야기의 본질은 감정의 연결이다.

다른 모든 것은 그저 장식일 뿐이다.

2. 첫 이야기는 영원히 남는다

1980년대 내가 처음 만난 영화 〈스타워즈〉는 오리지널 3부작이었다. 그러다가 1990년대 후반 프리퀄(prequel, 영화 등에서 오리지널 작품 속 이야기보다 앞선 시기의 이야기를 다루는 속편-옮긴이)이 나왔을 때 나는 설레는 마음으로 나의 첫 〈스타워즈〉와 열렬하게 비교해보았다. 그런데 프리퀄에는 '츄바카'가 없다니! 이 무슨 개떡 같은 경우람!

내 조카는 2000년대에 태어났다. 그 아이에게 첫 〈스타워즈〉는 프리퀄 버전이었다. 여기서 얻은 감동을 부여안고 원작을 찾아 헤매던 그는 자신의 첫 〈스타워즈〉와 오리지널 3부작을 열렬하게 비교해보지 않을 수 없었다. 그런데 '자 자 빙크스'가 안 나오다니! 맙소사, 이 무슨 접싯물에 코 박는 얘기람!

이야기는 기억의 랜드마크가 되어준다. 따라서 우리가 처음 듣는 이야기는 우리가 그와 관련된 지식의 몸통을 해석하고 이해하는 데 폭발적인 영향력을 미친다. 당신이 특정 주제나 지식을 소개하기 위해 사용하는 이야기가 목적에 잘 부합하는지 살펴라. 그리고 흥미를 유발하는지 더 세심하게 살펴라. 절대 교훈적인 이야기를 첫 이야기로 삼지 마라. 정보와 지식의 양이 많이 담긴 이야기보다는 폭발력을 이끄는 도화선이 될 만한 이야기를 골라라. 불을 붙이면 쾅, 하고 터질 것 같은 기대를 주는 이야기를 선택하라. 첫 이야기가 훌륭하면, 나머지 이야기들에 대해선 한결 관대해지는 게 사람의 보편적 심리다.

명심하라, 사람들은 틈만 나면 지루해 죽겠다는 표정을 짓는 걸 무척이나 즐긴다는 것을.

3. 입문자에게 자유는 악몽이다

최근 들어 온라인 사이트를 중심으로 이른바 '탐색 학습exploratory learning'이 주목을 받고 있다. 탐색 학습은 인간과 컴퓨터의 상호작용에 관한 연구에서 비롯되었다. 탐색 학습은 일종의 문제 해결을 통한 학습 과정이라 할 수 있다. 새로운 전자제품을 샀을 때 설명서도 없이 이러저리 버튼을 눌러보고 그 결과를 지켜보면서 사용법을 익히는 것을 떠올리면 이해가 쉽다. 즉 정보는 풍부하게 제시하되, 그걸 갖고 뭘 할지는 개인의 자유에 맡기는 것이다. 이를 통해 사람들은 자신만의 이야기를 창조해내고, 그 자료와 정보에 대한 풍성한 개인적 이해를 발전시켜나갈 수 있다는 것이다.

하지만 문제점이 존재한다.

내가 5,000개의 퍼즐 조각이 든 자루만 당신에게 건네줄 뿐 다른 어떤 것도 제공하지 않는다고 생각해보자. 당신은 이 퍼즐 조각이 다 맞춰졌을 때 완성되는 최종 그림이 무엇이어야 하는지, 최종 그림이

▶ 퍼즐을 맞추는 또 하나의 방법

존재하기는 하는 것인지, 5,000개의 조각이 최종 그림을 완성하는 데 충분한 양인지… 등등에 대해 어떤 실마리도 갖고 있지 않다.

퍼즐이 어떻게 작동하는지 이미 잘 알고 있는 사람에게는 훌륭한 연습이 될 수 있다. 하지만 퍼즐이 생소한 사람에게는 고문에 가까운 거대한 시간 낭비가 될 것이다. 그들은 뭔가 만들어내긴 할 것이다. 퍼즐을 바벨탑처럼 쌓아올릴지도 모를 일이다. 하지만 여전히 그들은 퍼즐이 무엇인지, 그것이 어떻게 작동하는지 알지 못할 것이다.

초보자나 입문자를 대상으로 한 발표나 강연, 미팅에서는 이해가 쉽고, 명확하고, 일관성 있는 프레임워크를 구축할 수 있는 이야기(내러티브)를 사용하는 것이 효과적이다. 비유와 상징, 도약과 확장이 담긴 이야기는 그들을 혼란에 빠뜨린다. 그들에게 자유란 악몽에 다름 아니다.

사람들이 적절한 기초를 다졌는지 확인하라. 그런 다음 그들의 배움 과정에 자유를 제공하라.

4. 사람들이 자신의 이야기를 공유하도록 격려하라

경험을 이기는 것은 없다. 당신은 독감을 연구하고, 그 증상들에 대해 배우고, 가능한 치료법에 대해 토론하면서 몇 년을 보낼 수 있다. 하지만 독감에 직접 걸렸을 때의 느낌과 그때 실제로 시도해본 치료법 등에서 얻는 지식과 개념들은 독감의 학문적 연구와는 완전히 새로운 차원의 의미와 중요성을 갖게 된다.

다양한 지식이 자신의 삶에 실제로 어떻게 반영되는지를 경험하고

난 사람들은 그 경험을 '개인적인 서사'로 만들기 시작한다. 이는 결국 동기부여를 촉진하고 궁극적으로 학습을 심화시킨다.

좋은 발표자가 되려면 당신의 이야기를 들려주어라. 그리고 사람들이 자신들의 이야기를 털어놓게 하라.

5. 이야기의 수위를 조절하라

이미 앞에서도 언급했지만, 청중에 맞게 이야기의 수준을 조정하는 것은 중요하다. 어떤 지식과 정보에 대한 기억의 랜드마크를 만들어주는 데 이야기는 분명 강력한 도구다. 하지만 해박한 지식과 이미 견고한 랜드마크를 가진 사람에게 이야기는 분노와 짜증을 유발할 수도 있다.

그렇다고 이 강력한 힘을 발휘하는 이야기를 버릴 수는 없다. 버리는 대신 이야기를 사람들의 경험 수준에 맞춰 조절하는 것이 훌륭한 선택이다. 원래 하고자 했던 이야기의 뼈대는 잘 유지하면서 전달 방법과 깊이, 디테일을 추가하고 수정함으로써 그 효과를 더욱 끌어올릴 수 있다.

예를 들어보자.

세계사에 대해 해박한 지식을 갖춘 사람들 앞에서 '진주만 공습'에 대해 이야기하는 건 좋지 않은 생각이다. 하지만 그들에게 2차 세계대전 당시 포로수용소에서 탈출한 사람들이 어떤 삶을 살았는지를 이야기해주는 것은 그들이 새로운 정보를 심성 모형에 통합하는 데 도움을 줄 수 있다.

이야기를 활용해 이해력과 기억력, 사고력을 향상시킨다.

- '기억의 랜드마크'를 중심으로 연상 네트워크를 구축한다.

- 이야기는 다음 3가지 이유에서 이상적인 기억의 랜드마크를 만든다.

  1. 이야기는 뇌가 자연스럽게 생각하는 방식(원인과 결과)을 모방한다.

  2. 이야기는 효과적인 정신적·정서적 시뮬레이션을 주도한다.

  3. 이야기는 옥시토신을 분비시켜 화자와 청자 사이의 유대감을 끌어낸다.

확장 팁

1. 이야기로 문을 열어라.

- 이야기의 3대 요소는 물리적 추진력, 심리적 추진력, 청중이다.

- 가장 인기 있는 줄거리는 안정성과 불안정성 사이에 존재한다.

- 불운과 행운 사이에 가장 보편적인 심리적 구조가 존재한다.

- 보편적인 이야기들은 기원, 갈등, 실용성, 개인성, 그리고 서스펜스를 포함한다.

• 스토리텔러의 감정과 청자의 감정을 연결하라.

2. 첫 이야기는 영원히 남는다.

3. 입문자들에게 너무 이른 자유를 허용하지 마라.

4. 다른 사람이 자신의 이야기를 털어놓게 하라.

5. 청중의 수준에 맞게 이야기를 조절하라.

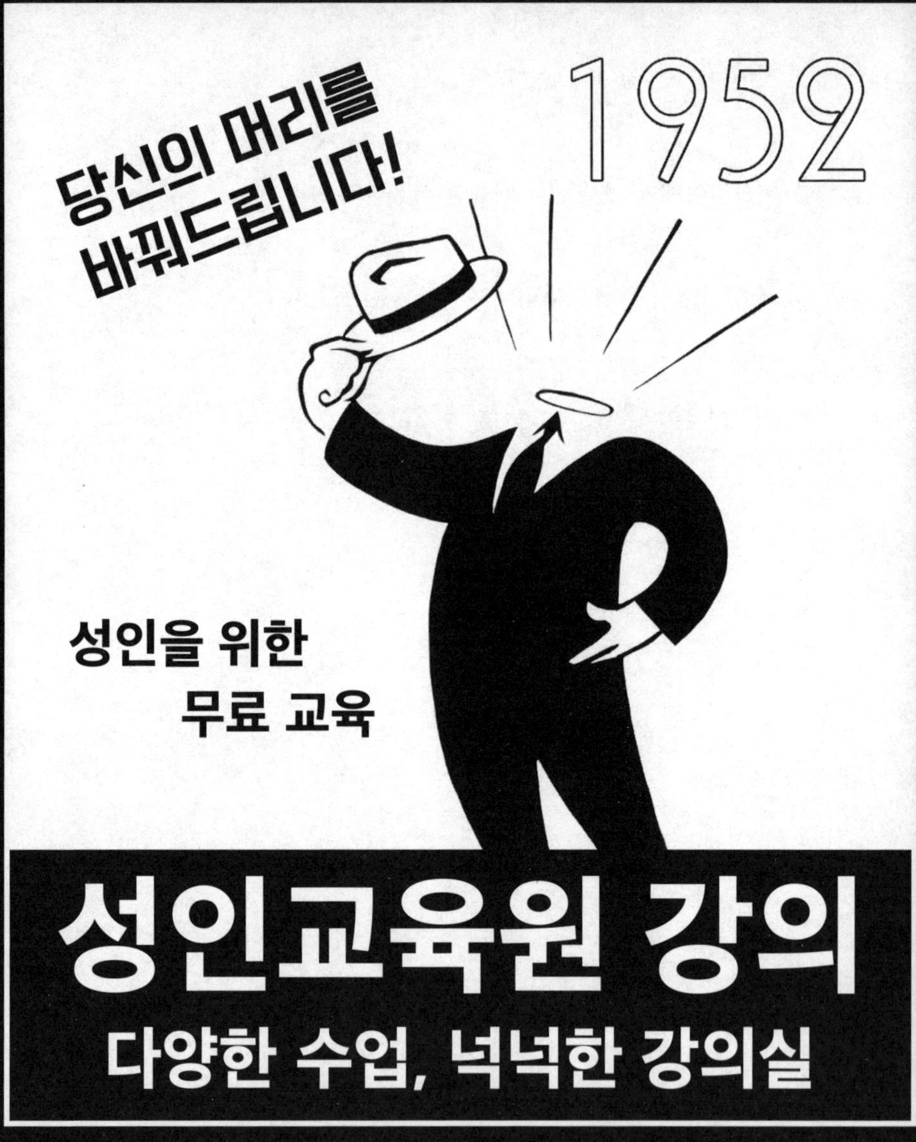
1952
당신의 머리를
바꿔드립니다!
성인을 위한
무료 교육
성인교육원 강의
다양한 수업, 넉넉한 강의실

중간휴식 5
Intermission 5

왼쪽 포스터를 15초 동안 들여다보라.

〰〰〰〰〰

11장

스트레스는 어떻게
뇌를 돕는가

: 감정과 느낌 사이

〰〰〰〰〰

"복용량이 독성을 결정한다."

_스위스 의학자, 파라셀수스Paracelsus

알파벳 U자를 뒤집어놓은, '역 U 가설the inverted U'이라 이름 붙은 345페이지의 그래프를 어디선가 본 적 없는가? 이 그래프는 우리에게 스트레스와 학습의 관계에 대한 3가지 중요한 원칙을 가르쳐준다.

1. 높은 수준의 스트레스는 학습에 지장을 줄 수 있다.
2. 적당한 수준의 스트레스는 학습을 향상시킬 수 있다.
3. 낮은 수준의 스트레스는 높은 스트레스 수준과 비슷한 강도로 학습에 지장을 줄 수 있다.

첫 번째 원칙에 충격을 받을 사람은 없을 것이다. 지극히 당연한 얘기처럼 들리니까. 하지만 두 번째, 세 번째 원칙은 좀 신선해보인다. 압박 없고 야근 없는 단순하면서도 여유 있는 삶이 점점 강조되는 세상에서 스트레스가 항상 나쁜 것만은 아닐 수도 있다는 사실을 알게 되면 다소 의아할 수도 있을 것이다.

스트레스는 어떻게 기억력과 학습력을 향상시키는가?

먼저 살펴봐야 할 중요한 '구별'이 있다.

느낌이 감정의 기복을 만들어낸다

사람들은 종종 '감정emotion'과 '느낌feeling'이라는 용어를 구별 없이 혼용한다. 하지만 이 두 단어는 매우 다른 두 가지를 가리킨다.

감정이란 특정한 상황이나 사건에 반응해 몸 전체에서 일어나는 신체적 감각을 뜻한다. 감정은 신체 내부의 화학물질을 통해 생겨난다. 심장의 두근거림, 피부의 얼얼함, 가쁜 호흡, 뱃속의 울렁거림 등등이 그 예다.

반면에 느낌은 이러한 신체적 감각들에 대한 심리적 해석이다. 마음에 존재하는 '주관적 인식subjective perception'을 통해 나타나는 느낌은 신체적 감각에 대한 정신적 경험이라고 할 수 있다.

명확한 이해를 위해 좀 더 깊이 파고들어 보자.

감정은 뇌 깊은 곳에 위치한 두 개의 작은 구조인 편도체와 시상하부hypothalamus에 의해 매개된다. 편도체는 우리의 17가지 감각(!)으로부터 신호를 받고, 이것들을 각각의 상황과 관련된 감정을 선택하는 데 사용한다. 시상하부는 차례대로 그 감정을 나타내기 위해 화학물질의 체내 분출을 촉발한다.

예를 들어 당신이 으르렁거리는 늑대들에 둘러싸여 있다고 해보

자. 그러면 당신의 편도체는 무의식적으로 상황을 분석해 '두려움'이라는 감정을 선택할 것이다. 그러면 시상하부는 심장박동 수를 증가시키고, 동공을 확장시키고, 호흡을 단축시키기 위해 당신의 몸속으로 화학물질을 방출할 것이다. 이렇게 신체상에 나타나는 '감각들'이 바로 두려움의 감정이다.

흥미롭게도 우리 몸이 만들어낼 수 있는 화학물질은 아주 많다. 이러한 이유로 많은 연구자들은 편도체/시상하부 조합이 인간의 기본적인 6가지 감정을 만들어낼 수 있다고 믿는다. 346페이지의 삽화 속아기들을 보라. 6가지 감정이 무엇인지 짐작이 가는가?

우리가 기본적인 6가지 감정(즐거움, 두려움, 분노, 놀라움, 슬픔, 혐오감)을 갖고 있다는 사실을 알고 나면, 나른 모든 감성은 어디에서 오는지 의문이 생긴다. 겸손함, 그리움, 당황스러움, 질투… 이런 것들은 대체 어디에서 온단 말인가?

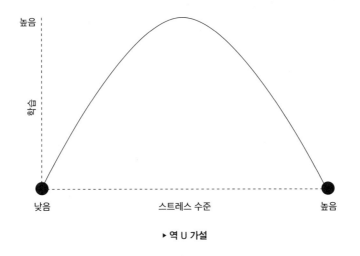

▶ 역 U 가설

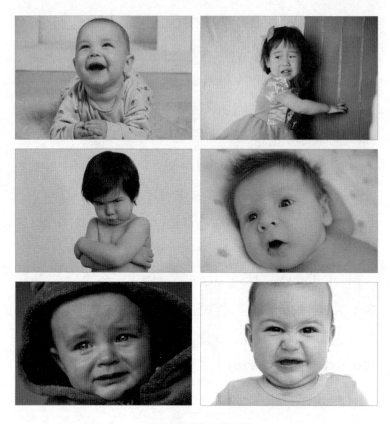

▶ 가장 기본적인 6가지 감정

이제 '느낌'이 등장할 차례다.

몸이 세상에 반응하는 방법에는 제한이 있을지 모르지만, 이러한 신체적 감각을 심리적으로 해석할 수 있는 방법에는 제한이 없다. 심장의 두근거림은 무서움, 불안, 불길한 예감 등의 부정적인 반응을 나타낸다. 아울러 설렘, 열광, 감동 등의 긍정적인 반응으로 나타나기도 한다. 나아가 부정적인 반응과 긍정적인 반응이 합쳐져서 심장의 두근거림을 만들기도 한다.

간단히 말해, 심리적 해석 덕분에 6가지 감정은 거의 무한한 감정들을 만들어낼 수 있다. 가장 주목해야 할 사실은, 감정과 느낌의 관계가 '쌍방향 도로two-way street'라는 것이다. 즉 심리적 해석은 신체 감각에 피드백과 변화를 줄 수 있다. 예를 들어 늑대를 위협적인 존재로 해석한다면, 이 심리적 해석은 당신의 심박 수를 더 빠르게 하는 화학물질을 추가적으로 방출할 수 있다. 반면에 늑대를 우스운 존재로 해석한다면, 이 심리적 해석은 당신의 심박 수를 늦추는 다른 화학물질의 방출을 유도할 수 있다. 즉 느낌은 감정을 격분시킬 수도 있고, 가라앉게 만들 수도 있다.

현상이 아니라 해석이 중요하다

감정들 중 어떤 것이 스트레스와 관련이 있을까?

스트레스는 감정이 아니다. 느낌이다. 우리가 어떤 일이나 사건에 스트레스를 받는다는 것은, 우리의 심리가 그렇게 해석했기 때문이다.

어떤 사람은 막 비행기에서 낙하산을 메고 뛰어내릴 때 마구 쏟아지는 화학물질(아드레날린, 엔돌핀 등)을 '흥분'이라고 해석한다. 또 다른 사람은 비행기에서 뛰어내릴 때 마구 쏟아지는 아드레날린과 엔돌핀을 '스트레스'라고 해석한다.

이러한 심리적 해석(느낌)이 제공하는 피드백에 따라 화학물질의 흐름이 바뀌고, 새로운 신체적·정신적 변화가 발생한다. 동일한 상황, 동일한 화학물질, 동일한 신체 감각… 하지만 해석이 모든 것을 변화시킨다.

"그건 스트레스가 아니야."

당신이 이렇게 말하는 순간, 우리의 스트레스에 대한 모든 논의는 무효가 된다는 뜻이다.

해마	편도체	코티솔
노르에피네프린	아크 단백질	섬유아세포성장인자2

▸ 스트레스 전투 이야기 – 등장인물 소개

스트레스 전투 이야기의 막을 올려라

이야기를 시작하기에 앞서 우리가 알아야 할 주요 등장인물들이 있다.

등장인물 소개

해마: 기억으로 가는 관문. 새로운 정보를 처리하고, 새로운 기억의 형성을 이끄는 뉴런이라고 불리는 수십억 개의 전문 세포로 구성되어 있다. 뉴런은 나무에, 해마는 울창한 숲에 비유할 수 있다.

편도체: 감정의 선택사다. 해마와 밀접하게 연결되어 있고 끊임없이 소통하고 있다. 편도체를 해마 숲을 보호해야 하는 성으로 비유할 수 있다.

코티솔: 1차 스트레스 호르몬이다. 체내에서 혈당을 높이고 혈압을 조절한다. 코티솔은 해마 안에 있는 뉴런들을 죽인다. 코티솔은 해마 숲을 베기 위해 몰려든 야만인에 비유할 수 있다.

노르에피네프린: 2차 스트레스 호르몬이다. 체내에서는 심박 수와 호흡을 증가시킨다. 이 호르몬은 코티솔이 나타났음을 편도체에 경고한다. 따라서 노르에피네프린을 야만인의 도착을 알리는 전령에 비유할 수 있다.

아크 단백질ARC-Protein: 활성화된 세포 골격 관련 단백질이다. 편도체에서 생성되어 코티솔과 싸우고, 뉴런을 강화하는 두 가지 직업을 가지고 있다. 아크 단백질을 야만인과 싸우기 위해 달려오는 기사, 그리고 해마 숲의 번영을 돕기 위해 부지런히 움직이는 정원사에 비유할 수 있다.

섬유아세포성장인자2FGF2: 이 단백질들은 새로운 뉴런의 성장을 이끈다. FGF2는 새로운 나무로 자랄 씨앗에 비유할 수 있다.

자, 이제 조명을 어둡게 하고 막을 올려본다…

1막: 지킬 박사

종종 스트레스는 갑작스러워지고, 격렬해지면서 삶을 단축시키기도 한다. 예를 들어 '무대에 서기 10분 전'과 같은 짧은 시간 동안 다음과 같은 일이 일어난다.

막이 오르다

1장: 스트레스가 시작되면, 코티솔은 해마 속으로 홍수를 일으켜 뉴런을 공격하기 시작한다.

2장: 이 공격은 편도체로 흘러들어오는 노르에피네프린의 방출을 촉발시켜 지원군의 필요성을 나타낸다.

3장: 편도체는 해마 속으로 아크 단백질들을 방출한다. 이 단백질들이 코티솔과 싸우기 시작한다.

4장: 아크 단백질과 코티솔의 전투는 FGF2의 방출을 촉발한다. FGF2는 해마 전체에 자생한다.

5장: 스트레스를 받는 상황이 끝나가면서 코티솔은 해마에서 도망치고, 아크 단백질은 손상된 뉴런을 수리하기 시작하는데, 각각의 뉴런을 전투 전보다 더 두텁고 강하게 만든다.

6장: 약 2주 후 FGF2가 성과를 내면서, 해마 전체에 새로운 뉴런이 싹튼다. 이 뉴런들은 즉시 새로운 정보를 처리하는 일을 떠맡는다.

막이 내리다

이 장의 시작 부분에서 살펴본 '역 U 가설' 그래프를 기억하는가? 왜 적당한 스트레스가 기억력과 학습력을 강화하는지에 대해 들여다 보자.

첫째, 짧은 시간의 스트레스 동안 아크 단백질은 해마 내 뉴런을 강화시켜 그 순간, 더 깊은 기억의 형성을 이끈다. 이는 마치 아크 단

▶ 1막 – 짧은 시간 동안의 스트레스에 대한 반응

백질이 해마에게 "코티솔을 출현시킨 것이 무엇이든 간에, 그건 모두 중요해. 명심해!"라고 말하는 것과 같다(이 같은 경고와 환기가 기억을 더 깊게 만드는 것이다).

아울러 적당한 스트레스는 해마에서 새로운 뉴런의 탄생과 성장을 유도하는 FGF2의 방출을 촉발한다. 하지만 안타깝게도 이 뉴런들이 싹을 트는 데는 약 2주가 걸린다. 이처럼 시간이 오래 걸리는데 어떻게 학습력이 강화된다는 말인가?

그렇다. 단기적으로는 학습력이 개선되지 않는다. 만일 당신이 오늘 적당한 스트레스를 받는다면, 앞으로 2주 후에 당신의 학습력이 향상된다. 현재 이 순간에는 스트레스가 당신의 학습력에 아무런 영향을 주지 않는다.

하지만 장기적으로는 희망적이다. 만일 당신이 매일 적당한 수준의 스트레스를 경험한다면(오류 인식, 예측의 실패, 기대하지 않았던 사건 발생 등), 당신의 해마 속에서는 항상 새로운 뉴런들이 싹트게 될 것이다. 새로운 뉴런들은 새로운 정보를 처리하는 데 전력을 기울이기 때문에 당신의 학습력은 크게 향상된다.

이러한 이점에도 불구하고 스트레스는 항상 무지개와 햇빛이 아니다.

2막: 하이드 씨

때로 스트레스는 장기간에 걸쳐 지속된다.

중요한 프로젝트를 완성하는 데 한 달의 기간이 주어졌다면 당신은 마감일 완수에 대한 걱정으로 몇 주를 보낼지도 모른다. 장기간에 걸쳐 스트레스를 받는 동안에는 다음과 같은 일이 일어난다.

막이 오르다

1장: 스트레스가 시작되면, 코티솔은 해마 속으로 홍수를 일으켜 뉴런을 공격하기 시작한다.

2장: 이 공격은 편도체로 흘러들어오는 노르에피네프린의 방출을 촉발시켜 지원군의 필요성을 나타낸다.

3장: 편도체는 해마 속으로 아크 단백질을 방출한다. 이 단백질들이 코티솔과 싸우기 시작한다.

4장: 아크 단백질과 코티솔의 전투는 FGF2의 방출을 촉발한다. 이 단백질은 해마 전체에 자생한다.

5장: 스트레스를 받는 상황이 지속되면서, 더 많은 코티솔이 해마 속으로 주입된다. 결국 아크 단백질 저장소는 말라가고, 코티솔이 뉴런을 죽이기 시작한다.

6장: 계속해서 전사한 뉴런들이 속출하고, FGF2의 저장소는 고갈되어 새로운 씨앗을 심지 못한다. 계속 코티솔이 뉴런을 죽이고, 그 자리를 대신할 새싹들이 생기지 않는 탓에, 해마는 시들어가기 시작한다.

막이 내리다

'역 U 가설'을 다시 떠올리면서 높은 스트레스가 왜 학습에 지장을 줄 수 있는지 더 깊이 들어가보자.

아크 단백질과 FGF2가 고갈됨에 따라 코티솔은 기억으로 가는 관문인 해마에게 마음껏 타격을 가해 파괴할 수 있게 되었다. 설상가상으로 해마가 시들어가면서 이전에 형성된 장기 기억들에 접근하는 우리의 능력도 손상을 입게 된다. 지속적인 스트레스는 새로운 지식과 정보를 배우는 것을 어렵게 만들 뿐 아니라 과거에 배운 오래된 지식과 정보들로부터도 우리를 차단한다.

▶ 2막 – 긴 시간 동안의 스트레스에 대한 반응

흠… 새로운 걸 배우는 걸 막는다는 건 이해하겠는데, 과거에 배운 것들은 왜 차단하는 걸까? 뭔가 논리에 맞지 않아 보인다. 하지만 이 같은 차단은 우리를 보호하는 매우 중요한 역할을 한다.

예를 들어 당신이 최악의 상황에 갇혀 도무지 빠져나갈 탈출구가 없다고 생각해보자. 깊은 숲속에 있는 덫에 걸려 사흘째 어떤 도움도

받지 못하고 있다고 해보자. 이 경우 당신은 깊고 생생한 기억을 만들고 싶지 않을 것이다. 오히려 이 상황이 부정적이라는 생각들을 지우고 시련이 끝날 때까지 오직 살아남아야 한다는 의지에만 집중해야 할 것이다. 이것이 곧 장기적인 스트레스가 발생했을 때 우리 뇌가 하는 일이다. 눈앞이 캄캄한 상황에서는 온갖 생각들이 떠오르게 마련이다. 뇌가 기억 장치들을 끄지 않으면, 결국 당신은 상황이 아니라 그 생각들에 깔려 신음할 수밖에 없을 것이다.

물론 현대 사회에서, 당신이 숲 속에 설치한 곰을 잡기 위한 덫에 걸릴 확률은 매우 드물다. 대신 당신은 직장과 가정, 책임져야 하는 일들에서 빈번하게 높은 스트레스를 경험한다. 장기간에 걸친 스트레스는 실직, 가족 간 갈등, 책임 회피로 이어지는 위험한 골칫거리로 남아 당신 삶에 큰 영향을 줄 수 있다는 사실을 명심하라.

뉴런이 사라지면 모든 것이 사라진다

지금껏 높은 스트레스가 왜 나쁜지, 적당한 스트레스가 왜 도움이 되는지 살펴보았다. 그렇다면 '역 U 가설'의 세 번째 원칙은 어떤가? 스트레스가 없거나 낮은 상태가 왜 과도한 스트레스만큼이나 나쁘다는 것일까?

스트레스가 없을 때는 코티솔이 해마 속으로 밀려 들어오지 않는다. 코티솔이 없을 때 편도체는 아크 단백질을 방출하지 않는다. 아크 단백질이 없을 때는 FGF2가 방출되지 않고, 새로운 뉴런이 형성되지 않는다.

즉 스트레스가 없다는 것은 기억력을 강화하고 학습을 쉽게 만드는 모든 화학물질이 '휴면 상태'에 놓여 있다는 뜻이다. 이는 오류, 예측의 실패, 예기치 않은 사건이 없는 완벽한 세상에서 해마가 정지 모드에 돌입한다는 것을 의미한다.

이 설명이 그렇게 끔찍하게 들리지는 않을지도 모른다. 하지만 모든 것은 시간에 따라 그 능력이 저하되기 마련이다. 정지 모드로 오래 있을수록 해마는 취약해진다. 아크 단백질이 없으면 해마 속 뉴런은 점점 위축되다가 자연사하고 말 것이다. FGF2가 없으면 오래된 것을 대체할 새로운 뉴런이 싹조차 틔우지 못할 것이다.

뉴런이 사라지면서 우리의 기억력과 학습력도 사라진다.

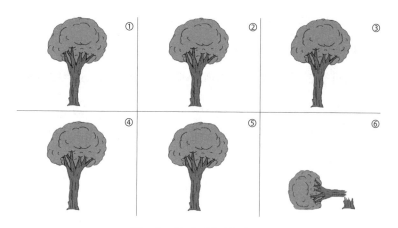

▶ 3막 – 스트레스가 전혀 없을 때의 반응

1. 상대의 감정 변화를 끌어내라

감정은 기억력을 증진시킨다. 이는 기본적으로는 사실이지만, 좀 더 많은 이야기를 담고 있다.

간단히 말해 감정은 몸 전체에 흐르는 화학물질이기 때문에, 전원을 끄는 것이 불가능하다.

이는 모든 기억에는 하나의 감정이 각각 붙어 있다는 것을 의미한다. 따라서 감정 그 자체가 기억력을 향상시키는 것이 아니다. '감정의 과정emotional process'이 기억력을 증진시키는 것이다.

앞에서 배운 바와 같이, 노르에피네프린은 해마 속으로 아크 단백질을 방출시키고, 이를 통해 새롭게 형성된 기억을 강화시킨다. 여기에 비밀이 있다. 스트레스가 노르에피네프린의 방출을 유발하는 유일한 감정이 아니라는 것이다. 사실 이 호르몬은 우리가 갑작스러운 감정의 변화를 겪을 때마다 분비된다.

만일 당신이 행복에서 슬픔으로, 분노에서 두려움으로, 놀라움에서 역겨움으로 감정을 갈아타도 노르에피네프린은 분비되고 기억은 강화될 것이다. 이와 마찬가지로 당신이 어느 정도 행복감을 느끼다가 점점 황홀한 지경으로, 약간 슬픈 감정에서 우울한 감정으로, 약간 화가 나 있다가 점점 격분을 느끼는 수준으로 올라설 때도 몸에서는 노르에피네프린이 분비되고 기억은 강화될 것이다.

따라서 사람들에게 강렬한 인상을 남기거나 영향력을 끼치고 싶다면, 그들의 감정을 리듬감 있게, 적절하게 변화시킬 줄 알아야 한다. 슬픔의 바다에서는 기쁨이 돋보이고, 기쁨의 바다에서는 슬픔이 이긴다.

상대를 너무 오래 행복하고, 두렵고, 슬프게 하는 것은 그의 기억력을 약화시키는 결과를 낳는다. 만일 당신이 두 시간에 걸친 강연 동안 낙관적이고, 행복하고, 유머러스한 인상만을 줄기차게 남기고자 한다면 역효과를 불러올 것이다. 사람들을 웃게만 만들어서는 안 된다. 그들을 웃게도 만들고, 눈물 흘리게도 만들고, 주먹을 불끈 쥐게도 만들고, 자신도 모르게 벌떡 일어서게도 만들어야 한다.

• 핵심 질문 1: 섬광 기억

"사진처럼 찍힌, 믿을 수 없을 정도로 자세하게 기억하는 순간들이 존재한다. 어떻게 이런 일이 가능할까?"

사람은 누구나 터무니없을 정도로 생생한 기억들을 갖고 있다. 그 기억의 일부는 첫 아이가 태어난 순간처럼 긍정적일 수도 있고, 아버지의 사망 소식을 들은 순간처럼 부정적일 수도 있다.

이 명쾌하고 세밀한 기억을 '섬광 기억flashbulb memories'이라고 부른다. 지난 수십 년에 걸쳐 연구자들은 매우 의미 깊고 중요한 사건(우리의 개인적 정체성과 관련된 사건 등)과 강렬한 감정에 휩싸였던 사건(충격을 받거나 몹시 놀라거나 갑작스러운 신체 내 화학적 반응의 출현 등)만이 섬광 기억을 만든다고 생각해왔다. 여기서 문제가 등장한다. 별로 의미심장하지도, 감정적이지도 않은 사건들에 대해서도 우리가 섬광 기억을 갖고 있다는 것이다. 예를 들어 나는 어린 시절 엄마가 운전하는 자동차 뒷좌석에 앉아 있었을 때 '대걸레'라고 쓰여 있던, 스쳐 지나가던 자동차의 번호판을 생생하게 기억할 수 있다. 내가 기억하는 한, 뭔가 특별하게 놀랍거나 인생이 바뀔 것 같은 극적인 순간이 전혀 아니었다. 그럼에도 불구하고 그 기억은 내 유년 시절의 안갯속 같은 모든 추억 위로 에베레스트 산처럼 우뚝 솟아 올라 있다.

이 같은 '중립적 기억'은 연구자들에게 그동안 쌓아온 섬광 기억에 대한 모든 지식에 의문을 던지게 만들었다. 그리하여 현재는 어떤 연구자도 섬광 기억이 어떻게 일어나는지, 왜 그런 일이 일어나는지에 대해 확신하지 못한다(편도체와 아크 단백질이 섬광 기억에서 의미 있는 역할을 한다는 생각이 점점 유력해지고 있긴 하지만).

섬광 기억은 멋진 일이다. 하지만 이 멋진 것을 기억과 학습력 강화에 활용할 수 있는 방법을 아직까지는 아무도 모른다.

미안하지만, 이게 내가 섬광 기억에 대해 말해줄 수 있는 전부다.

2. 긴장시키고 빗나가게 하고 폭발시켜라

낮은 수준의 스트레스는 오히려 기억과 학습을 손상시킬 수 있다. 이는 당신의 발표나 미팅, 강연을 끌어가는 과정이 공식적이고 반복적이며 예측 가능한 것일 경우 사람들을 낮은 스트레스 상태에 몰아넣음으로써 새로운 정보를 학습하는 그들의 능력(또는 의지)을 꺾어놓을 수 있다는 뜻이다.

사람들이 당신과 당신이 전달하는 것을 인상 깊게 기억하기를 원한다면, 짧은 스트레스의 폭발을 계획하라. 이는 사람들의 기억을 강화하고 지속적인 학습 향상으로 이어질 수 있다. 사람들에게 영향을 미치기 위해 사용 계획한 구조, 형식, 활동, 토론, 이야기를 뒤섞어라. 사람들이 예측에 실패하도록 이끌어라. 사람들은 기대와 예상에서 빗나갔을 때 더 적극적으로 참여하고 더 집중한다는 사실을 잊지 마라. 긴장할 때마다 사람들은 적당한 수준의 스트레스를 유지할 수 있다. 그리고 이를 통해 당신에 대한 깊은 인상을 심어줄 수 있다.

• 핵심 질문 2: 두뇌 훈련 파트 2

"잠깐… 스트레스가 내 머리를 건강하고 활동적으로 유지시키는 비결이란 말인가?"

어떤 의미에서는, 그렇다.

'참신함(새로움)'은 우리 뇌의 민첩성과 반응성을 유지시키는 핵심 요소들 중 하나다. 새로운 활동을 하거나, 새로운 기술을 배우거나, 새로운 상황에 뛰어드는 것은 모두 적당한 수준의 스트레스로 이어진다. 매일 경험하는 적당한 스트레스는 FGF2의 지속적인 흐름을 이끌고, 해마 내에 있는 새로운 뉴런의 지속적인 성장을 촉진할 수 있다. 새로운 뉴런들은 새로운 정보를 처리한다. 즉 새로운 뉴런들이 우리를 배움과 성장의 삶으로 이끈다.

따라서 6장에서 살펴본 바와 같이 '두뇌 훈련을 해야 하는 것 아닌가?' 하는 걱정은 하지 말자(두뇌 훈련 프로그램은 각 게임 내의 정보만을 더 잘 수집하게 만들 뿐이다). 그 대신 새롭고 두려운 것들에 도전해보라. 악기 연주를 배워라. 새로운 언어를 배우고 새로운 요리를 만들어보라. 계속해서 새롭고 신기한 것들에 뛰어들며 예측할 수 없는 상황에 맞닥뜨리다 보면 마음이 유연해지고 기억력도 활발해질 것이다.

다만 새로운 활동을 하는 것을 너무 진지하게, 심각하게 받아들이지는 마라. 과도한 불안과 압박이 스멀스멀 올라올 때는 간단하다. 앞으로 나가라.

스트레스로 뭔가를 할 때, 이 활동이 뇌를 돕는 것과 뇌에게 해를 끼치는 것 사이에는 미세한 차이가 존재한다.

▸ 새로움은 뇌를 활발하게 만드는 핵심 동력이다

3. 지식과 기억에 다양한 감정을 연결하라

4장에서 우리는 상태 의존적 기억에 대해 배운 바 있다. 우리 몸 전체에 흐르는 화학물질이 우리가 배우는 것의 필수적 측면을 형성한다는 개념을 탐구했다(술에 취한 채 명함을 수집했던 남자를 기억하는가?).

이제 잘 알다시피 감정은 화학물질이다. 따라서 '감정 상태에 의존한 학습'은 실제로 가능하고, 이는 우리가 경계해야 할 대상이다.

예를 들어 늘 슬픈 빛으로만 칠해져 있는 정보는 행복한 상황에서는 접근하기가 매우 어렵다. 공포로만 빚어진 정보는 평온함을 느낄

363

때 기억해내기가 매우 어렵다. 이는 우리의 학습을 제한시킨다.

감정 상태에 대한 의존성을 해결하는 가장 좋은 방법은 '다양성의 포용'이다. 어떤 상황에서든 자유롭게 지식과 정보를 사용하려면, 해당 정보에 얽힌 감정들을 변화시킬 필요가 있다. 새로운 정보를 학습할 때는 거기에 다양한 감정을 연결하라. 일면만 보지 말고 양면을 보라. 좋은 면과 부정적인 면을 함께 찾아보라. 행복과 슬픔을 함께 찾고, 분노와 평온을 함께 찾아라.

유의할 점이 있다. 전쟁이나 전투 등에서 습득한 기술과 같이 아주 특수한 상황이나 감정적 환경에만 적용되는 지식과 정보들에는 '다양성'이 독이 된다. 특수한 환경에 연결된 특수한 감정만을 온전하게 포용해야 한다.

4. 안전이 최우선이다

사람들은 대체로 새로운 것을 배우는 데 두려움을 나타낸다. 뭔가 현재의 자신을 위협하는 것처럼 느낀다. 한 마디로, 매우 큰 스트레스를 받는다.

따라서 사람들에게 영향력을 주고 싶다면, 그들이 심리적으로 안전하다고 느낄 수 있는 환경을 우선적으로 만드는 것이 중요하다. 처음 배우는 것에 대한 두려운 감정을 배려하지 않으면, 시작도 하기 전에 흥미 버튼을 꺼버릴 사람들이 많다.

여기 도움이 될 만한 몇 가지 팁이 있다.

》질문을 던지고 답을 들어주어라. 그러면 상대는 자신의 목소리를 낼 수 있는 기회를 얻는다. 이는 당신이 자기를 존중하고 있다는 느낌으로 이어진다.

》당신의 취약함과 결점을 의식적으로 드러내라(과거에 있었던 쑥맥 같은 실수를 공유하는 것도 좋다). 그러면 상대는 경계를 낮춘다. 당신에게서 인간적 유대감을 느낀다.

》다양한 선택과 옵션을 제공하라. 그러면 상대는 행동력을 보여주고, 학습 과정에서의 본인의 역할에 대해 점점 분명하게 인식하기 시작한다.

》기꺼이 협력하라. 상대는 당신을 지지하는 모습을 보여줄 것이다. 자신과 함께 앞으로 나가는 좋은 파트너로 인식할 것이다.

더 크게 말해도, 적극적으로 상호작용을 해도, 실수를 해도 안전하다고 느낄수록 사람들은 '스트레스 가득한' 감정을 호기심을 흥미롭게 자극하는 것으로 빠르게 재해석할 것이다.

5. 신체적·정신적 스트레스 해소법을 활용하라

감정은 신체적 감각이다. 따라서 수많은 스트레스 해소법들이 일차적으로 '몸'을 직접 겨냥한다. 이 방법들의 슬로건은 간단하다. 당신이 화학물질을 바꿀 수 있다면, 감정 또한 바꿀 수 있다는 것이다.

가장 쉽고, 가장 대표적인 예가 '심호흡'이다.

숨을 들이마실 때 폐 속에 존재하는 '수용기(receptor, 동물체가 외계로

부터의 자극을 받아들이는 기관과 세포의 총칭-옮긴이)'가 코티솔과 노르에
피네프린의 분비를 늦추는 화학물질의 방출을 촉발한다. 그리고 다
시 숨을 내쉬는 동안 심박 수를 늦추고 혈압을 낮추는 여러 가지 화
학물질이 분비된다. 그렇게 짧은 시간이 지나면서 흔히 '스트레스'라
고 해석되는 신체적 감각은 사라지고, 새로운 해석(느낌, 기분)이 나타
난다.

또 다른 예로 '점진적 근육 이완progressive muscle relaxation, PMR'을
들 수 있다. 이는 우리 몸에서 근육이 밀집된 부위들을 긴장시켰다가
이완시키는 운동을 반복하는 것이다. 각 근육에 힘을 가하는 육체적
노력이 몸 안의 과도한 코티솔을 태워버린다. 그리고 다시 각 근육이
이완될 때 혈압이 떨어지고 심박 수도 느려진다. 이 감각을 경험하고
싶다면, 먼저 오른손으로 5초간 주먹을 꽉 쥐었다가 놓으면서 긴장
을 풀어주면 된다. 그러면서 스트레스가 사라지고 새로운 해석이 그
자리를 대신한다.

주목할 만한 사실은, 앞에서 배운 것처럼, 느낌이 감정에 피드백
과 영향을 줄 수 있다는 것이다. 따라서 몸이 아니라 '마음'을 직접
공략하는 스트레스 해소 기법들도 많다. 명상, 마음 챙김, 노출 치료
exposure theraphy 등이 이에 속한다.

마음을 공략하는 스트레스 해소법들의 주요 목표는 스트레스 발생
을 막는 데 있지 않다. 스트레스에 대한 해석을 다시 만들고 재구축
하는 데 있다. 만일 당신이 스트레스로 해석되는 감정을 흥미롭고 재
미 있는 것으로, 아무것도 아닌 것으로 나타낸다면, 몸은 화학적 반

응을 변화시킬 것이다.

• 핵심 질문 3: 멍한 상태

"때로는 미팅 중에 갑자기 멍해질 때가 있다. 분명 집중하고 있었는데, 갑자기 내 이름이 기억나질 않는다. 어떻게 된 일일까?"

아, 그 끔찍한 멍한 상태!

5장에서 우리는 '사건 제거'에 대해 배운 바 있다. '앞면 주의 네트워크'가 위협을 등록할 때마다 당신이 방금 생각하고 있던 모든 것을 자동적으로 차단한다(위협에 모든 주의를 집중할 수 있도록 말이다).

정신이 멍해 있는 상태란 다음과 같다.

뭔가 당신의 주의를 끄는 것(당신의 눈을 찰나로 스치는 섬광 등) 이 위협으로 받아들여지는 사이, 마음은 갑자기 깨끗하게 지워진다. 문제는 이러한 상태가 발표, 공연, 시험 같은 중요한 순간에 일어난다는 것이다. 그러면 우리는 이 갑작스러운 기억의 공백을 스트레스가 심한 상태로 해석하는 경향을 나타낸다. 코티솔의 방출을 촉발하고 스트레스에 대한 피드백 반응이 나타나면서, 다시 정상 궤도에 올라서는 것을 엄청나게 어렵게 만든다.

즉 '멍한 상태'는 스트레스와 압박으로 가득 찬 상태를 깨끗하게 닦아낸, 텅 빈 마음 상태라고 할 수 있다.

그러면 이 멍한 상태에서 빠르게 회복하려면 어떻게 해야 할
까?

가장 좋은 치료법은 몸을 목표로 삼는 것이다. 참고로 내가 가
장 즐겨 사용하는 기술은 '쪼그리고 앉기'다.

정신이 멍해지고 스트레스 반응이 시작되면 무조건 벽에 등
을 대고 깊숙이 쪼그리고 앉은 자세를 30~60초간 유지한다.
그러는 동안 지친 근육들이 과도한 코티솔을 태우기 시작한
다. 그러면 깊은 숨을 쉴 수 있게 된다. 그러는 동안 스트레스
때문에 빨라진 심장박동과 욱신거리던 피부가 천천히 회복되
면서 재해석을 시작하게 될 것이다.

멍한 상태에서, 몸의 감각은 스트레스 주기를 재해석하면서
다시 하던 일로 돌아갈 시간을 확보한다. 반면에 마음은 멍한
상태 이전의, 정확한 지점으로 돌아가지 않는다. 아마도 처음
이나 뭔가를 막 끝낸 순간으로 돌아갈 것이다.

예를 들면, 이미 했던 이야기를 또 하게 될 것이다. 이미 푼 문
제에 다시 답을 할 것이다. 이미 읽은 페이지를 다시 읽게 될
것이다. 이처럼 초기의 순간으로 돌아가면 관련된 연상들이
작동하면서 텅 빈 마음의 순간을 밀어내고 정보에 접근하는
시간을 줄이는 데 도움을 준다.

물론 백 번 이해한다. 갑자기 자리를 박차고 일어나 "잠깐만
쪼그리고 앉아 있을게요!"라고 외칠 수 없을 때가 무수하게

존재한다는 것을. 그저 주먹을 꽉 쥐어보거나, 손바닥으로 탁자를 강하게 눌러보거나, 체중을 약간 구부린 다리 위에 실어보는 것도 효과적이다. 특정 근육을 피로하게 만든다는 것에서 모두 서로 비슷한 영향을 끼친다.

적당한 스트레스는 기억과 학습에 추진력을 불어넣는다(전혀 스트레스가 없는 상태는 오히려 해가 될 수 있다).

- 감정은 신체와 관련된 물리적 감각이다. 느낌은 이러한 신체적 감각의 심리적 해석일 뿐이다.
- 스트레스는 감정이 아니다. 느낌이다.
- 적당한 스트레스를 받는 사이, 해마 내에서는 기억력을 강화하는 아크 단백질과 FGF2가 새로운 뉴런을 만들어내며 학습의 효과를 활성화시킨다.
- 높은 스트레스를 받는 사이 코티솔이 뉴런을 죽이고 해마는 말라간다.
- 스트레스가 아예 없을 경우, 뉴런은 자연스럽게 감소하고 해마는 말라간다.

확장 팁

1. 감정의 변화를 활용해 기억을 강화하라.

2. 다양한 활동을 뒤섞어 적당한 스트레스를 유지하라.

  • 새로움은 두뇌 건강과 유연함을 유지하는 좋은 방법이다.

3. 감정에 의존하는 기억을 경계하라.

4. 안전이 최우선이다.

5. 신체적·정신적 스트레스 해소법을 활용하라.

  • '사건 제거 + 스트레스 = 멍한 상태'를 불러일으킨다.

  • 쪼그려 앉는 것도 잊지 말자!

12장

분산, 분산,
분산하라!
: 연습과 망각 사이

"종종 잠들어 있거나 잊혀질 때도 있지만,

그래도 만물은 영원히 산다."

_헨리 라이더 해거드Henry Rider Haggard, 영국 소설가

마지막으로, 이제 모든 것을 쌓아 올렸으니, 그 완벽한 모습을 드러낼 시간이 왔다.

문제

이 책의 군데군데 배치되어 있는 총 5개의 '중간휴식'을 당신은 분명 보았을 것이다. 약간의 혼란을 느꼈을 수도 있겠지만 말이다. 중간휴식 1, 2, 4, 5는 동일했다. 책장을 앞으로 넘기지 않은 채 각각의 포스터 속 연도, 이미지, 관련 문구들을 기억할 수 있겠는가?

날짜 : _____

이미지 : _____

문구 : _____

'중간휴식 3'은 좀 달랐다. 책장을 앞으로 넘기지 않은 채 포스터 속 연도, 이미지, 관련 문구를 기억할 수 있겠는는가?

날짜: _____

이미지 : _____

문구 : _____

자, 앞으로 돌아가서 정답을 확인해보자.

_____

만일 당신이 대부분의 사람들과 같다면, 당신은 아마도 중간휴식 3의 포스터들은 거의 기억해내지 못했을 것이다. 물론 다른 4개의 포스터 속 세부 사항들을 기억하는 데는 별 문제가 없었을 테고.

이는 '반복' 때문이다. 당신은 머리가 없는 남자를 네 번이나 보았기 때문에 당연히 그를 더 잘 기억한다.

그런데 '중간휴식 3'도 그렇지 않은가? 지구본과 컴퍼스도 마찬가지로 네 번 반복되고 있다. 그리고 휴식시간도 네 장의 포스터를 각각 15초씩 볼 수 있도록 60초가 주어져 있다. 그런데 왜 '중간휴식 3'의 포스터들은 기억하지 못하는가? 이는 분명 뭔가 다른 일이 일어나고 있다는 것을 의미한다.

즉 당신은 지금 막 '분산 연습distributed practice의 힘'을 경험한 것이다. 반복보다 분산의 힘이 더 강력하다는 사실을 목격하고 있는 중인

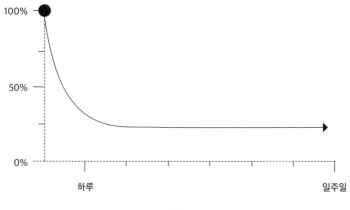

▸ 망각 곡선

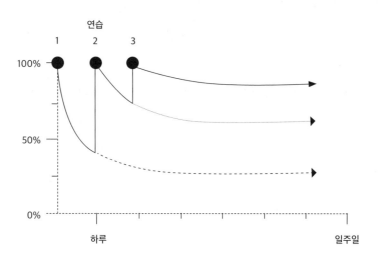

▸ 분산 연습은 망각 곡선과 치열한 전투를 벌인다

것이다.

장담하건대 '분산 연습'은 우리가 사람들에 대한 영향력을 강화시키는 데 사용할 수 있는 가장 강력한 무기다.

망각 곡선의 출현을 막아라

흔히 사람들은 망각을 구름과 같다고 생각한다. 시간의 흐름과 함께 사라질 운명인 덧없는 존재 말이다.

하지만 이는 정확한 비유는 아니다. 8장에서 배운 바와 같이 기억은 밀림 속 오두막과 같다. 계속해서 우리가 그것을 찾아가는 한, 항상 접근 가능한 대상이 된다. 설령 우리가 접근을 멈춘다 해도, 그 기억은 사라지는 것이 아니라 그곳으로 가는 길이 무성한 나뭇잎으로 가려져 보이지 않을 뿐이다. 즉 더 이상 접근되지 않는 기억은, 잊혀질 뿐이다.

지난 수십 년 동안 완전히 잊고 있던 고등학교 졸업 파티가 갑자기 생생하게 떠오른 적이 있는가? 아무리 오래된 기억도, 아무리 오랫동안 잊혀진 기억도, '연상' 하나면 충분히 다시 길을 만들 수 있다.

이는 흥미로운 질문으로 이어진다. 밀림은 얼마나 빨리 자랄까? 즉 어떤 기억을 활성화하고 접근 가능한 것으로 만들려면, 얼마나 그 기억을 자주 떠올려야 할까?

이에 대한 연구는 1800년대 후반 독일의 심리학자 헤르만 에빙하우스Hermann Ebbinghaus를 통해 본격적으로 다루어졌다. 헤르만은 아주 오랜 시간에 걸쳐 의미라고는 전혀 없는 단어들(ZOF, YAT, 또는 DAX 따위)을 암기했다. 몇 시간에서 몇 달에 이르기까지, 그는 각각의 목록에서 자신이 얼마나 많은 단어를 잊어버렸는지를 알아보는 테스트들을 시도했다.

그는 거의 초인적인 인내심을 발휘하면서 이 실험의 변화를 몇 년 동안 반복하며 관찰했다. 쉽게 말해 그는 매일 헛소리들을 외우고 잊어버린 것이다.

마침내 그가 발견한 것이 곧 '망각 곡선'이다.

망각 곡선은 밀림이 상당히 빠르게 무성해진다는 사실을 암시한다. 사람들은 24시간이 지나면 배운 것의 약 70퍼센트를 잊어버린다. 하지만 운이 좋게도 이러한 감소는 그후 수평을 유지하면서 점점 안정기를 찾아간다. 하지만 뭔가를 배운 날로부터 일주일이 지나면, 고작 20퍼센트만 기억할 수 있다는 사실은 우리를 꽤 불안하게 만든다.

다행히도 헤르만은 우리가 얼마나 빨리 잊어버리는지를 추적하는 데에만 관심이 있었던 게 아니었다. 그는 우리가 어떻게 해야 사물을 가장 잘 기억하는지도 알고 싶어했다. 이를 위해 그는 서로 다른 간격을 정해 다양한 단어 목록으로 돌아가 다시 외우면서 이 같은 학습이 그의 망각 곡선에 어떤 영향을 미치는지 측정했다.

헤르만이 발견한 첫 번째 성과는 '시간'이었다. 단어를 외우는 데 전념하는 시간이 많으면 많을수록 더 오랫동안 더 많은 것을 기억할 수 있다는 것이었다. 이는 어쩌면 당연한 이치처럼 생각된다.

두 번째 성과는 연습 시간을 짜는 방식이 그의 기억력에 막대한 영향력을 끼친다는 사실이었다. 좀 더 구체적으로 설명하자면 이렇다.

연습을 한 번에 오랜 시간을 들여 하는 것은 짧은 기간 동안 그의 기억력을 강화시킨다. 하지만 어김없이 망각 곡선이 곧장 나타난다. 반면에 한 번에 3시간 정도 몰아서 연습하지 않고, 하루에 한 시간씩 3일에 걸쳐 연습하면 기억력이 더 강화되고 망각 곡선의 출현을 더 오랫동안 늦출 수 있게 된다. 즉 헤르만은 연습 시간 사이의 간격을 넓히는 방법을 통해 더 긴 시간 동안 더 많은 정보를 기억할 수 있었다.

다시 밀림의 비유로 돌아가보자.

만일 당신이 특정한 기억으로 가는 길에 있는 나무들을 잘라내도 밀림은 24시간 내에 그 길과 그 주변의 70퍼센트를 다시 나뭇잎으로 뒤덮어버릴 것이다. 헤르만이 발견한 것은 당신이 3시간 연속 나무들을 잘라낸다 해도 별 차이가 없다는 것이다. 밀림은 그 길의 70퍼센트를 다시 나뭇잎으로 뒤덮는 데 고작해야 72시간 정도 걸린다는 것이다. 그런데 3시간 연속이 아니라 3일 연속 잘라낸다면? 그러면 밀림이 이를 뒤덮는 데 몇 주의 시간이 걸릴 수도 있다. 3일 연속 잘라내면 밀림은 깨닫게 된다. 이 같은 연속적인 벌목이 벌어지면 이 길은 자유롭고 맑게 놔두고, 다른 방향으로 나뭇잎들을 뒤덮어가야 한다는 것을.

연구자들은 이를 '분산 연습(또는 학습)'이라 부른다. 간단히 말해, 연습이 장기간에 걸쳐 쪼개지고 분산되면, 이는 동일한 양의 연습이 하나의 긴 시간에 주입되는 것보다 더 오랫동안 지속되는 기억으로 이어질 것이다.

분산 연습은 우리가 보았던 중간휴식 1, 2, 4, 5의 포스터를 중간휴식 3보다 더 잘 기억하는 이유를 설명해준다. 동일한 시간 동안 똑같은 수의 포스터를 보았음에도, 더 긴 시간 동안 분산되어 노출된 포스터가 더 깊고 오래 지속되는 기억으로 이어졌던 것이다.

분산 연습의 효과는 거의 모든 생물체(원숭이, 꿀벌, 바다표범, 식물 등 등)에서 입증되었다는 사실은 주목할 만하다. 나아가 기본적인 정보(어휘 등)에서부터 고도로 복잡한 기술(비행기 조종술 등)에 이르기까지, 당신이 기억하고 싶은 그 모든 것에 분산 연습은 효과가 있는 것으로 보인다. 따라서 분산 연습은 기억과 학습에 관한 한 우리가 지금껏 발견한 모든 것들에 가장 중요한 뼈대가 되어준다고 해도 과언이 아닐 것이다.

그렇다면 분산 연습은 왜 효과가 있을까?

핵심은 다음 3가지다(그리고 우리는 이 가운데 두 가지는 이미 배웠다).

가변성

우리가 긴 시간 동안 연습에 집중할 때는, 이 연습은 변하지 않는 하나의 맥락에서만 이루어질 가능성이 높다. 예를 들어 당신이 서재에 앉아 공부하는 데 연속해서 5시간을 쓴다면, 오직 하나의 탁자, 하나의 공간에서 나는 냄새, 소음, 그리고 신체적 감각에만 묶일 것이다. 4장에서 배운 바와 같이, 하나의 맥락에서 학습이 일어날 때 관련 기억은 그 맥락 밖에서는 접근하거나 적용하기가 어려워진다.

하지만 연습을 간격을 두고 여러 개의 짧은 세션session으로 나누면(예를 들어 5일 동안 하루 한 시간씩), 각 세션이 서로 다르고 독특한 맥락과 환경에서 발생할 가능성이 높아진다. 매일 같은 책상에 앉아 공부한다고 해도, 한 세션은 아침에, 또 다른 세션은 저녁에 일어날 가능성이 크다. 한 세션은 배가 고플 때, 또 다른 세션은 식사를 마치고 난 후, 또 다른 세션은 숙면 후 같은 더 맑고 기분 좋은 상태에 있는 동안 행해질 수 있다. 비오는 날 또는 맑은 날에 일어날 수 있다. 맥락과 상황의 이 모든 변화가 더 깊고 참신한 의미적 기억들을 형성할 것이고, 이는 새로운 상황에서의 접근과 전달을 더 쉽게 만들 것이다.

회수

우리가 긴 시간 동안 연습에 집중할 때는 오직 한 번만 기억을 회수하면 충분하다. 연습이 시작될 때 관련 아이디어나 기술에 접근한 다음, 우리는 연습 시간 동안 그것들을 간단히 전전두엽 피질 안에 보관해놓았다가, 연습이 끝나면 다시 기억으로 저장할 수 있다.

하지만 안타깝게도 깊은 기억을 형성하는 열쇠는 여러 번에 걸친 회수뿐이다. 연습을 간격을 둔 여러 개의 짧은 세션으로 나눌 경우, 하나의 기억이 여러 번 검색되었다가 다시 저장된다. 관련 아이디어나 기술이 있는 오두막으로 가는 길을 많이 오갈수록 그 길은 더 단단해지고, 밀림의 뒤덮음을 훨씬 더 오랫동안 방해한다.

통합

우리가 아직 이 책에서 탐구하지 않은 개념이 바로 '기억의 통합

memory consolidation'이다. 기억은 '암호화-저장-통합'의 과정을 거친다. 암호화encoding가 새로운 정보를 뇌에 들여보내는 것이고, 저장storage이 이 정보가 자리 잡을 공간을 뇌 안에서 찾는 것이라면, 통합은 이 정보가 자리 잡은 공간에서 다른 곳으로 옮겨지지 않도록 안전하게 제자리에 묶어 놓는 것이라고 할 수 있다. 통합이 있어야 미래에 그 정보를 찾는 일이 더 쉬워진다.

어떤 연구자도 통합의 정확한 메커니즘을 100퍼센트 확신하지 못한다. 하지만 통합은 대부분 밤에 잠을 자는 동안 일어난다. 잠이 들면 뇌가 느려진다. 그러다가 때때로 격렬한 활동의 짧은 폭발이 일어난다. 이러한 폭발은 그날 학습한 아이디어와 정보를 뇌가 '재생'하고 있다는 것을 나타낸다. 수면 중에 새로운 기억(암호화)은 뿌리를 내리기 위해 뇌의 한 영역을 찾아내고(저장), 그 뇌의 영역은 저장한 정보를 제자리에 고정시키기 위해 여러 번 관련 기억을 '재현'한다(통합). 아마도 꿈이란, 의식에 도달하는 이러한 재현들의 조각들일지도 모른다.

그런데 반전이 있다.

통합은 한꺼번에 일어나지 않는다. 통합의 과정은 대체로 완료되는 데까지 몇 개월이 걸린다. 하지만 우리는 운이 좋게도 반복적인 검색(회수)을 통해 통합을 가속화할 수 있다. 또 매일 밤 발생할 수 있는 통합의 양에는 한계가 있다. 그날 마주친 정보들은 그날 밤 통합을 시작할 것이다. 하지만 통합의 양에는 한계가 있기 때문에, 어떤 정보들은 통합에서 후순위로 밀려나 제자리를 확고히 잡는 데 훨씬 더 오래 걸릴 수도 있다.

우리가 한 번에 긴 연습을 하면, 그날 밤 통합 과정에서 밀려나는 정보들이 더 많이 생겨날 것이다. 즉 관련 기억이 단단하게 고정되지 않음으로써 간섭에 취약해지고, 향후 접근이 더 어려워질 것이다. 하지만 우리가 간격을 두고 짧은 여러 개의 세션으로 나눠 연습을 하면, 통합의 과정을 하룻밤이 아닌 며칠 밤으로 늘릴 수 있다. 이는 더 안정적이고 더 쉬운 접근이라는 이익을 우리의 학습에 안겨준다.

분산 연습의 이상적인 스케줄

분산 연습의 힘에 대해 처음 배우고 나면, 자연스럽게 의문이 생긴다. 그렇다면 강력하면서도 영원한 기억을 만드는 완벽한 분산 일정

▶ 깨우지 마세요, 기억을 통합하는 중입니다

384

은 무엇인가?

짐작했겠지만, 이 질문에 대한 청답은 존재하지 않는다. 이상적인 연습 세션의 개수, 각각의 기간, 세션 간의 간격 등은 상황에 따라 언제든 변경될 것이다. 단순한 기술 연습에는 복잡한 기술 연습보다 상대적으로 더 적은 세션이면 충분할 수도 있고, 어떤 기술이든 고도의 숙련이 목표라면 처음 계획한 세션보다 훨씬 더 많은 추가 세션이 필요할 수도 있다. 정신적 기술 학습에는 신체적 기술 학습보다 더 많은 세션이 요구될 수도 있다.

이때 우리가 사용할 수 있는 최고의 법칙이 있다.

마감일	분산 지연
매주	매일 1회
매달	매주 1회
매년	매월 1회

예를 들어 곧 다가올 프레젠테이션 같은 특정한 목적을 준비할 때는 마감일에 맞춰 연습 일정을 짤 수 있다. 프레젠테이션이 일주일 남았으면, 전날 밤 벼락치기하는 것보다 매일 연습하는 것이 훨씬 효과적이다. 한 달 남았으면 일주일에 한 번 연습하라. 1년 이상 남은 경우에는 한 달에 한 번 연습하라.

마감일이 없는 경우에는 이 모든 스케줄을 하나로 연결하라. 시작할 때는 매일 짧은 연습 세션을 실행한다. 일주일 정도 지나면 각 연습 세션 사이에 점점 더 넓은 간격의 추가를 시도하라. 이틀에 한 번, 매주 한 번, 격주에 한 번, 한 달에 한 번… 그렇게 시간이 흐르면 강력하면서도 쉽게 접근할 수 있는 기억을 유지하기 위해 1년에 단 한 번의 짧은 연습만으로도 충분해질 수 있을 것이다.

성과와 성장 수준을 기록하라

'분산 연습.'

대부분의 사람들은 첫 번째 단어에 집중한다. '분산.'

하지만 두 번째 단어인 '연습' 역시 마찬가지로 중요하다. 분산 연습의 모든 장점은 우리가 이미 배운 것을 실행할 때 발생한다. 새로운 연습을 분산하는 것이 기억력에 영향력을 발휘한다는 직접적인 증거는 거의 없다. 따라서 당신이 지금 새로운 주제를 탐구하고 있다면, 이를 분산시키기에 앞서 충분히 그것을 학습할 수 있는 시간을 할애하는 것이 중요하다.

너무나 당연하겠지만, 분산 연습의 효과를 거두기 위해서는 '충분히' 연습해야만 한다! 30일 동안 하루에 1분씩 수학을 공부하는 것은 하루에 30분 동안 하는 것보다 효과가 없을 것이다. 연습은 매우 실질적이야 하고, 당신이 즉시 활용할 수 있는 기술과 밀접한 관련이 있어야 한다. 나아가 연습은 지금 당신이 공부하고 있는 기술에 따라 그 내용이 달라질 것이다. 영어단어를 공부할 때는 30분의 연습 세션으로 충분할 수 있지만, 복잡한 컴퓨터 코딩을 연습하려면 한 번에

4~5시간의 세션이 필요할 수도 있다.

마지막으로 기억해야 할 중요한 사실이 있다.

벼락치기나 단기적 집중 학습은 그 효과가 곧장 명백하게 나타난다. 하지만 분산 학습의 경우에는 시간이 흘러야만 명백해진다. 그러다 보니 분산 연습법을 받아들이는 것을 경계하는 시각도 존재한다. 하지만 살아가면서 중요하게 생각하는 공부나 학습이 단기적으로 성취되는 경우는 드물다. 외국어 회화에 유창해지려면 반드시 장기간에 걸친 분산 연습을 해야 한다. '30일 생활회화 완성', '3개월만 집중하면 말문이 열린다!'와 같은 슬로건을 내세운 공부법이 성공하는 경우는 거의 없다. 무엇인가를 배우고 싶을 때는, 그것이 단기적 과제인지 장기적 과제인지를 먼저 파악하라. 그리고 장기적 과제라면 분산시켜 연습하라. 분산 연습을 하는 동안 시간의 경과에 따른 성과와 성장 수준을 기록하라. 그 기록(노트 메모, 연습 전과 연습 후를 찍은 사진들, 영상자료들 등)은 분명 분산 연습에 대한 당신의 의지와 열정을 더욱 강화시켜줄 것이다. 그리고 그 기록을 공유함으로써 사람들에 대한 당신의 영향력을 강화시킬 수 있을 것이다.

1. 연습도 분산, 학습도 분산!

더 이상의 설명은 필요 없다. 몇 번에 걸쳐 분산 연습을 할 시간과 기회가 있다면, 그렇게 하라. 연습이 실질적이고 의미가 있는 한, 그 결과가 유익하지 않을 시나리오는 상상할 수 없다.

• **핵심 질문 1: 벼락치기**

"시험 전날 밤의 벼락치기는 어떤가?"

벼락치기는 분명 효과가 있다. 시험 직전에 10시간을 공부하면 성적이 꽤 좋을 가능성이 있다. 하지만 지금껏 살펴보았듯이 벼락치기는 아주 잠시만 망각 곡선을 막아낼 뿐이다. 벼락치기를 한 후 72시간 내에 배운 것의 70퍼센트를 잊고 싶다면, 그렇게 하라. 5일 동안 하루 2시간씩 공부한 사람들은 10시간 벼락치기로 공부한 사람보다 해당 시험을 넘어 어떤 시험이든 더 높은 점수를 얻을 것이다. 더 오랫동안 학습 내용을 기억할 것이고, 이는 결국 그 학습에 대한 자신감으로 이어진다. 연구 결과에 따르면 5일 동안 10시간을 공부한 사람은 마지막 연습 세션이 끝난 후 6개월까지 그 내용에 쉽게 접근해 더 잘 기억해냈다.

그럼에도 불구하고 사람들은 벼락치기를 좋아한다. 사람들이 당신이 전하는 정보나 지식을 더 잘 기억하기를 바란다면, 그들이 좋아하는 벼락치기 패턴에 변화를 주어야 한다. 주입식 학습을 지양하고, 분산된 연습을 구현할 수 있는 기술들을 선택해야 한다.

• 핵심 질문 2: 드라마 몰아보기

"드라마 〈프렌즈〉의 최신 시즌을 하루 만에 몰아보았다. 이것도 벼락치기일 뿐인가?"

답은 '그렇다'다. 드라마를 몰아서 보는 사람은 벼락치기를 하는 사람과 동일한 망각 곡선의 패턴을 보여준다. 72시간 정도 지나면 강하게 유지되었던 기억은 급격한 하락세를 면치 못한다. 하지만 여러 날에 걸쳐 차례대로 드라마를 시청하는 사람은 분산 연습을 하는 사람과 동일한 망각 곡선의 패턴을 보여준다.

물론 사람들이 드라마를 보는 가장 중요한 이유는 '즐거움' 때문이다. 〈프렌즈〉의 모든 디테일을 기억하지 못한다고 해서 뭐가 문제가 되겠는가? 그저 기분을 전환할 수 있는 오락물일

뿌이지 않은가?

나쁜 소식이 있다. 텔레비전 프로그램을 폭음하는 사람들은 매일 일정한 시간을 시청하는 사람들보다 훨씬 '즐거움'을 덜 느꼈다는 것이 연구를 통해 밝혀졌다.

나는 이 소식이 누군가의 폭식이나 폭음을 막을 수 있을 것이라고 기대하지 않는다. 이는 우리가 미디어를 소비하는 방식에 너무 깊이 새겨져 있기 때문이다. 하지만 이 모든 정보가 매우 중요해지는 곳이 있다.

바로 디지털 교육의 현장이다.

▶ 딱 한 편만 더 보고…

프레젠테이션, 레슨, 운동 훈련 등을 촬영해 온라인 플랫폼에 올려 학습을 제공하는 방식이 유행하면서, 인터넷 사용자들 사이에서도 '벼락치기'가 등장했다. 수없이 많은 유튜브 구독 버튼을 누르며 하루에 수십 개의 영상을 몰아보고 있다. 즐거움 때문도 아니고, 학습을 위한 동영상 앞에 앉아서 말이다. 모두가 알다시피, 이는 그들이 엄청나게 빨리 배운 것을 엄청나게 빠른 속도로 거의 대부분 잊어버릴 것이라는 것을 의미한다.

사람들이 당신의 디지털 자료를 오랫동안 기억하기를 원한다면, 분산 일정에 따른 방법을 고려해볼 가치가 있다. 동영상 수업에 대한 접근을 제한함으로써 벼락치기를 방지하는 방법을 착안해볼 필요가 있다. 예를 들어 동영상 수업의 두 번째 클립을 시청하기 전, 48시간 동안 '레슨 1'의 복습 부분을 수행하게 유도하는 것이다. 그렇다, 복습이다! 당신의 동영상을 구독하는 사람들에게 늘 복습을 유도하라.

뛰어나고 화려한 콘텐츠는 단기간에 많은 구독자를 확보할 수 있다. '효과'가 뛰어난 콘텐츠는 구독자 확보에 시간이 더 걸릴 수 있지만 장기적으로는 단단한 팬층을 확보하게 만든다. 사람들의 눈에 띄는 것도 중요하지만, 사람들의 기억에 오래 남는 것이 더 중요하다.

분산 연습의 힘을 당신과 당신의 동영상 사이에, 당신의 동영상과 동영상 사이에 삽입하라.

"잠깐, 분산은 연습에만 효과가 있다고 하지 않았던가? 그런 데 드라마 몰아보기는 전혀 연습이 아니다. 그렇다면 그것은 무엇인가?"

아주 빈틈이 없군!

비록 서로 연관성이 없는 것은 아니지만, 텔레비전 드라마의 각각의 새로운 에피소드는 완전히 독특하고 독창적이다. 이것은 텔레비전 프로그램을 시청하는 것이 연습보다 '학습(새로운 자료의 경험)'에 더 가깝다는 것을 의미한다.

만일 분산이 연습에만 효과가 있다면, 왜 매일 밤이나 매주 단위로 드라마를 시청하는 사람들이 벼락치기로 몰아보는 사람들보다 더 많은 것을 기억하겠는가?

앞에서 나는 새로운 것을 배우는 데 분산이 '효과가 없다'고 말한 것이 아니다. 그것에 대한 직접적인 증거가 거의 없다고 말했을 뿐이다. 새로운 학습 세션을 분산하는 것이 벼락치기보다 더 효과적이라고 판명될 가능성은 얼마든지 있다. 이틀에 걸친 새로운 훈련 프로그램(하루에 한 번 반나절씩)이 동일한 프로그램을 하루 종일 하는 것보다 더 효과적임을 입증한 몇몇 연구들도 실제로 존재한다.

다만 더 명확하고 강력한 증거들이 확립될 때까지는 그 입증이 확실한 분산 '연습'에 집중하면서 이 효과가 새로운 학습에도 퍼져 나갈 수 있게 하는 것이 가장 좋다.

2. 복습을 마지막까지 아껴두지 마라

분산 연습의 마지막 날, 실전을 하루 앞둔 바로 그날, 며칠, 몇 주, 몇 달 동안 다뤘던 모든 주제를 다시 복습하는 것은 매우 흔한 일이다. 하지만 이는 벼락치기와 다를 것이 없다.

더 좋은 복습은 매일 또는 일주일마다 연습한 것들을 검토하는 데 시간을 할애하는 것이다. 이를 통해 연습 초기에 얻은 정보에 대한 지속적 검토가 이루어지면서 점점 더 단단한 기억으로 형성된다. 이와 동시에 관련된 새로운 정보들을 더 쉽게 통합할 수 있게 된다.

만일 당신에게 단 한 번만 사람들과 함께 일할 기회가 주어진다면, 디지털 수단을 활용해 분산 연습을 할 수 있도록 노력해보라. 매주 동영상 자료나 뉴스 레터 등을 보내 사람들이 관련 자료를 검색하고 연습할 수 있게 해보자. 여기에 더해 사람들에게 퀴즈나 게임, 이야기를 통해 정보를 상기할 수 있도록 고무할 수 있다면 훨씬 더 효과적이다.

시간이 흐르면서 당신은 이 같은 작은 복습의 간격을 점점 더 늘려갈 수 있다. 그러다가 마침내 1년에 한 번의 복습만으로도 아이디어를 날카롭고 강하게 유지하기에 충분할 것이다.

내가 일하는 곳에서는 모든 직원이 매년 8회 동안 건강 안전 세미나를 들어야만 한다. 그 8회가 각각 분리되어 이루어지면 대부분의 사람들은 헛된 하루를 보냈다고 생각한다. 하지만 2회 세미나부터 30분씩 전 회를 복습하는 시간을 가진다면, 각각의 세미나 사이에 유기적 관계가 생겨나고, 이를 통해 사람들은 세미나에서 뭔가를 더 많이 얻어낼 수 있게 된다. 이 같은 복습이 매월 이어진다면 결국 1년에 한 번씩 30분만 복습하는 시간을 가져도 충분한 수준에 올라설 것이다. 이는 무엇을 의미하는가? 나중에는 매년 8회씩이나 건강 안전 세미나를 열지 않아도 그 목적을 충분히 달성할 수 있게 된다는 것이다.

복습을 아끼지 마라. 내가 이 책의 각 장의 말미에 '한눈 요약' 페이지를 할애한 것도 복습의 힘을 전적으로 믿기 때문이다.

3. 완벽해지려고 하지 마라

헤르만 에빙하우스는 처음에는 각 단어 목록을 완벽하게 외울 때까지 연습을 분산시키지 않았다. 하지만 다행스럽게도 분산 연습에서 '완벽함'은 필요하지 않다. 그저 반복적인 연습을 시작해도 될 만큼 아는 것만으로도 충분하다. 게다가 아직 완성하지 못한 연습을 분산하는 것은 실제로 숙련의 속도를 높일 수 있다.

4. 다른 전략들과 분산을 결합해보라

분산 연습의 가장 좋은 점은, 이것이 모든 학습 전략에 밑바탕이 되어줄 수 있는 원칙이라는 사실이다. 지금껏 살펴보았듯이 인터리빙, 회상, 맥락, 이야기, 점화 효과 등은 기억을 강화하고 학습력을 향상시킨다. 이 같은 전략에 '분산'을 효과적으로 적용하면 더욱 큰 성과를 얻게 될 것이다.

이 책에 실린 모든 기술과 전략들 중 분산의 혜택을 받지 못하는 것은 없다.

연습을 분산할 경우, 기억력이 강화되고 학습 속도가 빨라진다.

- 사람들은 새로운 정보를 빠르게 잊어버린다.
- 망각 곡선은 연습 세션을 간격을 두고 여러 차례 늘림으로써 급격히 속도가 느려진다. 이를 분산 연습의 효과라고 부른다.
- 지속적인 분산을 통해 연습 세션의 간격을 점점 더 멀리 떨어뜨릴수록 기억력은 강화되고 더 오랫동안 유지된다.

확장 팁

1. 분산, 분산, 분산하라!

- 벼락치기는 망각 곡선을 가장 빠르게 만난다.
- 텔레비전 프로그램이나 온라인 수업을 몰아보는 것 또한 벼락치기다.
- 학습보다는 연습에 분산을 적극적으로 활용하라.

2. 마지막을 위해 복습을 아끼지 마라.

3. 처음부터 완벽을 요구하지 마라.

4. 다른 전략들과 분산을 결합해보라.

그러니, 지금 시작하라!

옮긴이 김나연

영미문화와 영문학을 공부하면서 번역에 처음 뜻을 품었다. 서강대학교 영어영문학과에서 20세기 현대 미국소설을 전공해 석사학위를 취득했다. 옮긴 책으로《최강의 일머리》《부의 해부학》등이 있다.

사람은 어떻게 생각하고 배우고 기억하는가

1판 1쇄 발행 2020년 3월 20일
1판 13쇄 발행 2024년 1월 8일

지은이 제레드 쿠니 호바스
옮긴이 김나연
발행인 오영진 김진갑
발행처 토네이도미디어그룹(주)

기획편집 박수진 박민희 유인경 박은화
디자인팀 안윤민 김현주 강재준
마케팅 박시현 박준서 조성은 김수연
경영지원 이혜선

출판등록 2006년 1월 11일 제313-2006-15호
주소 서울시 마포구 월드컵북로5가길 12 서교빌딩 2층
원고 투고 및 독자 문의 midnightbookstore@naver.com
전화 02-332-3310 팩스 02-332-7741
블로그 blog.naver.com/midnightbookstore
페이스북 www.facebook.com/tornadobook

ISBN 979-11-5851-174-6   03190

이 도서의 국립중앙도서관 출판예정도서목록(CIP)은 서지정보유통지원시스템 홈페이지(http://seoji.nl.go.kr)와 국가자료공동목록시스템(http://www.nl.go.kr/kolisnet)에서 이용하실 수 있습니다.
(CIP제어번호: CIP2020008239)